Abbildung Cover:
Kent-State-Massaker. Das Gebäude im Hintergrund ist die vom Architekturbüro Ward & Schneider erbaute Taylor Hall, die die Architekturschule der Kent State University beherbergt. Die brutalistische Architektur, die zahlreiche Universitätscampus prägt, wird während einer von der Polizei gewaltsam niedergeschlagenen Demonstration zu „einer unabsichtlich passenden Szenographie politischer Ereignisse, die unstrittig brutal waren". (Joan Ockman, S. 58)

Inhalt

Peggy Deamer — 06–17
Arbeit(-sräume) in der Architektur

Reinhold Martin — 18–19
Craft Beer und Craft Architecture

Andreas Rumpfhuber — 20–29
Remote Control Space

Ines Hülsmann — 30–53
Denken, Planen, Bauen.
Zur Entstehungsgeschichte
der Universität Bielefeld

Joan Ockman — 54–61
Die amerikanische Schule
des Brutalismus

Entwurfskollektiv — 62–73
Stühlerücken im Hörsaal.
Zur Gestaltung offener
Räume für offene Fragen

Karl Marx — 74–75
Über den Fetischcharakter der Ware
und sein Geheimnis

Jens Baumgarten — 76–82
Die Lage der Universität in São Paulo

Anselm Wagner — 84–94
Das Rolex Learning Center
von SANAA im Kontext
neoliberaler Wissensökonomie

Bettina Vismann — 96–98
Eine Gebäudeunterhaltung

Robert Zwarg — 100–113
Die Architektur des Geistes und
die Ahnung des Campusromans

Editorische Bemerkungen — 114–128
zur zweiten Ausgabe

Impressum — 127

Peggy Deamer Kommentar → S. 18

Abb. 1 Amateur Architecture Studio: Chinesische Hochschule der Künste, 2004 und 2007

Arbeit(-sräume) in der Architektur

Architektur und der intellektuelle Raum der *Liberal Arts*

Der Eintritt der Architektur in die Geisteswissenschaften erfolgt über ihr Verständnis als Disziplin – im Unterschied zur Architektur als Beruf. Die dominante Erzählung über die Architektur als *Disziplin* – der auch ich als Architektin angehöre – legt den Schwerpunkt auf ihren Beitrag zur Verräumlichung der menschlichen Existenz. In Hinblick auf das „Zuhause" wie auf die Stadt, auf das Alltägliche wie auf die hohe Designkunst – die Architektur entwirft die Welt, in der wir leben. Sie schafft unsere Zufluchtsorte, organisiert unsere sozialen Beziehungen, dient der Verbreitung von Kultur und Ästhetik: die Architektur als formgebende Göttin der Zivilisation. Wenn man dagegen die Architektur vonseiten des Architektur*berufs* und seiner allgemeinen Wahrnehmung betrachtet, ist sie eine Dienstleistung, die vor allem die Reichen in Anspruch nehmen und der es somit an einer demokratischen Dimension fehlt, wie sie beispielsweise die Medizin oder die Nahrungsmittelversorgung für sich beanspruchen können; dass die Arbeit der Architekt_innen auf Kommissionsbasis organisiert ist, schließt diesen Aspekt der Architektur vom Einbezug in die Geisteswissenschaften aus. Es wäre allerdings falsch, den beruflichen Aspekt der Architektur – wegen seiner fehlenden Relevanz für die Beschreibung der Architektur als geisteswissenschaftlich oder „humanistisch" – komplett außen vor zu lassen. Denn dass die Architektur auch ein Beruf ist, heißt, dass sie wirtschaftlichen Konjunkturschwankungen ausgesetzt ist (Kommissionen verebben schnell bei Konjunktureinbrüchen) wie auch Veränderungen der kulturellen und ästhetischen Vorlieben („Bitte bau uns nichts Modernes!"), die andere geisteswissenschaftliche Disziplinen zwar auch, aber deutlich weniger offensichtlich betreffen.

Die produktivere Unterscheidung innerhalb der Architektur ist, statt zwischen Beruf und Disziplin, die zwischen materieller und immaterieller Arbeit. Nach dieser Unterscheidung gehört die Architektur, genau wie die Arbeit allgemein in den Geisteswissenschaften, zum Bereich der immateriellen Arbeit. Dies wird deutlich, wenn man die akademische Arbeit von Architekturhistoriker_innen und -theoretiker_innen betrachtet, gilt aber genauso für diejenigen, die direkt als Architekt_innen arbeiten. (Allerdings lehne ich diese Unterscheidung innerhalb der Architektur zwischen Geschichte/Theorie/Kritik auf der einen Seite und Design/Produktion auf der anderen ab.) Indem wir als Architekt_innen Material *organisieren* – Holz, Stahl, Fenster, Straßen –, bestehen unsere Arbeit und die Produkte, die wir herstellen, aus nichts als Worten und Zeichnungen. Wir fassen keinen Hammer an; dafür sind die Bauunternehmer da. Wir hassen Zahlen; die sind für die Ingenieure. Obwohl Architekturzeichnungen immer auf Gebäude verweisen, die die Bauunternehmer dann irgendwann tatsächlich errichten, sind sie doch primär Arbeiten der Ästhetik und der Phantasie, die auf der Grundlage eines Einfühlungsvermögens und Wissens um die Bauarbeiter, die die Nägel in die Bretter hämmern müssen, und um die zukünftigen Bewohner, die sich an hellen Wohnräumen erfreuen, entstehen. Man könnte sogar so weit gehen, zu behaupten, dass die Nähe dieser Form der immateriellen Arbeit zu ihrer materiellen Umsetzung die architektonische Arbeit geradezu ins Zentrum der Debatte um immaterielle Arbeit rückt, wie sie ausgehend vom italienischen Operaismus definiert wurde: Sie ist affektiv, nichtdiskursiv, subjektiv, gemeinschaftlich und unterstützend für materielle Arbeit, dabei zugleich hinter dieser versteckt. Dass wir die Architektur als immaterielle Arbeit bezeichnen, heißt nicht, dass wir sie der materiellen Arbeit unterordnen. Sondern es geht darum, darauf zu bestehen, dass sie tatsächlich Arbeit ist, und zwar Arbeit im „liberalen" Sinne – wobei „liberal" sich hier auf die Eigenschaften der Individualität und der Autonomie sowie auf die ökonomische und politische Ideologie bezieht, die mit der „Demokratie" einhergeht. Oder dass es sogar Arbeit im neoliberalen Sinne ist. Die Wissensökonomie hat den Geisteswissenschaften neue Arbeitsmodelle beschert. Unternehmertum *[entrepreneurialism]*, das derzeitige Schlagwort des Postkapitalismus, verlangt nach einer Monetarisierung von Wissen, die von unseren Universitäten nicht nur unterstützt, sondern sogar verlangt wird. Die „Stanfordisierung" der Forschung setzt die unternehmerische Arbeitsweise mit Kreativität und Innovation gleich: Das integrierte Studio-Labor ist das neue Modell der Wissensproduktion; alles dreht sich um flexible und spontane Meetings, Ad-hoc-Kooperationen und nichthierarchisches Management. All dies sind Ideen, die sich in der Architektur schon vor langer Zeit etabliert haben und so etwas wie ihre Eigentümlichkeit sind.

Die hintergründige, neoliberale (und damit mehr als liberale) Rationalität der Architektur hat ihre Wurzeln in einem gänzlich konservativen Glauben an Privateigentum und einem Verständnis von Raum als etwas, das man aufteilt, individualisiert und ästhetisiert. Als eigenständige Disziplin wurde die Architektur zuerst in Italien anerkannt, und zwar als Giorgio Vasari 1550 seine *Lebensläufe der berühmtesten Maler, Bildhauer und Architekten* publizierte – zu einer Zeit, als sich nach dem Ende des Römischen Reichs eine wohlhabendere und weiterentwickelte Bevölkerung mit neu erworbenen Ländereien herausbildete. In Frankreich stellte sich Philibert de l'Orme eine sich selbst verwaltende Profession von

Spezialisten vor, die nach allgemein anerkannten Standards ausgebildet würde. In seinem *Premier tome de l'architecture* von 1567 schlägt er vor, dass Mäzene die Architekten anstellen sollten, anstatt die Arbeiten zu delegieren an „some master mason or master carpenter as is the custom or to some painter, some notary or some other person who is supposed to be qualified but more often than not has no better judgment than the patron himself".[1] In England reflektierte John Shute in seinem Buch von 1563 *The First and Chief Groundes of Architecture* die Visionen, die die Mäzene – Land besitzende Politiker, Staatsbeamte und die *nouveaux riches* – für die Zeit nach der Reformation hatten. In all diesen Fällen ist es die Figur des Mäzens, die den Kontext für die Professionalisierung der Architektur als Beruf schafft – der Mäzen und sein Eigentum.[2] Zur selben Zeit diskutiert man in der Geschichte der Architektur die Entwicklung der ersten Behausungen – Hütte, Höhle, Zelt? – und denkt sich dazu einen Mann (!), der allein durch die Wildnis streift auf der Suche nach einem (eigenen) Unterschlupf. Während Struktur und Form dieser ersten Behausungen umstritten sind – säulenartig? Eine Stoffhülle? Eine in den Fels gehauene Höhle? –, ist der gesellschaftliche Zusammenhang, aus dem die Idee der Behausung als Notwendigkeit hervorgeht, es nicht.

Die Geografie analysiert, so wie die Architektur auch, die Räumlichkeit von Leben. Doch anders als die Architektur nimmt sie die kollektive, soziale Konstruktion dieses Raumes ernst. In den 1980er Jahren begann die Geografie, angeleitet und inspiriert durch die Arbeiten von Henri Lefebvre, Louis Althusser und Manuel Castells, die „accumulation, classification, and theoretically innocent representation of factual material describing the areal differentiation of the Earth's surface"[3] zu kritisieren und sie zu ersetzen durch eine „rigorous epistemological rationalization for digging under the surface appearance of phenomena (spatial outcomes) to discover explanatory roots in the structured and structuring social relations of production".[4] Besonders David Harvey hat dazu beigetragen, dass der historisch-materialistische Ansatz in die Geografie Einzug erhielt. Gleichzeitig haben er, Castells und Edward Soja den Begriff des Raums in die geschichtliche Begründung des Marxismus eingeführt. Als Disziplin wurde die Geografie somit zentral für die „powerfilled instru-mentality of space in the contemporary restructuring of social life, of capitalist modernity".[5] Dagegen steht die Architektur nicht besonders gut da.

Architektur und der Raum pädagogischer Ideologie

Unter den geisteswissenschaftlichen Disziplinen besitzt die Architektur als einzige die Fähigkeit, ihren disziplinären, pädagogischen Ansatz zu verräumlichen. Wenn Architekturschulen gebaut werden, entsteht damit eine Art der Selbstreflexivität (die Architektur setzt ihre Ideologie in Architektur um), die extrem machtvoll und verführerisch ist. Natürlich kann sich das Englische auch selbst noch englischer machen durch die Macht des geschriebenen Wortes, aber die betreffenden Ausdrucksweisen sind für die Öffentlichkeit nicht so sichtbar. Darüber hinaus weisen, anders als die Gebäude, in denen die Geisteswissenschaften ihre Seminare abhalten, die Gebäude der Architekturschulen die Fähigkeit und Hybris auf, zum Ausdruck zu bringen, wie Wissensproduktion im *Allgemeinen* aussehen und funktionieren sollte.

Im Folgenden werden drei Architekturschulen untersucht, die versuchen, postkapitalistische (Aus-)Bildung zu verstehen und in Räume zu übersetzen. Die Unterschiede zwischen den Interpretationen der einzelnen Schulen, was die genaue Bedeutung der „Wissensökonomie" sei, machen deutlich, wie fragwürdig deren Vorgaben sind. Die ästhetische Erziehung in der Tradition der Beaux-Arts-Architektur hat daran geglaubt, dass die Geschichte der Gegenwart Bedeutung verleiht. Im Gegensatz dazu setzte die moderne vom Bauhaus inspirierte Erziehung auf die Zukunft, um der Gegenwart eine Richtung zu geben. Die „Wissensökonomie" hat dagegen einen eindeutigen Klang, dennoch ist unklar und umstritten, woher sie ihre Inspiration – für Aussehen, Organisation von Arbeit und Nutzung von Räumen – letztlich bezieht. Aber bei allen Unterschieden tauchen einige Figuren immer wieder auf: Kontingenz und unstrukturierte Zusammenarbeit, Spontanität, das Verschwimmen von Grenzen zwischen den Disziplinen sowie eine Kreativität, die auf Prekarität beruht. Nicht nur weist die Verschiedenheit der ideologischen Antworten auf die kulturelle Instabilität des Neoliberalismus hin; auch an den durchgängig nicht- oder polyzentrierten Äußerungsformen lässt sich dies ablesen.

Abb. 2 Southern California Institute of Architecture, Los Angeles, Innenraum, 2000

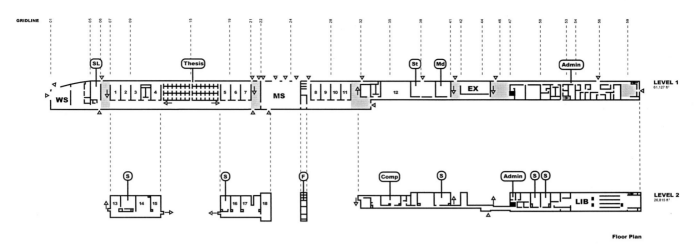

Abb. 3   Southern California Institute of Architecture, Los Angeles, Grundriss, 2000

Southern California Institute of Architecture (SCI-Arc), Los Angeles

Knowledge is shifting from a predominantly linear indexical structure, organized around hierarchies and legible boundaries, to a network of associations in which a more complex order is evoked or determined. Linear and nonlinear flows of information and matter combine with enduring principles to create new intensities and stabilities. Emergent phenomena, heuristical apparatuses and abstract machines act as new models for producing an array of tangencies and nonlinear continuities between otherwise separate and independent practices. Architecture education [...] is now envisioned as a meshwork that fosters new affiliations between discourses and practices, dissolving and redefining in the process some of the conventional boundaries between branches of knowledge.[6]

SCI-Arc, die einzige Architekturschule in den USA ohne Anschluss an eine Universität, ist für ihren experimentellen Ansatz im Hinblick auf architektonische Formen und deren Herstellung bekannt. Der Auszug aus seinem vorherigen, unpraktischen Campus führte dazu, dass SCI-Arc mitten im vernachlässigten Downtown Los Angeles nach einem neuen Gelände suchte. Was das Institut dort fand, waren ein 8000 Quadratmeter großes Gelände, das früher mal ein Frachtdepot war, und ein 400 Meter langes, aber extrem schmales Gebäude, das in der Breite nur für eine einzige Halle Platz bot.

Das führt zu zweierlei. Zum einen wird das lange, schmale Gebäude dazu genutzt, organisatorische Überraschungen zu forcieren: Die räumliche Verengung in die eine Richtung und die extreme Länge in die andere erzwingen Abweichungen von der traditionellen Ausbildung, die eigentlich für öffentliche Entwurfsprüfung und die Arbeit im Studio auf große, rechteckige Räume angewiesen ist. Diese erzwungene Absage an die konventionellen Normen ruft deutlich Befriedigung hervor. Darüber hinaus beschreibt der Architekt Gary Paige die „serial variations and permutations, combinations of simple elements in order to produce complexity and differentiation [...] that produce unlikely mixes and remixes".[7] Diese passen zu der weiterführenden epistemologischen Ideologie der Schule, die darauf abzielt, „to promote instability and flux as creativity and innovation are messy. [...] Learning is both linear and nonlinear. Knowledge is accretive and stratified as well as parallel and horizontal."[8]

Der zweite Aspekt ist symbolisch – eine Schule, die mutig ist und sich als Ort für die Rehabilitierung des Ausgestoßenen und Ungeliebten hinstellt; die sich mit industrieller Arbeit und ihren traditionellen Formen der Distribution auseinandersetzt. Als Schule, die sich zunehmend mit dem Virtuellen und Digitalen identifiziert, muss SCI-Arc seine Entwürfe, die häufig wirken, als könnten sie unmöglich in reale Gebäude umgesetzt werden, unbedingt in der Arbeit und im Handwerk

1   Siehe „Designing Buildings Wiki" für eine knappe Darstellung der Entstehung der Identität des Architekten/der Architektin, http://www.designingbuildings.co.uk/wiki/The_architectural_profession, zuletzt aufgerufen am 29.05.2016.

2   Ebd.

3   Soja, Edward: Modern Geography, Western Marxism, and the Restructuring of Critical Social Theory, in: Peet, Richard; Thrift, Nigel (Hg.): New Models in Geography, Bd. 2, London 1989, S. 327.

4   Ebd., S. 333.

5   Ebd., S. 338.

6   Aus einem Dokument, das der Architekt Gary Paige mir hat zukommen lassen und das 2001 als Pressemitteilung zur Eröffnung der Hochschule verfasst wurde.

7   Ebd.

8   Ebd.

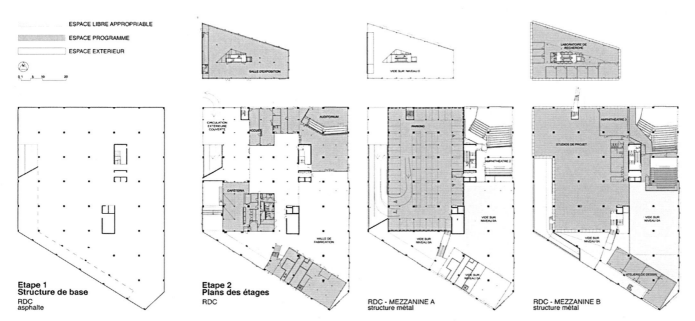

Abb. 4 Lacaton & Vassal: École nationale supérieure d'architecture, Nantes, Grundriss, 2009

verankern. SCI-Arc argumentiert daher, das Virtuelle funktioniere genau wie das Materielle. „Mechanisms for the transfer and exchange of information can be characterized by immaterial flows and global networks as well as by engineered lumber and polycarbonate panels."[9]

Studierende, die sich für das SCI-Arc entscheiden, interessieren sich genau für dieses Experimentieren, mit dem die Schule wirbt. Sie wollen und bekommen die Zuschreibung als „Avantgarde", die SCI-Arc anbietet. Sie experimentieren mit formalistischen Designs, ohne sie rational rechtfertigen zu müssen; Innovation geht hier mit hollywoodähnlichen Repräsentationseffekten einher. Gleichzeitig aber nehmen diese Studierenden an einem ideologischen Kampf innerhalb der USA teil, dessen sie sich auch durchaus bewusst sind: die Westküste mit ihrer sinnlichen Genussfreude gegen den Intellektualismus der Ostküste, das postkritische *Laisser-faire* der Westküste gegen die analytisch-kritische Haltung der Ostküste; *lowbrow* gegen *highbrow*. Es gibt diese Debatten auch anderswo auf Welt, doch die US-amerikanische Architekturszene, die diese gegensätzlichen Ideen zu dem alles entscheidenden theoretischen Thema macht, ist mit ihrer undifferenzierten Lesart von ästhetischer Kultur durchaus einzigartig. Der Gegensatz Machen versus Denken kann sich nur in einem Umfeld durchsetzen, in dem beide Kategorien außerhalb jeglichen politisch-ökonomischen Zusammenhangs verstanden und gedacht werden. Innerhalb dieses spezifisch amerikanischen blinden Flecks spielt SCI-Arc eine besonders wichtige Rolle.

École nationale supérieure d'architecture, Nantes

The building is first and foremost a chunk of the city, a chunk of the city that encloses a school of architecture.[10]

Die ENSA liegt auf der Île de Nantes, mitten in Nantes' Stadtzentrum. Das Gebäude wurde 2009 von Anne Lacaton und Jean Philippe Vassal entworfen und sollte das vorherige Gebäude von 1974 ersetzen, das viel zu weit außerhalb der Stadt lag und zugunsten neuer Wohnhäuser abgerissen wurde. Der alte Standort wurde Teil eines größeren Projekts, das einen früheren Hafen und Industriebrachen mit kommerziellen, öffentlichen und Wohngebäuden wiederbeleben sollte. Die ENSA Nantes ist eine von zwanzig nationalen Architektur-schulen in Frankreich, die alle ENSA heißen und sich nur durch den beigefügten Ortsnamen als individuelle Institutionen zu erkennen geben – was deutlich macht, dass deren Architektur nicht nur die jeweils schulspezifische Ideologie repräsentiert, sondern immer auch eine gemeinsame nationale Ideologie. Dazu muss man wissen, dass das französische Hochschulsystem relativ komplex in drei Schichten organisiert ist: Es gibt die Universitäten, die jeder, der einen Baccalauréat-Abschluss hat, besuchen kann, die *Grandes Écoles*, die extrem kompetitiv sind und die zukünftigen Führungskräfte in Politik und Wirtschaft ausbilden, und die ENSAs für Kunst und Architektur. Dabei sind die Universitäten und ENSAs, im Gegensatz zu den *Grandes Écoles*, hoch standardisiert.[11]

Das Design des Hochschulcampus funktioniert mehr im Sinne einer allgemeinen Infrastruktur denn als Gebäude. Er ist mit seinen 28.000 Quadratmetern näm-

Abb. 5   Lacaton & Vassal: École nationale supérieure d'architecture, Nantes, 2009

lich doppelt so groß wie von den Programmanforderungen vorgesehen. Zu den 12.000 Quadratmetern genau zugewiesener Nutzfläche kommen 5500 Quadratmeter frei verfügbarer Fläche; außerdem gibt es ein 8000 Quadratmeter großes Außengelände, das für die Öffentlichkeit zugänglich und als Weiterführung des städtischen Raumes gedacht ist. Das Gebäude ignoriert somit die spezifischen Programmanforderungen, denen die Schule unterliegt, und schafft stattdessen ein „open framework", „based on the idea of [...] creating capacities".[12] 95 Prozent der Durchlüftung des Gebäudes entsteht auf natürlichem Weg, die meisten Räume sind also nicht gänzlich umschlossen. Kreativität ist nicht verräumlicht oder romantisiert; sie entsteht eher aus der Not heraus, seinen Schreibtisch auf dieser überwältigend weitläufigen Fläche und auf kaltem Boden irgendwo platzieren zu müssen. Ein Gemeinschaftsgefühl wird weder gefördert noch verhindert, sondern es entsteht aus der geteilten Bürde, einer Ökonomie anzugehören, die in gewisser Weise auf räumlich-territorialer Annexion beruht.

Obwohl die Architekt_innen die Quadratmeterzahl verdoppelten, blieben sie innerhalb des vorgegebenen Budgets. Sie machen geltend, ihr Ziel sei nicht gewesen, Geld zu sparen oder möglichst effizient zu arbeiten, sondern „Kapazitäten zu schaffen" und eine „großzügige Nutzung" zu ermöglichen.[13] Die Architekturschule war lediglich das erste Projekt, das in dem somit geschaffenen Rahmen installiert wurde. Dahinter steckt die nicht allzu geheime Ideologie, dass das Architekturstudium im Besonderen und die universitäre Ausbildung im Allgemeinen vielleicht schon bald verschwinden könnten: Das Bauwerk antizipiert somit seine eigene Abschaffung und Hinfälligkeit und ist schon auf seine ökonomische und zivilgesellschaftliche Inbesitznahme vorbereitet. „Were such an appropriation to fail", so ein Kommentar, „it would reveal a great deal about the level of empowerment in our society and the level of collective responsibility its citizens could achieve."[14]

Das Gebäude ist ein „political act [...] to imbue each inhabitant [...] with responsibility, as a challenge to established norms".[15] Es produziert somit eine_n typisch französische_n Staatsbürger_in: ungeduldig, militant, parteiisch. Abgesehen von den *Grandes Écoles*, die teuer, gut finanziert und sehr kompetitiv sind, ist die Hochschulbildung in Frankreich notorisch überlaufen, unterfinanziert und extrem politisiert; die Studierenden rütteln an den Toren. 2005 stellte eine Doktorandin aus Nanterre fest: „Universities are factories; [t]hey are machines to turn out thousands and thousands of students [...]."[16] Und ein ehemaliger Bildungsminister sagte sogar: „[Universities] are not a priority either for the state or the private sector. If we don't reverse this trend, we will kill the new generation."[17] Nimmt man dazu noch die Ereignisse von '68 in den Blick, als die Frage der Bildung wortwörtlich auf die Straße getragen wurde, erkennt man, dass eine Architekturschule wie Nantes nichts anderes tut, als eine längst existierende Realität nachzuahmen: die Universität als Fabrik, die Stadt als Infrastruktur und die planmäßige Obsoleszenz.

9   Aus einem Dokument, das der Architekt Gary Paige mir hat zukommen lassen (wie Fußnote 6).

10   Anne Lacaton, zitiert nach Messu, Dimitri; Patteeuw, Véronique: Space for Use, S. 101, online: https://lacatonvassal.com/data/documents/20100222-1739240906Mark20(HOL).pdf, zuletzt aufgerufen am 06.06.2016.

11   Es existieren natürlich noch weitere Orte, die eine Hochschulbildung anbieten, aber diese drei repräsentieren die gängigen Wahlmöglichkeiten. Es gibt fünf katholische Universitäten und zahlreiche private „Institute".

12   Anne Lacaton, zitiert nach Messu; Patteeuw: Space for Use. The School of Architecture in Nantes by Lacaton & Vassal Is All About Spatial Generosity, in: Mark, 20 (Juni/Juli 2009), S. 101.

13   Vgl. Messu; Patteeuw: Space for Use, S. 101.

14   Ebd., S. 103.

15   Ebd.

16   Christine le Forestier zitiert nach: Sciolino, Elaine: Higher Learning in France Clings to Its Old Ways, in: The New York Times, 12.05.2006, S. A1, online: http://www.nytimes.com/2006/05/12/world/europe/12france.html?pagewanted=all, zuletzt aufgerufen am 29.05.2016.

17   Claude Allègre zitiert nach: Sciolino: Higher Learning in France.

Abb. 6 Lacaton & Vassal: École nationale supérieure d'architecture, Nantes, 2009

Abb. 7 Lacaton & Vassal: École nationale supérieure d'architecture, Nantes, 2009

Die Chinesische Hochschule der Künste

The academy features the study of theories of fine arts, architecture, film and new media, which constitute the humanities and reflect the Chinese national spirit and creative theories of the era.[18]

Die neue Chinesische Hochschule der Künste besteht aus einem zweigeteilten Campus, der zwischen 2002 und 2007 oberhalb des Westsees in der chinesischen Provinz Hangzhou erbaut wurde. Der Komplex erstreckt sich über eine Fluss- und Hügellandschaft. Die Lage in der Stadt Hangzhou, die wegen ihrer wunderschönen Landschaft und der ruhigen Umgebung auch als „Paradies auf Erden" bezeichnet wird, passt zum Kunstverständnis der Hochschule als einem zeitlosen Unterfangen, das von der Nähe zur Natur und ihrer Weisheit lebt und profitiert. Die enge Beziehung zwischen Kunst und Natur an dieser Hochschule, die 1928 gegründet wurde, und ihre Wertschätzung der Ästhetik gehen auf einen Erlass Mao Tse-tung zurück, wonach die Kunst die Religion ersetzen und nach acht Jahrzehnten der politischen Unruhen zur stabilisierenden Kraft werden sollte.[19]

Das Design des neuen Campus von Wang Shu (dem Pritzker-Preisträger 2012) und seiner Partnerin Lu Wenyu vom Amateur Architecture Studio verbindet die diversen Kunstateliers – es gibt dreißig Studiengänge, die alles von Kalligrafie über Druckgrafik bis hin zu neuen Medien, Industriedesign und Architektur umfassen – miteinander und schafft somit eine Mixtur aus Gebäuden und Verbindungswegen, die an ein italienisches Bergdorf erinnert. Wenn Wang Shu vom Einfluss der chinesischen Landschaftsmalerei auf seine Arbeit spricht und dabei historische Vorbilder erwähnt, wo Berglandschaft und Architektur vertikal und in Schichten angeordnet sind, klingt er durch und durch chinesisch und konsistent mit dem Motto der Hochschule „Diversität in Harmonie".

Aber Diversität und Schichtung stellen gleichzeitig räumliche Tropen bereit, die ironischerweise extrem zeitgenössisch sind. Die übermäßige Anzahl an Rampen und Korridoren, die an den Außenseiten der einzelnen Gebäudeteile andocken, zelebriert den Vorrang der Bewegung zwischen den Hochschulbereichen gegenüber diesen einzelnen Bereichen selbst, mit dem Ziel, disziplinäres Inseldenken zu vermeiden. Die einzelnen Bereiche der Hochschule sind kontingent, voneinander abhängig und austauschbar. Die Ateliers selbst sind absolut neutral und weisen keine spezifischen pädagogischen Eigenschaften auf. Sie sind wandlungsfähig und sie befinden sich im Freien, ihre Benutzung stellt somit immer eine

Abb. 8   Amateur Architecture Studio: Chinesische Hochschule der Künste, 2004 und 2007

Herausforderung dar. Kreativität wird wertgeschätzt, aber nicht romantisiert.

Die Materialstoffe des Gebäudes – Beton, Betonstein, wiederverwendete Backsteine und Dachziegel – machen ebenfalls mit bei dem Spiel traditionell/chinesisch versus global/zeitgenössisch. Die recycelten Backsteine und Dachziegel verweisen auf die historische chinesische Art des Häuserbaus, während der billige Gussbeton und die Betonsteine die Schnelligkeit und fehlende Sentimentalität einer zeitgenössischen Konstruktion erkennen lassen. Die geschwungenen Dachlinien der Gebäude erinnern abstrakt an Pagodenbauten, sind aber gleichzeitig ein Indiz für die Faszination, die von Kurven und Bögen in der zeitgenössischen Architektur ausgeht. Das Patchwork an Materialien zeugt einerseits von einer lokalen DIY-Zusammenstückelung, andererseits klingt darin die gegenwärtige Idee der Collage an.

Den Studierenden der Chinesischen Hochschule der Künste wird die Idee vermittelt, dass Architektur die Aufgabe habe, die Verbindung zwischen chinesischem Nationalismus und natürlicher Harmonie zu stärken. Darüber hinaus war ihnen aber wahrscheinlich zumindest bis vor Kurzem nicht bewusst, welche Rolle das Gebäude von Amateur Architecture neuerdings in den nationalen Debatten um chinesische zeitgenössische Architektur spielt. Während nämlich die chinesischen Städte über die letzten fünfzehn Jahre zu regelrechten Sammelbecken von experimenteller, im Westen entworfener Architektur geworden sind, stehen Gebäude wie das der Chinesischen Hochschule der Künste für eine neue Phase eines eigenen chinesischen ästhetischen Nationalismus. Dieser ist Teil einer sich neu formierenden politischen Ablehnung eines Systems, das für die westlichen

---

18   Von der Website der Hochschule, http://en.caa.edu.cn, zuletzt aufgerufen am 29.05.2016.

19   Ebd.

Abb. 9 Lacaton & Vassal: École nationale supérieure d'architecture, Nantes, 2009

Abb. 10 Amateur Architecture Studio: Chinesische Hochschule der Künste, 2004 und 2007

Stararchitekt_innen, die die experimentellen Designs entwerfen, aufgrund der billigen Arbeitskraft und der minimalen Auflagen bislang gut funktionierte und China gleichzeitig eine Reputation als global vollwertiges Land einbrachte. Doch der Staatspräsident der Volksrepublik China, Xi Jinping, hat nun verordnet: „Keine komischen Gebäude mehr!"²⁰ Dahinter verbirgt sich eher der Versuch, dem Kulturimperialismus ein Ende zu setzen, als eine konservative Grundhaltung in Bezug auf Architektur, wie Prince Charles sie formuliert hätte. Schluss mit „made in China" und stattdessen „designed in China" – in diesem Sinne versucht China seinen eigenen zeitgenössischen ästhetischen Stil zu behaupten.

Der Raum architektonischer Forschung und Produktion

Ich schreibe diesen Text gerade im Flugzeug. Gestern habe ich im Bus gearbeitet, am Tag davor im Garten meines Sommerhauses; am Tag davor wiederum schrieb ich auf einer Fähre, und am Tag davor im Zug. Dies kann auf vieles hinweisen: Es zeugt von meinem Privileg, ein Sommerhaus mieten zu können, was mit einem *Tenure-Track*-Vertrag einhergeht; von der Möglichkeit, für einen Hotspot auf meinem iPhone zu bezahlen, sodass ich auch unterwegs mit dem Internet verbunden sein kann; und von der Möglichkeit, in Brooklyn zu leben, weil dort einfach viel mehr los ist, und nur ins langweilige New Haven zu pendeln. Es ist gerade Sommer, daher war ich in den letzten zwei Wochen nur ein einziges Mal in meinem Büro in Yale, aber selbst während des normalen Hochschulbetriebs bin ich normalerweise nur zweieinhalb Tage an der Uni – immer dann, wenn ich unterrichte – und arbeite ansonsten von zu Hause, im Café um die Ecke oder im Zug. Als *Tenure-Track*-Wissenschaftlerin habe ich mein eigenes Büro, während alle anderen, die keine *Tenure-Track*-Position innehaben, aber trotzdem vollzeitangestellt sind, sich mit bis zu sechs Leuten ein Büro teilen müssen. Es wird also angenommen, dass man dort gar nicht hingeht, um zu arbeiten und zu forschen; das Büro wird so zu einem Ort, an dem man höchstens seinen Mantel ablegt und sich manchmal mit Studierenden trifft. Dieser rhizomatische Arbeitsraum ist aus dem amerikanischen akademischen System entstanden und kann als „selbstständig geführt" [*independently owned*] beschrieben werden.

Als ich 2007 in Neuseeland gearbeitet habe, war ich jeden Tag um 8.30 Uhr im Büro und bin um 18 Uhr nach Hause gegangen.²¹ In der Zeit habe ich unterrichtet, geforscht und die anfallende Büro- und Verwaltungsarbeit erledigt. Als Amerikanerin habe ich am Wochenende auch noch von zu Hause gearbeitet, aber da war ich die Einzige. (Niemand hat samstags oder sonntags auf meine E-Mails geantwortet.) Jede_r war an jedem Wochentag da, egal ob man unterrichtet hat oder nicht. Arbeit wurde also im Büro erledigt und jede_r hatte sein/ihr eigenes Büro, sogar Doktorand_innen. Und es wurde bemerkt, wenn man um 8.30 Uhr noch nicht da war. Man könnte dieses System „universitätsgeführt" nennen.²²

Yale ist eine private Universität mit einem Stiftungsvermögen von 23,9 Milliarden US-Dollar. Die berufsausbildenden Schulen haben ihr eigenes Budget, das die Universität mit eigenen Budgetzuweisungen an bestimmte Schulen und Departments, so wie an die Architektur, unterstützt, während sie Gelder von anderen, wie der Medizin, auch abzieht. Die Verwaltung der Universität überwacht die Arbeitsleistungen der angestellten Wissenschaftler_innen nicht, um etwa auf dieser Grundlage ihr Budget oder die Beförderungen festzulegen. Die finanzielle Stabilität und die weltweite Reputation der Universität funktionieren nämlich über die individuellen wissenschaftlichen Leistungen hinweg nach einer eigenständigen Logik. Natürlich arbeiten die Mitarbeiter_innen sehnsüchtig auf eine *Tenure-Track*-Position hin, aber die Kriterien, nach denen diese vergeben werden, basieren weder auf einer Rangliste der Veröffentlichungen nach Prestige und Zitationsindex noch auf Yales Selbstdarstellung. Das Stiftungsvermögen, das auf Kapitalbesitzer angewiesen ist, die sich der Stiftung verpflichtet fühlen, bietet „Unabhängigkeit" für die intellektuelle Arbeit.

Der neuseeländische tertiäre Bildungssektor auf der anderen Seite ist nationalisiert und funktioniert nach dem Bologna-System, einem europaweiten Abkommen, mit dem die Hochschulbildung standardisiert und gleichzeitig mit einem Bachelor- und einem Masterabschluss enger am amerikanischen Modell ausgerichtet werden sollte. Vor dem Bologna-Abkommen traten Studierende eines berufsorientierten Studiengangs normalerweise direkt nach Beendigung der Sekundarstufe (die man in Neuseeland an *Colleges* absolviert) ein fünfjähriges Bachelorstudium an.[23] Für außereuropäische Länder, die wie Neuseeland das Abkommen unterzeichneten, sollte die Veränderung dazu führen, dass die Universitäten im Sinne der amerikanischen Vorbilder „innovativer" würden.

Die Hochschulbildung in Neuseeland ist staatlich kontrolliert, aber marktorientiert. Der neoliberalen Formel folgend, wenn man so will, unterhält jede Universität einen Vertrag mit dem Bildungsministerium, dessen Schwerpunkte vor allem auf *accountability*, dem *mission statement* und den Leistungszielen liegen; im Gegenzug bekommt die Universität vom Ministerium ihre finanziellen Mittel zugewiesen. Die einzelnen Universitäten konkurrieren miteinander um diese staatliche Finanzierung, die sich an Studierendenzahlen und Forschungsergebnissen orientiert. In dieser zentralisierten und unternehmensähnlichen Struktur sind Vizekanzler die CEOs und Forschungsvorhaben werden zu Businessplänen. Weil die zur Verfügung stehenden Finanzmittel begrenzt sind und das Bildungsministerium selbst effizient und hierarchisch aufgebaut ist, gibt es insgesamt eine klar hierarchisch organisierte Verantwortungsverteilung: Der/die Fachbereichsleiter_in leistet dem/der Dekan_in Rechenschaft, der/die Dekan_in dem/der Vizekanzler_in, der/die Vizekanzler_in dem/der Bildungsminister_in, und der/die Bildungsminister_in dem Staatsoberhaupt – ein extrem auf Risikovermeidung bedachtes Modell.

Die Forschungsfinanzierung, für deren Verteilung die Quantität und Qualität der Forschungsleistungen aller Universitätsmitarbeiter_innen beurteilt und mit Geldwerten versehen wird, hat unangenehme Auswirkungen. Auf der einen Seite wird das Unterrichten, das keinerlei Vorteile im Finanzierungswettbewerb schafft, somit leicht zur Zeitverschwendung, eine Tätigkeit, die nur die besonders Naiven noch ernst nehmen. Außerdem fällt es bestimmten Disziplinen wie der Architektur und Planung schwer, überhaupt an Gelder zu kommen, weil sie weder traditionelle „Forschung" noch die im Kunstbereich anerkannte „praxisbasierte" Forschung betreiben. Weiterhin ist es in diesem System eine Bedingung, dass vollzeitbeschäftigte Wissenschaftler_innen entweder einen Doktortitel haben oder auf diesen hinarbeiten, was bedeutet, dass praktizierende Designer_innen einen erheblichen Nachteil haben.

Bei dem Vergleich, den ich hier anstelle, bevorzuge ich eindeutig das US-System, das ich oben am Beispiel von Yale erläutert habe. Die rhizomartig organisierte Forschung macht deutlich mehr Spaß als die tayloristische in Neuseeland beziehungsweise die des Bologna-Systems, und sie ermutigt zu Risiko, Austausch, Autonomie und „Innovation", all den Dingen, die die University of Auckland zwar auch möchte, aber institutionell

---

20 Siehe etwa Stott, Rory: Why China's President Says „No More Weird Buildings", in: Archdaily, 21.10.2014, online: http://www.archdaily.com/559456/why-china-s-president-says-no-more-weird-buildings, zuletzt aufgerufen am 29.05.2016.

21 Diese Beschreibung des neuseeländischen Hochschulsystems basiert zum großen Teil auf meinem Artikel *Sour Kiwis*, in: The Architect's Newspaper, November 2007. Zum Hochschulstudium in Neuseeland sollte man außerdem den exzellenten Artikel von Mark Olssen lesen: Olssen, Mark: The Restructuring of Tertiary Education in New Zealand, in: McGill Journal of Education, Winter 2002, online: http://firgoa.usc.es/drupal/node/27198, zuletzt aufgerufen am 29.05.2016.

22 Die Ironie dieses Systems besteht darin, dass die Fakultätsmitglieder gar nicht zusammenarbeiten, weder in Hinblick auf das Curriculum noch auf die Forschung. Kiwi-Liberalismus beinhaltet auch, dass jede_r Professor_in das Recht hat, sein/ihr eigenes Material für die Lehre zu verwenden; Zusammenarbeit gilt als totalitär.

23 Die Unterscheidung zwischen einem ersten und einem zweiten Studienabschluss sollte Europas Universitäten auf die wissenschaftliche Weltbühne helfen. Die Annahme war, dass ein breiter aufgestelltes Grundstudium im Sinne eines *Liberal-Arts*-Ansatzes vor der Spezialisierung den Erfolg des amerikanischen Hochschulsystems ausmache. Allerdings hat sich in Wahrheit kaum etwas verändert, außer dass der vorherige fünfjährige berufsqualifizierende Bachelor- beziehungsweise Diplomabschluss nun in ein „Drei plus zwei" unterteilt wurde, mit den ersten drei Jahren für den Bachelor und den folgenden beiden Jahren für den Master. Als ich 2007 Dekanin der School of Architecture and Planning an der University of Auckland war, haben wir diesen Veränderungsprozess durchgemacht. Er hatte den unangenehmen Effekt, dass die Studierenden, die fünf Jahre mit einem Architekturstudium verbracht hatten, um einen *Bachelor of Architecture* zu erhalten, auf einmal schlechter dastanden als die mit dem exakt gleichen Studium, die sich allerdings nun *Master of Architecture* nennen konnten. Außerdem war der Ansatz in Neuseeland wegen seines Liberal-Arts-Schwerpunkts umstritten, weil man dort generell eher auf Praktikabilität, Direktheit und umgehende Karriereoptimierung ausgerichtet ist. Eine weitere sonderbare Folge des Übergangs zum Bologna-System in Neuseeland war, dass „Forschung" als Studieninhalt (auch hier will man mit den Harvards, Yales und Stanfords dieser Welt mithalten können) mit mehr staatlicher Finanzierung belohnt wurde als ganz normale Vorlesungen. Das führte dazu, dass alle drei Architekturhochschulen in Neuseeland die zwei Jahre des Masterstudiengangs in selbstbestimmte „Forschung" umwandelten, d. h., die Studierenden konnten keine vorgegebenen Kurse belegen, sondern arbeiteten an individuellen Forschungsprojekten. Diese Entwicklung birgt die Ironie, dass die Studierenden, die aus diesem System entlassen werden, am Ende weniger unterrichtet wurden als die, die das gleiche Studium vor der Umsetzung des Bologna-Prozesses durchlaufen haben.

verunmöglicht. Trotzdem darf man die heimtückische Seite des Innovationsdiskurses, der mit dem amerikanischen Stil einhergeht, nicht unterschätzen – und zwar beziehe ich mich hier auf die Prekarisierung der Arbeit und ihr Eindringen in alle Lebensbereiche. Anders als bei dem wasserdichten Personalmanagement des europäischen Systems werden Wissenschaftler_innen in den USA nämlich nur semesterweise angestellt, sodass dort zwar nie jemand gefeuert wird, aber das nur, weil man den/die Betreffenden einfach nur nicht wieder einzustellen braucht. Im arbeiter_innenfreundlichen Neuseeland bleibt jemand, der einmal angestellt wurde, normalerweise für immer. In den USA ist man so lange, bis man eine *Tenure*-Position erreicht hat, sogar bei Verträgen, die über mehrere Jahre laufen, total von seinem Department und der Gefühlslage der verantwortlichen Personen abhängig; Beurteilungen werden von einzelnen Personen gefällt und die sozialen Medien haben viel mehr Einfluss auf den individuellen Ruf. In diesem System siegt Jung über Alt, Männer über Frauen und Selbstdarsteller_innen über die, die hart arbeiten. Derweil dringt die Arbeit in alle Lebensbereiche vor. Eröffnungen, Vorträge, Partys, das alles sind Möglichkeiten zum Netzwerken, und das Schreiben von Texten ohne Bezahlung und bis spät in die Nacht oder am Wochenende wird zur Normalität. Man hat ein schlechtes Gewissen, wenn man mal Zeitung liest, und es fehlt etwas, wenn man nicht mit mindestens drei zugesagten Arbeiten spät dran ist. Mein eigener Stolz, dass ich in der Lage bin, immer und überall zu arbeiten, vermischt sich mit dem Wissen, dass ich diese Tatsache laut Ideologie auch noch genießen sollte.

Schlussbemerkungen

Ich bin an einer Architekturschule angestellt, unterrichte im Kontext ihrer Entwurfs- und Studiokultur und schreibe über die Ausbildung und Profession von Architekt_innen. Ich fürchte, dass diese Besonderheiten meine Beobachtungen für den größten Teil der Geisteswissenschaften eher irrelevant erscheinen lassen; doch dieser Text ist ein – vielleicht etwas zu defensiver – Versuch, laut darüber nachzudenken, warum ich hoffe, dass das nicht ganz stimmt. Denn das Reflektieren über meine spezifische Situation hat mich gleichzeitig dazu gebracht, über Dinge nachzudenken, die uns alle zu einem gewissen Grad betreffen.

Erstens ist es trotz des globalen Ausmaßes der neoliberalen Logik schwer, generalisierende Aussagen über die globale Produktion der Geisteswissenschaften zu treffen. Das haben mir sowohl meine Erfahrungen in den USA und in Neuseeland als auch die Untersuchung verschiedener Architekturschulen in unterschiedlichen Ländern gezeigt. Bildung und Ausbildung, eine Art der Bürgererziehung, werden in verschiedenen Nationalstaaten unterschiedlich verstanden und gehandhabt. Der Widerstand, den jegliche kritische Analyse der neoliberalen Geisteswissenschaften zu erwarten hat, ist daher vor allem ein *nationaler* Widerstand, der den Versuch jedes Staatsbürgers und jeder Staatsbürgerin, sich der nationalen Erziehung und Kontrolle zu entziehen, anfechten wird.

Zweitens machen es die Besonderheiten der einzelnen Disziplinen nahezu unmöglich, generelle Aussagen über den Raum neoliberaler Produktion zu treffen. Wenn wir diesen Raum als Zusammenhang denken, der darüber bestimmt, was, wie und wo gearbeitet wird, dann fallen die Beobachtungen und Regeln von Disziplin zu Disziplin anders aus. Der Unterschied zwischen Geografie und Architektur macht dies deutlich. Die Regime der Architektur, die sich historisch herausgebildet haben, lassen ein marxistisches Raumverständnis einfach nicht zu und führen dazu, dass der Begriff des Raums, sogar auf der allerkörperlichsten Ebene, ein komplett anderer ist als in der Geografie.

Drittens ist mir klar, dass ich von einer privilegierten Position aus spreche (Yale, *Tenure*) und dass das Ausüben von Kritik an meinem eigenen Arbeitsumfeld – disziplinär, pädagogisch und physisch – ein Luxus ist, den sich nicht viele leisten können. Wir können zwar generell über Arbeit und ihre Bedingungen innerhalb der Geisteswissenschaften sprechen, aber die Arbeitserfahrung mit *Tenure* ist doch eine ganz fundamental andere als die ohne. Außerdem haben die, die an gut finanzierten Universitäten arbeiten, andere Zugangsmöglichkeiten zu Büchern, Symposien etc., was sich auch auf der Ebene der Arbeitserträge niederschlägt. Der physische Raum der Universitäten muss diese unterschiedlichen psychologischen Räume in den unterschiedlichen Kontexten nicht unbedingt widerspiegeln.

Viertens sind bei allen nationalen, disziplinären und institutionellen Unterschieden die individuellen Wirkungsmöglichkeiten entscheidend. Es ist wichtig, die Grenzen der Disziplinen zu überschreiten, es ist wichtig, dass man die Definition von Erfolg, die einem die eigene Universität vorschreibt, nicht verinnerlicht. Hat man nach den universitären Standards Erfolg, aber nicht nach humanistischen, kann das nur eines heißen: Der Kampf muss weitergehen.

Der Kapitalismus ist und bleibt – nach allem, was ich gesagt habe – ein globales Phänomen. „Under the rule of the free market, all subjects participate equally, and inequality is tied not to identity, but to money … where the individual subject and the collective blur into one mass of economic agents."[24] Der Raum unserer geisteswissenschaftlichen Arbeit muss sicherstellen, dass wir diese Tatsache anerkennen und ihr widerstehen. Ich selbst habe Glück gehabt, aber das macht den Ärger nicht wett, den ich angesichts der Ungerechtigkeiten verspüre, die mit neoliberalem Wettbewerb, Quantifizierung, Monetarisierung, Individualisierung, Taylorisierung, ökonomischer Ungleichheit und einem kulturellen Umfeld einhergehen, das Erfolg mit Rechtschaffenheit verwechselt. Ich gehe davon aus, dass die Leser_innen dieses Heftes das genauso sehen. Immaterielle Proletarier_innen aller Länder, vereinigt euch!

Peggy Deamer ist Architektin und Architekturtheoretikerin sowie Professorin an der Yale School of Architecture, New Haven.

Aus dem Englischen übersetzt von Svenja Bromberg. Der Originaltext ist unter www.grundlagenforschung.org abrufbar.

Bildnachweis

Abb. 1 & 2	Peggy Deamer
Abb. 3	Sci-Arc
Abb. 4–7	Philippe Ruault
Abb. 8	Peggy Deamer
Abb. 9	Philippe Ruault
Abb. 10	Peggy Deamer

24 Worden, Daniel: Free Market Formalism. Reading Economics as Fiction [Buchbesprechung zu Michael W. Clunes *American Literature and the Free Market, 1945–2000*], in: Electronic Book Review, 30.03.2011, http://www.electronicbookreview.com/thread/technocapitalism/economic, zuletzt aufgerufen am 29.05.2016.

Craft Beer und Craft Architecture

Reinhold Martin

Kommentar zu „Arbeit(-sräume) in der Architektur"

Als Antwort auf Peggy Deamers Thesen zur architektonischen Arbeit und auf die Nachbemerkungen der beiden Herausgeber in dieser Ausgabe will ich die Unterscheidung zwischen „materieller" und „immaterieller" Arbeit, auf die Deamer sich bezieht, etwas näher untersuchen. Die Unterscheidung, die durch den italienischen Operaismus bekannt geworden ist, hat vor allem geholfen, gängige Definitionen von Arbeit, die implizit einen Schwerpunkt auf manuelle Tätigkeiten legen, zu erweitern und somit Formen der intellektuellen und affektiven Arbeit, die für eine „Dienstleistungsökonomie" essenziell sind, miteinzubeziehen. Sie kann allerdings auch in die Irre führen, weshalb viele Bezugnahmen auf das Konzept der immateriellen Arbeit eilig betonen, dass die Inputs und Outputs durchaus nicht rein virtuell oder gänzlich entmaterialisiert sind. Stattdessen sind sie, wie beispielsweise die Computer, die von Architekt_innen bedient werden, um Gebäude zu zeichnen, deren Umrisse als elektronisch erleuchtete Pixel erscheinen, Teil eines materiellen Komplexes, der zu einem gewissen Grad von der traditionellen manuellen Arbeit abweicht, obwohl die beiden immer noch aufeinander angewiesen sind.

Extrem vereinfacht gesagt, koppelt die Unterscheidung Büro, Schule und Studio von der Fabrik ab. Deamers Beispiel der drei Architekturschulen hilft diese Trennung in den Blick zu bringen, vor allem durch die allen gemeinsame Betonung von räumlicher Flexibilität statt Reglementierung, die der heutigen nahezu universellen Flexibilität oder Prekarität von Arbeit entspricht – die nämlich in Bezug auf Zeit, Ort und Kompetenzen auf jeder Ebene der dominanten Produktionsweise herrscht, vom Bergbau bis zur medizinischen Versorgung. Dabei ist besonders vielsagend, dass sich zwei der Schulen, SCI-Arc in Los Angeles und die ENSA Nantes, auf ehemaligen Industriegeländen angesiedelt haben. Während die früheren Arbeiter_innen in diesen Gebieten höchstwahrscheinlich angestellt und möglicherweise gewerkschaftlich organisiert waren, arbeitet die heutige „kreative Klasse" (zu der Architekt_innen gehören) am ehesten auf Vertragsbasis oder als Subunternehmer_innen, also nicht anders als die Handwerker_innen, die von Bauunternehmen auf Projektbasis beschäftigt werden.

Deamer nennt dieses Arbeitsregime „liberal" in dem Sinne, dass es Individualität, wenn nicht sogar tatsächliche subjektive Autonomie begünstigt, und in dem Sinne, dass es die Arbeit der Geisteswissenschaften oder der Liberal Arts, wie sie in den USA genannt werden, zu monetarisieren versucht. An dieser Stelle ist tatsächlich ihr drittes Beispiel der Chinesischen Hochschule der Künste am aufschlussreichsten. Allerdings ist es nicht der Versuch, einen nationalen Stil zu formen, der bei diesem Beispiel unser Hauptaugenmerk verdient, sondern dessen Humanismus. Dass der Campus als irgendetwas anderes denn als eine Wissensfabrik für Technokrat_innen dargestellt werden kann, verschleiert seine tatsächliche Funktion: die Ausbildung einer Generation von Kulturarbeiter_innen, die Chinas aufstrebende wirtschaftliche Hegemonie unterstützen sollen. Es wäre einfach, diese Funktion – ähnlich wie den kreativen Konsum der amerikanischen Architekturschulen oder die farblosen französischen Versuche, Architekten- Bürger_innen auszubilden – als ideologisch zu bezeichnen. Der Staatsapparat ist immer noch der Staatsapparat. Vor allem aber verfolgt jede dieser Institutionen, so wie alle anderen auch (inklusive meiner eigenen), die Produktion und Reproduktion von Humankapital. Das ist es, was den Neoliberalismus „liberal" macht, und das ist es, wodurch sich Wang Shu, ein Architekt, der die Symbole der Technokratie verabscheut, perfekt dazu eignet, die Institution zu entwerfen, deren Aufgabe es ist, das „Humane" im Humankapital zu fördern und auszubilden: In seiner Pritzker-Preisverleihungsrede beschreibt er sich selbst als Handwerker und seine Arbeiten als Kunsthandwerk.

Der Moment, in dem die neoliberale Ökonomie maximal integriert ist, ist also gleichzeitig der Moment, in dem Arbeit zum Handwerk wird. Zwischen handwerklich gebrautem Bier und handwerklicher Architektur besteht gar kein großer Unterschied. Beide zeichnet guter Geschmack aus. Beide sind Zeichen unserer Zeit. Und weder das eine noch das andere wird man im Umkreis von hundert Metern um ein Gewerkschaftsgebäude finden. Der oder die Architekt_in als Humankapital korrespondiert mit einer Architektur, die sich, innerhalb der Schulen, dadurch auszeichnet, dass sie die fabrikbasierten Diskurse der „Produktion" und alle dazu-gehörigen Techniken durch studiobasierte Diskurse der „Fabrikation" ersetzt. Dies ist ein zentrales Paradox des Neoliberalismus, das Architekt_innen auf der ganzen Welt antrainiert wird: nicht die Entmaterialisierung des Menschlichen und ihr Aufgehen in der Technosphäre, sondern die Wiedereinschreibung des Menschlichen als Kapital. Eine Aufgabe, für die die Geisteswissenschaften leider Gottes unabdingbar bleiben.

Reinhold Martin ist Associate Professor an der Graduate School of Architecture, Planning and Preservation der Columbia University, New York.

Aus dem Englischen übersetzt von Svenja Bromberg. Der Originaltext ist unter www.grundlagenforschung.org abrufbar.

Andreas Rumpfhuber

Remote

Control

Proposal for an extension of the
University of Vienna, 1966

Space

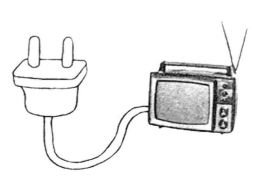

Abb. 1   Hans Hollein, Erweiterung der Universität Wien, 1966

Im Vorwort zur deutschen Ausgabe seiner Textsammlung *Unterhandlungen* stellt Gilles Deleuze fest, dass die Philosophie keine Macht sei wie die Religion, der Staat, der Kapitalismus, die Wissenschaft, das Recht, die öffentliche Meinung oder das Fernsehen. Sie könne daher auch keine Schlachten mit diesen führen. Die Philosophie führe einen Krieg ohne Schlachten. Die Philosophie könne nicht mit den Mächten sprechen, habe ihnen nichts zu sagen, sondern könne nur Unterhandlungen führen. Und da die Mächte uns nicht nur äußerlich seien, sondern durch uns hindurchwirkten, würde jeder von uns ständig in Unterhandlungen mit sich selbst stehen. Gerade durch die Arbeit der Philosophie (und ich bin geneigt, diese Teildisziplin der Geisteswissenschaft stillschweigend auf das ganze Feld der kulturellen, geistigen, medialen, soziologischen etc. Arbeit auszudehnen) werde es uns erst möglich, diese Unterhandlungen mit uns selbst, mit den Mächten, die durch uns hindurchwirkten, zu führen.[1]

Für mich beschreibt Deleuze eine relevante Teleologie der Praxis zeitgenössischer Geisteswissenschaft. Es ist eine Geisteswissenschaft, die auf gesellschaftliche und politische Fragestellungen abzielt. Sie kreist um jeweils aktuelle Symptome der Gesellschaft. Sie bietet vorerst noch keine Lösungen, sondern eröffnet Verschiebungen der unterschiedlichen (Macht-)Strukturen, die auf das Subjekt und seine Welt einwirken. Im besten Fall produziert die Arbeit der Geisteswissenschaften neues Wissen für diese konstant in Bewegung stehenden Unterhandlungen und ermöglicht den Subjekten, auf die jeweiligen Situationen aktiv einzuwirken und sie zu verändern.

Deleuze publiziert seine *Unterhandlungen* 1990. Das *Postskriptum über die Kontrollgesellschaften* schließt diesen Textband. Es kann als Nachwort zu Deleuzes (inneren) Unterhandlungen, die zwischen 1972 und 1990 entstanden waren, verstanden werden. Dieses Postskriptum eröffnet gleichzeitig auch ein neues Feld und expliziert in konzentrierter Form Fragestel-lungen, die in Deleuzes Werk (nicht nur zusammen mit dem Psychoanalytiker Félix Guattari) zur dominierenden Macht unserer Gesellschaft, dem Kapitalismus des ausgehenden 20. Jahrhunderts, und ihrer Logik, der Kybernetik,[2] immer wieder verhandelt wurden. Es bestärkt und aktualisiert dabei die Analyse Michel Foucaults zu den Souveränitäts- und Disziplinargesellschaften, die nun von den Kontrollgesellschaften abgelöst wurden. Den Einschließungsmilieus des frühen 20. Jahrhunderts folgten nun Modulationen von Kontrolle, die „einer sich verformenden Gußform, die sich von einem Moment zum anderen verändert"[3] glichen. Die Einschließungsformen der disziplinargesellschaftlichen Institutionen seien in der Krise: Die Familie, die Schule, die Kaserne, die Fabrik oder auch das Gefängnis lösten sich zugunsten neuer, „ultraschnelle[r] Kontrollformen mit freiheitlichem Aussehen"[4] ab. Die aktuelle Form des Kapitalismus arbeite nicht mehr mit einfachen Maschinen wie noch die Souveränitätsgesellschaften oder mit den energetischen Maschinen der Disziplinargesellschaften, sondern mit Informationsmaschinen und Computern. Es handle sich um eine tiefgreifende Modulation des Kapitalismus, der sich nicht länger auf die Produktion konzentriere, sondern auf das Produkt, den Verkauf und den Markt. So werde die Fabrik vom Unternehmen abgelöst, die kontinuierliche Kontrolle vom Examen, und die permanente Weiterbildung löse tendenziell die Schule ab und liefere sie gleichzeitig den Unternehmen aus, so Deleuze.

Deleuze wie auch Foucault zeichnen ein ganz bestimmtes Bild unserer Gesellschaften im ausgehenden 20. Jahrhundert, das sich heute bestenfalls radikalisiert hat. Schon 1990 wird eine Entwicklung der Ausbildung zur permanenten Weiterbildung beobachtet, die gleichzeitig immer mehr den Unternehmen ausgeliefert wird. Ein Symptom, das mit der Bologna-Reform und der damit einhergehenden ökonomischen „Autonomie" der Universitäten heute Realität geworden ist. Gerade die Bildungsanstalten und insbesondere die Universität sind heute Brennpunkte einer Debatte. Mit dem Begriff der *Edufactory* wird heute die Universität als „wesentlicher Ort des Konflikts um den Besitz von Wissen, die Reproduktion der Arbeitskraft und die Herstellung sozialer und kultureller Stratifizierung"[5] im Zusammenhang einer Wissensarbeit diskutiert, die, bedingt durch sich seit dem Zweiten Weltkrieg und insbesondere seit den 1960er Jahren verändernde Arbeitsteilung und Produktionsweisen, in unseren westlichen Industrienationen zunehmend dominant wird.

Der Raum der Wissensarbeit

Diese Wissensarbeit hat einen Raum, metaphorisch und real. Einen Raum, der ihr durch die Gesellschaft zugewiesen wird und von dem sie sich konstant und immer wieder

---

1   Vgl. Deleuze, Gilles: Unterhandlungen, Frankfurt am Main 1993.

2   Vgl. Hörl, Erich: Wunsch und Technik. Stieglers Genealogie des Begehrens, in: Stiegler, Bernard: Hypermaterialität und Psychomacht, hg. v. Erich Hörl, Zürich 2010, S. 7–33, bes. S. 7–14.

3   Deleuze: Unterhandlungen, S. 256.

4   Ebd., S. 255.

5   Caffentzis, George; Federici, Silvia: Anmerkungen zur edu.factory und zum kognitiven Kapitalismus, online: http://eipcp.net/transversal/0809/caffentzisfederici/de, zuletzt aufgerufen am 30.05.2016.

auf andere Weise emanzipiert. Und diese Form der Arbeit hat den realen Raum der Universität, der Bibliotheken, der Kaffeehäuser und der Arbeitszimmer in den Wohnungen, die allesamt in unseren Städten verortet sind. Die Analyse dieser realen Architekturen ermöglicht uns einen spezifischen Blick auf die Modulationen und Verfestigungen der Veränderung der geisteswissenschaftlichen Arbeit und ihres zugewiesenen Raumes in der Gesellschaft. Direkt angeschlossen an die Machtdiskurse organisiert und repräsentiert die Architektur die Räume der Wissensarbeit und insbesondere auch der geisteswissenschaftlichen Arbeit. In ihren herausragenden Beispielen werden jedoch nicht nur die jeweils dominanten gesellschaftlichen Vorstellungen sichtbar. Die Entwürfe kreisen um jeweils aktuelle Symptome und explizieren im Moment ihrer Entstehung dabei auch die möglichen Verschiebungen innerhalb des Diskurses hin zu einer virtuellen Emanzipation. In diesem Verständnis tritt die Architektur ebenfalls in Unterhandlungen mit den Mächten, die sie als ursächlich definiert.

Heute fällt der Raum der Arbeit zunehmend mit dem Raum der Ausbildung und dem Raum des Lebens zusammen. Dies ist eine Entwicklung, die ihren Ausgangspunkt nach dem Zweiten Weltkrieg nimmt und allgemein mit dem Übergang vom Fordismus zum Postfordismus und der Herausbildung eines *neuen Geistes des Kapitalismus*[6] assoziiert wird. Sie ist eng mit dem Gedankenmodell der Kybernetik und der Entwicklung und Einführung von Rechenautomaten verbunden, die in naher Zukunft, so der Diskurs der 1950er und 1960er Jahre, die Vollautomation aller Arbeitsprozesse und damit die immerwährende Freizeit aller Arbeiter_innen versprach. Die immaterielle Arbeit ist die signifikante Form der Tätigkeit, die sich in dieser Entwicklung herausbildet. Maurizio Lazzarato definiert sie akkurat durch zwei Qualitäten: Zum einen sei es eine Arbeit, die zunehmend die Handhabung kybernetischer Maschinen verlange. Und zum anderen eine, die normalerweise nicht mit Arbeit in Verbindung gebracht werde und früher das Privileg der Bourgeoisie gewesen sei.[7]

Diese Abwandlung und Reform bestehender Organisation von Räumen und dem Leben darin seit dem Ende des Zweiten Weltkriegs lässt sich in der Architektur besonders gut beobachten. Nicht umsonst verwenden Deleuze und Guattari immer wieder räumliche Analogien und thematisieren den Raum sowie das Territorium. Aber auch viele Beispiele Foucaults zielen auf die Organisation von Räumen ab, seien es das Krankenhaus, das Gefängnis oder der städtische Raum im Umbruch als zentrale Motive seiner Analysen. Gerade weil die Produktion von Raum direkt mit der Macht in Verbindung steht und direkt an sie angeschlossen ist, werden in ihren herausragenden Beispielen die Räume des neuen Regimes, hinter das wir nicht mehr zurückkönnen, in konkreter und manchmal auch in experimenteller Form expliziert. Die wabernden Blasen der Architektur-Avantgarden der 1960er Jahre müssen als visionäre Metaphern der sich konstant verändernden, sich anpassenden Gussformen gelesen werden, von denen Deleuze bildhaft schreibt. Sie simulieren noch mit simplen energetischen Maschinen die neuen Qualitäten des Raumes der Kontrollgesellschaft, was heute immateriell die Algorithmen leisten. In den weichen, anschmiegsamen Sphären werden wir auf das zukünftige Leben rhythmisiert. In diesen Klimahüllen spielen ihre Bewohner_innen, sie wohnen und arbeiten fortan dort (auch wenn das Arbeiten heute zunehmend camoufliert wird und heute oft nur mehr von Lebenssphären gesprochen wird). Auf pragmatischer und alltäglicher Ebene wirksamer waren jedoch die Bürolandschaften, die von den Managementberatern Eberhard und Wolfgang Schnelle und einem transdisziplinären Team aus Kybernetikern, Mathematikern und Künstlern

Abb. 2   Innenraum „Buch und Ton, Bertelsmann", Gütersloh, 1959/60

Abb. 3   Innenraum „GEG Konsumgenossenschaft", Kamen, 1965

Ende der 1950er Jahre in Deutschland entwickelt wurden. Die fußballfeldgroßen Innenräume waren hierarchielos in kleinen Gruppen organisiert und durch Formen der Partizipation der Arbeiter_innen und die Gruppierung in Teams kontrolliert. Angestrebt wurde damals schon, die administrative Arbeit durch den Einsatz von Rechenautomaten zu automatisieren. Dabei übernahmen die Maschinen und Automaten vorerst nur die wiederholbaren Arbeitsprozesse. Die Arbeiter_innen wurden im gleichen Zug, durch die Art und Weise, wie man sie ansprach, aufgewertet. Sie waren nun Spezialist_innen: Künstler_innen und/oder Wissenschaftler_innen. Das chaotische Aussehen war gewollt und möglichst exakt kalkuliert, um die unermessliche Extension der Innenräume kleinteilig erscheinen zu lassen. Auch hier antizipieren die Gestalter zukünftige Entwurfs- und Organisationsprozesse. Mit der akribischen Quantifizierung, insbesondere der Informationsflüsse innerhalb einer Organisation möglichst aller Arbeitsprozesse, wurden die Grundlagen geschaffen, eben nicht nur repetitive Arbeit, sondern auch informationsintensive Entscheidungsfindungen maschinenlesbar und -prozessierbar zu machen. Die Mittel waren Ende der 1950er Jahre und in den 1960er Jahren noch analog und involvierten Humanressourcen, die sich eifrig an der Abschaffung ihrer eigenen Arbeitskraft beteiligten, um in die Freizeit entlassen zu werden. Ein weiteres Beispiel ist der niemals realisierte Entwurf des Fun Palace. Die Agitprop-Theatermacherin Joan Littlewood, der Architekt Cedric Price und der Kybernetiker Gordon Pask hatten zwischen 1962 und 1966 einen Palast für die arbeitslosen Massen Londons projektiert. Der Fun Palace war kein Haus im herkömmlichen Sinne mehr, sondern vielmehr ein extensives Netzwerk. Ideell gedacht war es als unendliches Infrastrukturgerüst, in das verschieden große, mit einer Vielzahl an Funktionen programmierbare, bewegliche Container gehängt waren. Es sollte ein Ort der neuen Freizeit der Arbeiter_innen werden. Hier sollten sie sich treffen und voneinander vor allem lernen. Es war ein von kybernetischen Automaten orchestriertes Mitmachtheater, das den Arbeiter_innen einen Raum zum Lernen und für Kreativität bieten sollte. Eine kybernetische Freizeitmaschine also, die Freizeit als lebenslanges Lernen inszenierte.

Diese Beispiele[8] beschreiben allgemein die Reformen unserer Arbeitsgesellschaft durch die neuen Kontrollmechanismen. Sie explizieren die Qualitäten einer entgrenzten Arbeitsgesellschaft und ihrer neuen Architektur. Sie gehorchen der parametrischen und binären Logik eines neuen Systems, das alle Formen der Arbeit und des Lebens in untrennbaren Variationen durchdringt und somit auch den neuen Rahmen für geisteswissen-

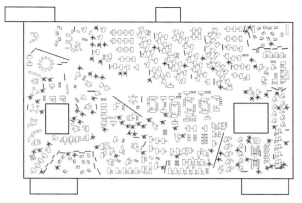

Abb. 4 Grundriss „Buch und Ton, Bertelsmann", Gütersloh, 1959/60

schaftliche Arbeit darstellt. Die wabernde Blase ist der Typ des ubiquitären, atomisierten Arbeitens. An die Klimamaschine und ihre Kommunikationsapparate angeschlossen zu sein, ist die Voraussetzung, um überhaupt erst aktiv werden zu können. Die Transparenz der Blasen verweist aber gleichzeitig auf die Notwendigkeit der (öffentlichen, sichtbaren, bühnenhaften) Performance der Arbeiterin und des Arbeiters. In der Bürolandschaft wird dieses atomisierte und angeschlossene Arbeitssubjekt in Teams organisiert. Der Auftrag ist nicht länger mehr klar und von außen durch den Chef gegeben, sondern immanenter Teil der Teamarbeit. Das Ziel kann nicht mehr verortet werden. Der Chef, der kybernetische Kapitän, der den Kurs vorgibt, ist als Figur verschwunden und wird durch Kontrollmechanismen in den Arbeitsgruppen für das Unternehmen versichert. Zuletzt ist es das Lernen und das Spielen, das zur lebenslangen unentgeltlichen Arbeit wird, die potentiell von anderen abgeschöpft wird. Dies gilt für die geisteswissenschaftliche Arbeit genauso.

Neue Räume für die Edufactory

Für die Diskussion der Edufactory in Verlängerung der Frage nach den Räumen der geisteswissenschaftlichen Arbeit ist es signifikant, zu verstehen, dass es gerade in den Nachkriegsjahren in Europa eine Welle von Universitätsneubauten gab, die eine neue Form der Institution

6   Vgl. Boltanski, Luc; Chiapello, Ève: Der neue Geist des Kapitalismus, Konstanz 2003.

7   Vgl. dazu: Lazzarato, Maurizio: Immaterial Labor [1996], http://www.generation-online.org/c/fcimmateriallabour3.htm, zuletzt aufgerufen am 30.05.2016.

8   Eine ausführliche Besprechung der oben angeführten Beispiele und anderer Projekte diskutiere ich in meinem Buch *Architektur immaterieller Arbeit* (Wien 2013).

Abb. 5   Interaktionsmatrix, Formular zur quantitativen Erhebung
von Beziehungen und Kommunikation zwischen den Mitgliedern einer
Organisation, ca. 1963

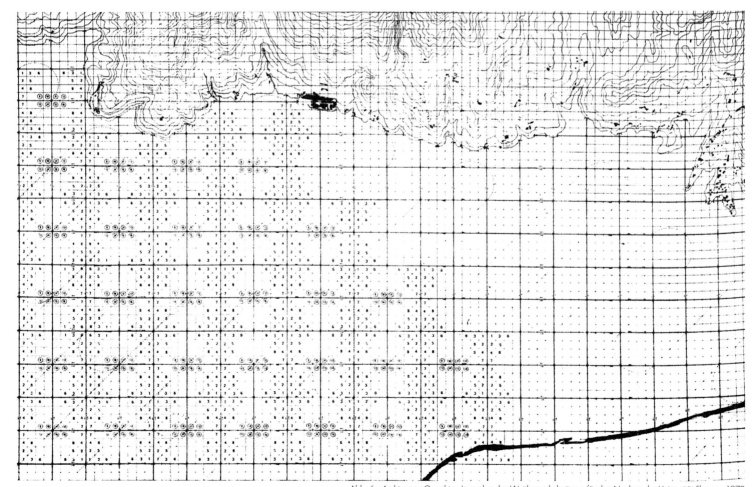

Abb. 6   Archizoom: Grundriss, Lageplan des Wettbewerbsbeitrags für den Neubau der Universität Florenz, 1972

Universität erstmals räumlich-organisatorisch explizierten. In Deutschland sind die Ruhr-Universität in Bochum und die Freie Universität in Berlin bedeutende Beispiele einer wohlfahrtsstaatlichen Idee der dezentralisierten universitären Ausbildung für die breite Masse, einer zukünftigen proletarisierten Wissensarbeit – einer (Wissens-)Arbeit, die nicht länger einer exklusiven, bürgerlichen und meist männlichen Gruppe der Gesellschaft vorbehalten bleibt, sondern zum Imperativ für alle in der Gesellschaft wird.⁹

Parallel zu den gebauten Beispielen finden sich aber auch spekulative Beiträge, die in der Überspitzung damaliger Diskurse die neue Form und Organisierung der Universität, der Stadt und der Gesellschaft explizieren. So zum Beispiel hat das italienische Architektenkollektiv Archizoom in ihrem Wettbewerbsbeitrag für die Erweiterung der Universität Florenz 1972 ihre im Projekt *No-Stop City* formulierte Kritik am Kapitalismus wiederholt und zugespitzt. Sie skizzierten einen grenzenlosen Raum, der durch Infrastrukturelemente rhythmisiert ist. Der Lageplan zeigt ein in ein gleichförmiges quadratisches Raster unterteiltes Gebiet, das nur durch die Höhenschichtenlinien einer Bergkette im Norden und die Blattränder begrenzt wird. Jedes Quadrat ist in sich in sechzehn Quadrate unterteilt und durch neun Knotenpunkte markiert. Es ist kein einziges Gebäude dargestellt. Lediglich die kleinen Rasterfelder werden mit Nummern belegt, die auf Funktionen verweisen. Die Gebäude, die im Modell dargestellt werden, können als anonyme Lagerhallen interpretiert werden und sind, ähnlich einem Relaisschaltplan, miteinander verbunden. Die verschiedenen Funktionen der Universität werden in eine grenzenlose homogene Struktur eingebunden. Für Archizoom hörte die Stadt auf, ein Ort zu sein. Die Universität wird eine Kondition für die Zirkulation von Wissen als Konsumprodukt und konvergiert mit dem allumfassenden kapitalistischen Markt, wie sie das immer wieder in den Texten zu *No-Stop City* erläutert haben.

Ein anderes Beispiel, das für das Verständnis der konkreten Räume und der Organisation einer zeitgenössischen geisteswissenschaftlichen Arbeit Bedeutung hat, ist ein Projekt aus dem Jahr 1966 des kürzlich verstorbenen österreichischen Architekten Hans Hollein mit dem trockenen Titel *Erweiterung der Universität Wien*.

Das Projekt ist keine elaborierte architektonische Planung mit Grundrissen, Schnitten, Ansichten und Schaubildern, wie man es von einem Vorhaben mit derartigem Titel erwarten würde. Die Darstellung des Projekts besteht aus einem Blatt. Links befindet sich ein Bild der von Heinrich von Ferstel geplanten Wiener Hauptuniversität, der Alma Mater Rudolphina Vindobonensis, die am Beginn der Großen Depression (1873–1896) und

Abb. 7   Archizoom: Modell des Wettbewerbsbeitrags für den Neubau der Universität Florenz, 1972

direkt nach der Weltausstellung in Wien (1873) zwischen 1873 und 1884 erbaut wurde. Das Bild wurde offensichtlich vom Wiener Burgtheater aus aufgenommen, das am Ring schräg gegenüber steht. Rechts auf dem Blatt befindet sich eine Collage. Ein Röhrenfernseher der 1960er Jahre mit ausgefahrenen Antennen wird durch ein überdimensional gezeichnetes Kabel mit einem Stromstecker ergänzt. Rechtsbündig am oberen Rand steht der Titel in Englisch: „Proposal for an extension of the University of Vienna, 1966".

Das Fernsehgerät ist offensichtlich der Universitätserweiterungsbau, der darauf wartet, an die Universität und ihre Fakultäten angeschlossen zu werden. Der Bildschirm ist noch leer. Ein weiß-graues Rauschen lässt sich erkennen. Der Fernseher ist eben noch nicht an die Institution angeschlossen. Es ist wichtig, zu erkennen, dass der „Saft", der Strom für das Fernsehgerät, von der Universität kommt: Was den Apparat antreibt, wird von der Universität dargestellt und gleichzeitig abgeschöpft. Was auf den Fernseher durch Luftwellen übertragen wird, bleibt in der Darstellung offen. Es liegt jedoch nahe, dass es die beiden öffentlich-rechtlichen Sender Österreichs waren, die empfangen werden sollten. Das Fernsehen ist als emanzipatorische Volksbildungsapparatur dargestellt, die mit der Wissensproduktion der Universität gespeist werden sollte. So symbolisiert das Fernsehgerät die Proletarisierung der Wissensarbeit und spiegelt die damalige sozialdemokratische Ideologie des freien Zugangs zu höherer (Aus-)Bildung. Potentiell kann nun jeder und jede an den universitären Programmen teilhaben, die via Fernseher in die Stadt und ihre Gesellschaften zentral ausgesendet werden.

9   Vgl. Lazzarato: Immaterial Labor

Wissensarbeit als Konsum und Teilhabe als immanenter Teil der Rasterung

Das Fernsehgerät hat nur ein sehr simples Interface,[10] über das man mit den zentral gesteuerten Inhalten interagieren kann. Man kann den Fernseher ein- und ausschalten. Der Empfangskanal kann gewechselt werden. Die Lautstärke, die Helligkeit und der Kontrast können geregelt werden. Damals waren das Knöpfe am Gerät selbst. Später ersetzte die Fernbedienung (remote control) diese Knöpfe am Gerät. Von da an brauchte man seine Position vor dem Gerät nur mehr dann zu ändern, wenn man auf die Toilette musste oder sich etwas zu essen besorgen wollte.[11] Die Wissensarbeit wird auf das Auswählen der Programme und das Konsumieren von vorab in einem kybernetischen Regelkreis durch Expert_innen ausgewählten Informationsinhalten reduziert.

Die Universität wird tatsächlich zur Fabrik, zur *Edufactory*, in der die Wissensarbeiterin und der Wissensarbeiter als beobachtende Subjekte im Sinne der kybernetischen Feedbackschleife und ihres Mittels der Zählung, der Auswahl der Programme, bestenfalls das zukünftige Programm beeinflussen. Wird eine Sendung vom Publikum öfter gesehen, partizipieren die proletarisierten und verallgemeinerten Wissensarbeiter_innen öfter an einer Sendung, wird ihr Beliebtheit und Relevanz zugeschrieben und sie weitergeführt. Andere, weniger erfolgreiche Programme werden ersetzt. Dies entspricht der kybernetischen Demokratie, wie sie zum Beispiel Helmar Frank 1969 in Deutschland konzipiert hat. Hier wird in einem Schaltdiagramm die repräsentative Demokratie, die Abgeordneten im Parlament, kurzerhand mit der Zählung ausgetauscht. Es braucht keine Verhandlung der Gesetzgebung mehr, sondern nur die einfache Auswahl durch den Wähler, die zur Gesetzgebung führt. Ähnlich funktionierte auch das vom englischen Kybernetiker Stafford Beer entworfene System *Cybersyn* aus dem Jahr 1971. Die computergesteuerte Regierung Chiles sollte mit rechnergesteuerter Kontrolle, durch permanentes Abgleichen der Produktionszahlen sowie durch Simulationsprogramme für Expert_innen die Wirtschaftsleistung optimieren.[12]

Natürlich besteht immer noch die Möglichkeit für die neuen Wissensarbeiter_innen, vor dem Fernseher selbst eine Sendung zu produzieren, die potenziell durch einen der beiden Kanäle ausgestrahlt werden kann. Jedoch unterliegt diese Art der Partizipation bestimmten Zwängen. Die Produktion muss durch ein ganz bestimmtes Format erfolgen. Und sie ist einem Begutachtungsprozess ausgesetzt. In kybernetischen Systemen dieser Zeit sind dies Gremien und Komitees von Expert_innen, die in einem konsensualen Prozess Entscheidungen treffen.

So liegt Gerald Raunig mit seiner Beobachtung richtig, wenn er schreibt, dass die heutige „modulierende Universität", wie er sie nennt, „ein System des Messens und Rasterns in allen Aspekten der Wissensproduktion"[13] fabriziert. Ein zweiter Aspekt, der mit meiner Lesart von Holleins Beispiel korreliert, ist die ebenfalls von Raunig mit Rekurs auf Marx angeführte Relation der Arbeiter_innen zu ihren Maschinen: „Die Bedienung der Maschinen wird hier zum Dienst an der Maschine, die Virtuosität geht von der ArbeiterIn auf die Maschine über, die lebendige Arbeit der ArbeiterInnen findet sich eingeschlossen in der Maschine."[14] Und genau das wird mit dem überdimensionalen Stecker des Hollein'schen Fernsehers dargestellt. Der „Saft", das Leben, die Virtuosität für die Inhalte des Fernsehers kommt von den fleißigen Wissensarbeiter_innen der Universität.

Remote Control Space: Der Hörsaal und andere Räume

Die Architektur der *Erweiterung der Universität Wien* expliziert hier nicht mehr die reformierte Macht durch Form, sondern ausschließlich durch ein technologisches Objekt, das den Raum und das Wissen neu ordnet. Es braucht kein neues Gebäude für die Universität. Es braucht nur ein neues technologisches Medium, das die Inhalte transportieren und kommunizieren kann. Es braucht nur neuartige Apparate, die eine Universität ausweiten, um im Sinne der wohlfahrtsstaatlichen Idee den Zugang für die proletarisierten Wissensarbeiter_innen zu schaffen.

Hans Holleins Vision der zukünftigen Fernuniversität ist am Ende der 1960er Jahre in keiner Weise singulär oder gar utopisch, wie man meinen könnte. Mit den neuen Mitteln der Medientechnologie, wie sie Hollein 1966 mit dem einen Blatt Papier expliziert, wird im Jahr darauf tatsächlich eine neuartige Universität zu planen begonnen. 1967 wurde von der damaligen Labour-Regierung Englands ein Planungskomitee für die Entwicklung der Open University (OU) eingesetzt, die zur Konzeptionierung einer neuartigen Universität führte, die von Anfang an auf das Medium des Fernsehens als Wissensvermittlung setzte. Die OU wurde 1969 akkreditiert und nahm im Januar 1971 den Lehrbetrieb auf. Auch wenn die OU mit dem Walton Hall Campus in Milton Keynes verortet war, spielten Computer und insbesondere das Fernsehen und das Radio von Anfang an eine bedeutende Rolle in der Verbreitung der Lehrinhalte. Schon 1969 wurde im damaligen BBC-Hauptquartier ein Produktionsdepartment für Programme der OU eingerichtet. Die ersten Sendungen wurden gleichzeitig mit der Eröffnung der OU im Januar 1971 über den damals neuen TV-Sender BBC 2 ausgestrahlt.

Mit der Vision Holleins und der Realität der OU wird der Raum der universitären Arbeit in bestehenden Strukturen der Stadt verteilt. Die universitäre Arbeit ist fortan ausgelagert und atomisiert. Die Arbeit wird vom repräsentativen Gebäude der Universität und seinen Vorlesungssälen entkoppelt und findet zunehmend in den Wohnzimmern der Bevölkerung statt. So verschwimmt die Grenze zwischen der Universität und der Stadt und ihren Gesellschaften. Es gibt kein Außen der Institution mehr, die durch das Fernsehgerät alle Bereiche des städtischen Lebens durchdringt.

Es ist jedoch insbesondere das Format Vorlesung, auf das die zukünftige, proletarische Wissensarbeit konzentriert wird. Mit dem Fernseher wird das dialogische Prinzip der geisteswissenschaftlichen Arbeit wesentlich verändert, das sich in seiner modernen Form in der zweiten Hälfte des 19. Jahrhunderts als grundlegendes Format der Wissensvermittlung und Wissensgenerierung etabliert hatte.[15] Auch wenn die Vorlesung dem Prinzip der Einwegkommunikation entspricht, indem der oder die Gelehrte am Pult einen Vortrag hält, so gab es immer die Möglichkeit, in die Top-down-Wissensvermittlung im Saal zu intervenieren. Die Studierenden konnten Fragen stellen, ihren Unmut äußern und protestieren und damit in einen Dialog mit den Lehrenden treten. Mit dem Apparat wird die Interaktion qualitativ verändert. Als Studierender kann ich nur in einen anderen Kanal wechseln oder den Apparat abstellen und damit aus der Kommunikation austreten.

Das repräsentative Gebäude für die geisteswissenschaftliche Arbeit, das noch in der Gründerzeit notwendig war, um die Macht der Institution Universität zu repräsentieren, wird selbst zum Bühnenbild einer neuen Inszenierung. Hollein fotografiert interessanterweise das Universitätsgebäude vom Burgtheater aus. Ganz so, als ob das große Theater nicht mehr auf der traditionellen bürgerlichen, repräsentativen Bühne stattfände, sondern tatsächlich in der Stadt verteilt auf den Fernsehgeräten.

Die neue Universität, wie sie Hollein darstellt, ist, wie ich meine, ein *Remote Control Space*, der sich auf ein singuläres Format, das der Vorlesung, konzentriert. Die Programmierung der Inhalte wird anfänglich noch von Expert_innenteams choreographiert und über Fernsehen und Radio übertragen. Heute werden die Inhalte jedoch zunehmend von immateriellen, schwarmähnlichen Algorithmen aus einer noch unfassbareren Ferne gesteuert und über den digitalen Kanal Internet verbreitet. Waren die Anfänge der Fernuniversität noch analog in dem Sinne, dass es, der kybernetischen Logik folgend, Expert_innenteams waren, die über die Lehrinhalte walteten und auf die Zählung der Quoten der einzelnen Sendungen als Feedback reagierten, so sind es jetzt zunehmend auf dem kybernetischen Prinzip der Zählung basierende Programme, die Lehrende wie Studierende und ihre Wissensarbeit vor den heute mobilen Bildschirmen choreographieren.

Die anderen Formate der universitären und geisteswissenschaftlichen Arbeit, das Seminar, das Kolloquium, das Symposium, werden in der neuen institutionellen Organisation der Universität marginalisiert. Nicht zuletzt hat die OU im November 2015 mit der Ankündigung aufhorchen lassen, ihre dezentralen Bildungs- und Seminarräume aus Kostengründen aufzugeben. Gerade die Orte, an denen sich die Studierenden untereinander und mit den Lehrenden während und nach den Online-Kursen treffen und austauschen konnten, werden von den Institutionen mit dem Verweis auf die knappen Mittel abgeschafft. Es sind aber genau diese Räume, an denen dialogische Unterhandlungen stattfinden können. Es sind gerade die Räume der Gemeinschaft, die es gilt als Virtualität für eine emanzipatorische Wissensproduktion verstehen zu lernen, die gleichzeitig der blinde Fleck der neuen institutionellen Organisation der Universität zu sein scheinen.

Andreas Rumpfhuber ist Architekt und Architekturtheoretiker in Wien.

---

10 Rechensysteme wie das von 1964 bis 1970 vertriebene System/360 von IBM oder ähnliche Computer waren in ihrer Entwicklung noch weit von dem, was wir heute als Desktop-Computer mit Eingabetastatur und Maus verstehen, entfernt.

11 Hier sei auf zwei Texte verwiesen, die eine räumliche Fluchtlinie der Immobilisierung durch den Bildschirm hin zum Arbeiten und Leben im Bett aufzeigen, die ich in diesem Text nicht verfolge: Sorkin, Michael: Family Values, in: ders.: Some Assembly Required, Minneapolis 2001, S. 191–208; Preciado, Beatriz: Pornotopia. Architektur, Sexualität und Multimedia im „Playboy", Berlin 2010.

12 Vgl. Pias, Claus: Zeit der Kybernetik, in: Ders. (Hg.): Cybernetics – Kybernetik II. The Macy-Conferences 1946–53, Zürich 2004, S. 9–41, hier S. 34.

13 Raunig, Gerald: Fabriken des Wissens. Streifen und Glätten 1, Zürich 2012, S. 31.

14 Ebd., S. 42.

15 Vgl. Spoerhase, Carlos: Das „Laboratorium" der Philologie? Das philologische Seminar als Raum der Vermittlung von Praxiswissen, in: Albrecht, Andrea; Danneberg, Lutz; Krämer, Olav (Hg.): Theorien, Methoden und Praktiken des Interpretierens, Berlin, München, Boston 2015, S. 53–80.

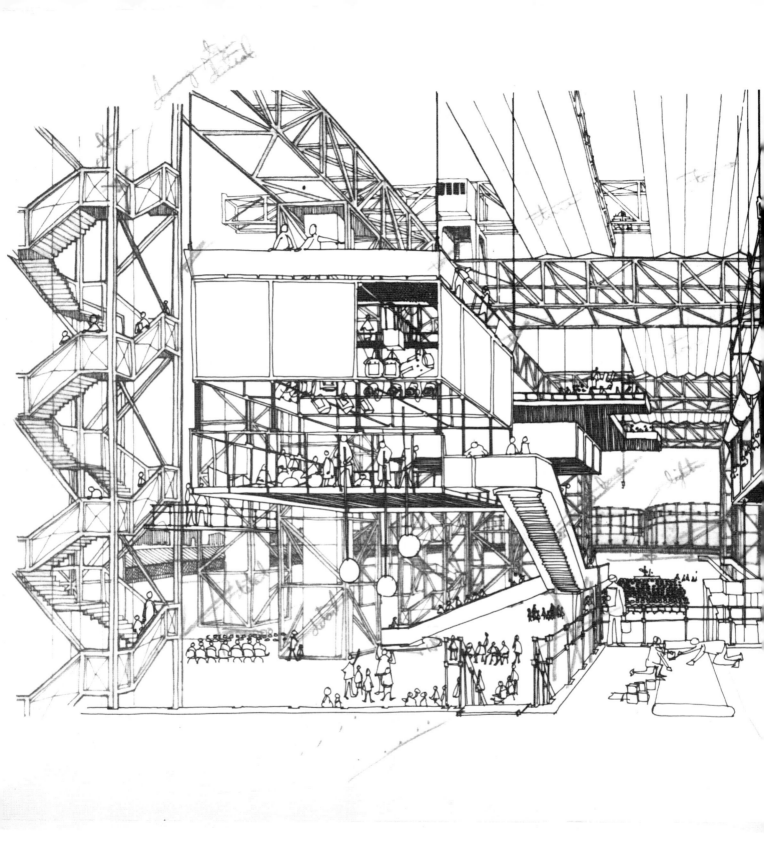

Bildnachweis

Abb. 1   Nachlass Hans Hollein
Abb. 2–5   Archiv Andreas Rumpfhuber
Abb. 6 & 7   Aus: domus 509/1972
Abb. 8   Centre Canadien d'Architecture, Montréal

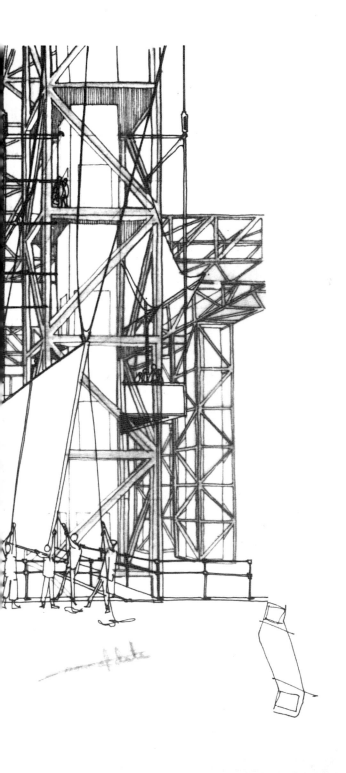

Abb. 8   Innenraumperspektive Fun Palace, 1961

Denken, Planen, Bauen.
Zur Entstehungsgeschichte
der Universität Bielefeld

Bis es am 21. Juni 1968 zur Grundsteinlegung für die Universität Bielefeld kam, war bereits etwa eine Dekade geistiger Investition in Hochschulfragen vergangen.[1] Offiziell begann die Planungsarbeit mit einem Landtagsbeschluss von 1964, der vorsah, nach der Neugründung der Universität Bochum und der Erweiterung des Fächerspektrums in Düsseldorf und Aachen eine weitere Universität in Nordrhein-Westfalen zu errichten. Die Hochschulexpansion sollte die wachsende Anzahl Studienwilliger bewältigen helfen, doch ging es oft nicht nur darum, die deutsche Bildungslandschaft numerisch zu vergrößern. In Gründungsentscheidungen zeigten sich immer auch strategische Standortentscheidungen, die bestehende Bildungsvakua schließen[2] und anderen wissenschaftspolitischen Agenden Rechnung tragen sollten. Im Fall der neuen Universität fiel die Entscheidung schließlich auf den Raum Ostwestfalen-Lippe, obwohl unter anderem eine Dortmunder Gründung gleichermaßen zur Diskussion stand. Nach Bekanntgabe des Beschlusses, der eine Universität ähnlich dem „Konstanzer Modell" vorsah, überboten sich im östlichen Teil des Bundeslandes gelegene Städte wie Detmold, Paderborn, Sennestadt, Soest und Bielefeld in der Anfertigung von Denkschriften, die ihre Eignung herausstellten und die sie in den entsprechenden Entscheidungskreisen zirkulieren ließen. Dass schließlich die Entscheidung auf Bielefeld fiel, darf wohl auf gutachterliche Einschätzungen zurückzuführen sein, wie die flächendeckende Erschließung der ostwestfälischen Provinz zu Bildungszwecken am günstigsten zu bewerkstelligen sei.

Die 1960er Jahre hinterließen gebaute Monumente und auch die Bielefelder Universität erweckt bei bloßer Betrachtung ihrer architektonischen Form den Eindruck, sich in eine Vielzahl von technokratischen Großprojekten einzureihen.[3] Dabei drängt sich die Formel „Architektur als Technik"[4] zur Charakterisierung der damaligen Herangehensweise geradezu auf. Dies gilt allerdings nur, wenn man sich archäologischer Ansätze bedient und die Wissenschaftstempel wie historische Dokumente liest. Während Altertumsforscher oft notgedrungen auf die Deutung von Relikten als den einzig verbliebenen Zeugnissen vergangener Zivilisationen zurückgreifen, klammert die architekturhistorische Lesart der Geschichte der Reformuniversitäten die intellektuell reizvollste Zeit ihrer Entstehung aus. Mit der Formel „Architektur als Technik" erliegt sie damit einer Komplexitätsreduktion, die nur einen Teil der Entstehungsgeschichte der Reformuniversitäten fassen kann. Laut der Architekturtheoretikerin Sonja Hnilica kann die Universität Bielefeld als gelungenste systemtheoretische Umsetzung der damals herrschenden Vorstellungen strukturierter Kommunikation gelten,[5] gleichsam eine Beton gewordene Systemtheorie Luhmann'scher Prägung, die allerdings erst später entstand. Eine derart verkürzte Perspektive kann zum Anachronismus verführen, der sich dann als eine Art Analogiezauber bemerkbar macht. Zwar kann das Verständnis von „Architektur als Technik" und eine Instrumentalisierung von Raumstrukturen im Diskurs um den Bau der Universität Bielefeld durchaus ausgemacht werden, aber dies als dominante Strömung zu bestimmen, greift bei der Betrachtung der historischen Umstände zu kurz. Mit der baulichen Ausformung des Bielefelder Universitätskonzeptes durch die Berliner

---

1 Exemplarisch sei auf die Dokumente zur Hochschulreform 1945–1959 verwiesen. Diese Zusammenstellung bezeugt, dass der desolate Zustand des deutschen Bildungssystems und seiner Universitäten nach dem Zweiten Weltkrieg Gegenstand unzähliger Diskussionen war und dabei die verschiedensten Personengruppen zu Wort kamen. Für Dokumente aus der Zeit: Westdeutsche Rektorenkonferenz (Hg.): Dokumente zur Hochschulreform 1945–1959, bearbeitet von Rolf Neuhaus, Wiesbaden 1961; Ständige Konferenz der Kultusminister der Länder (Hg.): Higher Education in the Federal Republic of Germany. Problems and Trends, Bonn 1966; Böning, Eberhard; Roeloffs, Karl: Three German Universities. Aachen, Bochum, Konstanz (= Case Studies on Innovation in Higher Education), Paris 1970. Siehe für Schriften über diese Zeit: Führ, Christoph; Furck, Carl-Ludwig (Hg.): Handbuch der deutschen Bildungsgeschichte, Bd. 4, 1945 bis zur Gegenwart, München 1998; Maier, Hans: Gründerzeiten. Aus der Sozialgeschichte der deutschen Universität, in: Schwab, Dieter et. al. (Hg.): Staat, Kirche, Wissenschaft in einer pluralistischen Gesellschaft. Festschrift zum 65. Geburtstag von Paul Mikat, Berlin 1989, S. 381–391; Konrád, Ota: Die Modernisierung der westdeutschen Universitäten nach 1945, in: Acta Universitatis Carolinae. Studia Territorialia, 8.14 (2008), S. 97–124; Lengwiler, Martin: Kontinuitäten und Umbrüche in der deutschen Wissenschaftspolitik des 20. Jahrhunderts, in: Simon, Dagmar; Knie, Andreas; Hornbostel, Stefan (Hg.): Handbuch Wissenschaftspolitik, Wiesbaden 2010; Franzmann, Andreas; Wolbring, Barbara (Hg.): Zwischen Idee und Zweckorientierung. Vorbilder und Motive von Hochschulreformen seit 1945, Berlin 2007.

2 Föderalpolitisch festgeschrieben wurde diese flächendeckende Erschließung der Provinz unter anderem im von Ralf Dahrendorf et al. verfassten Hochschulgesamtplan Baden-Württemberg, Villingen 1967.

3 Der sogenannte Dahrendorf-Plan war Inspirationsgeber für den in den 1970ern forcierten Ausbau der Hochschulen zu Gesamthochschulen. Diese Lösung wurde gegen Ende der 1960er Jahre vor allem von ministerieller Seite als Allheilmittel geführt und kann in seiner Durchsetzungsart durchaus als technokratisches Großprojekt gewertet werden. Siehe dazu beispielhaft: Celebi, Timo J.: Universität als Steuerungsinstrument. Die Ruhr-Universität zwischen Gesellschaftspolitik, Hochschul- und Landesplanung, in: Hoppe-Sailer, Richard; Jöchner, Cornelia; Schmitz, Frank (Hg.): Ruhr-Universität Bochum. Architekturvision der Nachkriegsmoderne, Berlin 2015, S. 21–30. Zu internationalen technokratischen Großprojekten: Laak, Dirk van: Weiße Elefanten. Anspruch und Scheitern technischer Großprojekte im 20. Jahrhundert, Stuttgart 1999.

4 Stefan Hajek erläutert diese als eine, nach welcher Architektur selbst ein technisches System bildet. Mit ihrem reichen Repertoire an unterschiedlichen Ansätzen zur Lösung sozialer und räumlicher Probleme stelle Architektur bestimmte Verwendungszusammenhänge her. Das Finden einer Form, das regelhaft und regelhervorbringend ist und selbst auf Regeln basiert, sei daher nicht nur genialer Einfall, sondern auch technischer Akt des Konstruierens. Hajek, Stefan: Liebe zur Technik oder die Technisierung des Raumes, in: Wolkenkuckucksheim. Internationale Zeitschrift zur Theorie der Architektur, 19.33 (2014), S. 256–280, hier S. 256.

5 Hnilica, Sonja: Systeme und Strukturen. Universitätsbau in der BRD und das Vertrauen in die Technik, in: Wolkenkuckucksheim. Internationale Zeitschrift zur Theorie der Architektur, 19.33 (2014), S. 211–233, hier S. 227.

Architektengruppe um Klaus Köpke, Peter Kulka, Katte Töpper, Wolf Siepmann und Helmut Herzog mag zwar ein reichhaltiges Zeugnis von einer Regelhaftigkeit produzierenden internationalen Architekturströmung entstanden sein. Im Nachfolgenden soll allerdings anhand von Archivmaterialien,[6] vor allem aus dem Nachlass Helmut Schelskys, gezeigt werden, wie sich in Vorstellungen der konzeptionellen Planer der Bielefelder Universität verschiedene Elemente der Hochschultradition und angestrebte Neuerungen miteinander verknüpften und sich dabei Pragmatik und Romantik die Klinke in die Hand gaben.

1. Denken

Im Oktober 1960 sprach sich der 1957 als Bundesgremium gegründete Wissenschaftsrat für den Ausbau der wissenschaftlichen Einrichtungen, vor allem zur Entlastung der bestehenden Universitäten, aus.[7] Damit reagierten die dort vertretenen Politiker, Wirtschaftler und Wissenschaftler auf den raschen und substantiellen Anstieg der Studentenzahlen und den sich verschärfenden internationalen Wettbewerb. Zwar hätten die Universitäten die NS-Zeit nach einem Ausspruch des Göttinger Mediävisten Hermann Heimpel „im Kern gesund" überstanden,[8] brauchten aber eine Optimierung der Abläufe angesichts der Herausforderungen des technischen Zeitalters. Allgemein steht die Zeit bis zum Ende der 1950er Jahre unter dem Leitmotiv der Restauration. Die akademische Gemeinschaft wollte an die Zeit vor 1933 anknüpfen, statt tiefgreifende Reformen anzustoßen. Dass in diesem Sinne laut Wissenschaftsratsempfehlungen die Einheit von Forschung und Lehre gewahrt bleiben sollte, zog Überlegungen nach sich, die von der Neustrukturierung des Bildungswesens unter einem Dach ausgehen mussten, wenn sie den ersten Empfehlungen des Wissenschaftsrates Folge leisten wollten.[9] An den Humboldt'schen Idealen wurde festgehalten, und mehr noch: zur Pflege der Hochschulen schien es notwendig, die Autonomie der Institution und die Kernidee von in Einsamkeit Forschen den noch stärker als bisher zu betonen, um sie vor neuerlicher Vereinnahmung durch die Herrschenden zu schützen.[10]

Während der deutsche Idealismus aber ähnliche Freiheitsprivilegien und Verantwortungen für Lernende wie für Lehrende vorsah, entfachte sich nach 1945 ein brennendes Interesse an dem studentischen Lebenswandel und seiner Gesellschaftsfähigkeit. Es zirkulierten Ideen, Universitäten als Erziehungsanstalten zu gestalten. Diese thematisierten vermehrt deren Bildungsfunktion. Sie sollte nicht nur als Hort wissenschaftlicher Produktion und beruflicher Ausbildung gelten, sondern ihrer Verantwortung als Bildungsmedium gerecht werden. Neue Modelle für studentisches Wohnen sollten den gestiegenen Ansprüchen gerecht werden und zugleich den Wunsch nach stärkerer Kontrolle erfüllen helfen.[11] Auf der Suche nach Inspiration zur Überwindung der Hochschulreformwidrigkeiten wie aus mehr oder weniger begründetem Modellneid hatten Gelehrte wie Politiker den Blick über die ausländische Konkurrenz, insbesondere in Richtung amerikanischer *Ivy League* und britischer Colleges, schweifen lassen. In den britischen Colleges etwa schien die Betreuung der Studenten besser organisiert zu sein als im dezentralen, differenzierten, durch Verbindungen geprägten deutschen System. Aber nicht nur hinsichtlich der Betreuung von Studenten wollte man von ausländischen Modellen profitieren. Auch der Campus, in Deutschland im kleineren Maßstab als Vergrößerungsmaßnahme naturwissenschaftlicher Fakultäten beliebt geworden, war als Gestaltungstechnik im Ausland gang und gäbe. Mit dieser Art von universitärer Anlage bestand die Möglichkeit, die verschiedenen Aspekte professoralen und studentischen Lebens an einem Ort zu vereinigen und eine räumliche Einheit zu schaffen, die ausschließlich auf Universitätsbedürfnisse ausgerichtet war. „Ganztagsuniversitäten"[12] sollten das universitäre Leben effizienter strukturieren und ermöglichen, dass die Studierenden ihr Arbeitspensum auf dem Universitätsgelände ableisten und sich in „akademischen Lebensgemeinschaften"[13] zusammenfinden konnten. An Thematiken wie dieser schieden sich die Geister. Die Diskussion um Status und Zukunft der Universitäten wurde nicht übersichtlicher. Dies führte zuweilen dazu, dass intellektuelle Protagonisten das Wort ergriffen und sich prominent positionierten.

Helmut Schelsky lobte in seinem *FAZ*-Artikel *Wie gründet man Universitäten?* von 1961 das „hervorragende Verwaltungsgutachten"[14] des Wissenschaftsrates, warnte aber zugleich davor, dass die Regierungen, die Neugründungen planten, die bisher versäumte Universitätsreform auf der „kulturpolitischen Grundlage" der Empfehlungen meinten bewerkstelligen zu können. Damit laufe man Gefahr, dass die Kulturverwaltung oder -politik sich befugt fühlen könnte, die inhaltliche Gestalt neuer Hochschulen zu bestimmen, und „damit die diese Universitäten aufbauenden Gelehrten zu Erfüllungsgehilfen ihrer Konzeptionen" degradieren würde.[15] Diese Diagnose gab Schelsky einerseits Anlass zur Warnung vor einer Übergriffigkeit der Verwaltung, die er in den Anfangsbemühungen um die Universität zu Bremen zu erkennen glaubte, und andererseits vor einer Übergriffigkeit der Politik, die sich aus seiner Sicht in den

Bochumer Gründungsplänen zeigte. Die Bremer Planung hatte mit dem Beschluss begonnen, eine Universität in der Freien Hansestadt zu errichten, woraufhin der Bremer Senat ein Gutachten in Auftrag gab, welches von dem Hochschulpolitiker Hans Werner Rothe ausgearbeitet und dann der Bürgerschaft vorgelegt wurde. Anschließend verabschiedete diese das Gutachten als Gründungsgrundlage für die Bremer Universität. Neben elaborierten Bedarfsrechnungen für seine Gesamtkonzeption beanspruchte Rothe, das geistige Fundament der neuen Universität in die Erwachsenenbildung zu legen. Schelsky hielt Rothes Fundament für nicht tragfähig. Darin erliege Rothe einer „antiquierten" Universitätskonzeption, die zur „Bildungsselbsttäuschung"[16] verkomme. Aus Schelskys Sicht brauchten die Studenten keine „pädagogische Anleitung". Dagegen sei es notwendig, die Universität in ihrem Kerngeschäft, der „reinen Wissenschaft", zu bestärken.[17] Seiner Meinung nach entbehre Rothes Leitidee ihrer Grundlage vor allem dadurch, dass sie Verwaltungsfragen vor das Personalproblem stellte. Nach dem anfänglichen Aufbau des Verwaltungsstabs müsse, damit das Bildungsgesamtkonzept überhaupt funktionieren könne, als Hauptkriterium für die Berufung des Lehrpersonals gelten, dass dieses mit der Konzeption der neuen Universität übereinstimme. Das „Neue" werde so „auf dem Verwaltungswege verordnet" und sich „wissenschaftliche Exekutivbeamte"[18] dazu gesucht. Rothes Denkschrift schien ihm zu minutiös geplant, um notwendigen inhaltlichen, organisatorischen und gesamtwissenschaftspolitischen Gestaltungsmöglichkeiten Raum zu geben. Zumindest, so Schelsky, schloss die Bremer Universitätsgründung die „Chance einer geistigen Universitätsreform aus der Selbstbesinn- und Selbstbestimmung der Wissenschaft von vornherein"[19] aus.

Das Gründungsgeschehen um Bochum diente Schelsky ebenfalls als willkommene Vorlage, um weitere allgemeine Defizite in den Gründungsvorhaben zu entlarven. In Bochum seien die Reformbestrebungen insgesamt eher politisch als wissenschaftlich legitimiert. Hier werde die programmatische Vereinigung von Ingenieur- und Universitätswissenschaften ausschließlich an der Lehr- und Ausbildungsebene als wünschenswert aufgehängt, statt aus der Überzeugung der Beteiligten erwachsen zu sein. Für Schelsky ein Zeichen dafür, dass die „geistige Vereinigung" disparater Wissensgebiete nicht als Voraussetzung für ihre Universitätsanbindung gedacht war, sondern gleichsam als Organisationskonsequenz eingeführt wurde.[20] Symptomatisch für die verbleibende Aufgabe der philosophischen Fakultät seien der Universität „Weltanschauungsprofessuren" und das Programm einer Sozialethik verordnet worden. Das philosophische Studium habe nunmehr für den „geistige[n] Ausgleich" gegenüber dem Studium der technischen, naturwissenschaftlichen, medizinischen und rechts- und wirtschaftswissenschaftlichen Disziplinen zu sorgen.

6 An dieser Stelle möchte ich dem Universitätsarchiv Bielefeld, der Universitäts- und Landesbibliothek Münster und dem Deutschen Literaturarchiv Marbach meinen ausdrücklichen Dank für ihre Unterstützung aussprechen.

7 Wissenschaftsrat: Empfehlungen des Wissenschaftsrates zum Ausbau der wissenschaftlichen Einrichtungen. Teil 1: Wissenschaftliche Hochschulen, Tübingen 1960.

8 Hermann Heimpel zit. n.: Schreiterer, Ulrich: Die überforderte Universität, in: Kaube, Jürgen; Schmidt, Johannes F. K. (Hg.): Die Wirklichkeit der Universität. Rudolf Stichweh zum 60. Geburtstag (= Soziale Systeme. Zeitschrift für soziologische Theorie, 16.2 (2010)), S. 438–442, hier S. 438. Siehe auch das als „Blaues Gutachten" bekannte Gutachten zur Hochschulreform vom „Studienausschuß für Hochschulreform" von 1948, Schlangenbad 1948.

9 Es gab dazu durchaus rivalisierende Vorstellungen, die eine Neustrukturierung des Hochschullehrpersonals in forschende, lehrende und verwaltende Ämter wünschten, um den Anforderungen an die Universität im technischen Zeitalter geeigneter als bisher zu entsprechen. Am prominentesten vertreten vom sogenannten Hofgeismarer Kreis, in dem sich Professoren, unter ihnen auch einige Rektoren, als „Opposition" zusammenfanden. Hierzu: Hofgeismarer Kreis: Neugliederung des Lehrkörpers 1956, in: Westdeutsche Rektorenkonferenz (Hg.): Dokumente zur Hochschulreform, S. 466–504.

10 Die Gründung der Freien Universität Berlin mag hierfür reichhaltigstes institutionelles Zeugnis sein. Siehe dazu: Lönnendonker, Siegward: Freie Universität Berlin. Gründung einer politischen Universität, Berlin 1988. Mit der Betonung von Freiheit setzte man sich zudem gegenüber der DDR ab, die die universitäre Bildung für den Staat instrumentalisierte.

11 Muthesius, Stefan: The Postwar University. Utopianist Campus and College, New Haven 2000, S. 203f.

12 Universität Bielefeld. Kooperation durch modernes Management, in: Ruhr-Spiegel, Nr. 6, Jg. 5, 04.06.1973, S. 4–7, hier S. 4.

13 Muthesius: The Postwar University, S. 212.

14 Schelsky, Helmut: Wie gründet man Universitäten? Konstruktives und Kritisches zu den Hochschulneugründungen in Westdeutschland, in: FAZ, Nr. 239, 14.10.1961, S. 18.

15 Ebd. Möglicherweise spielt Schelsky hier auch auf den Fall Konstanz an: Als erste Inhalte der Empfehlungen bekannt wurden und auf den letzten Seiten auch von einer kleineren Universität zur gezielten akademischen Ausbildung bereits fortgeschrittener Studenten die Rede war, fasste Kurt Georg Kiesinger in seiner Funktion als Kultusminister Baden-Württembergs 1959 den Entschluss, das bisherige bodenseeschwäbische Bildungsvakuum mit einer nach internationalen Vorbildern wissenschaftsrätlich durchdachten Universität zu Konstanz zu schließen.

16 Ebd.

17 Schelsky, Helmut: Einsamkeit und Freiheit. Idee und Gestalt der deutschen Universität und ihrer Reformen, Reinbek bei Hamburg 1970 [1963], S. 193f.

18 Ebd.

19 Ebd. Wie sich im weiteren Verlauf zeigen sollte, verschliss die Bremer Universität vor ihrer Gründung drei Gründungsausschüsse und wurde schließlich 1971, losgelöst von Rothes Schrift, als linke Studentenrepublik gegründet. Siehe dazu: Vring, Thomas von der: Hochschulreform in Bremen. Bericht des Rektors über Gründung und Aufbau der Universität Bremen während seiner Amtszeit von 1970 bis 1974, Frankfurt am Main, Köln 1975.

20 Schelsky: Wie gründet man Universitäten?, S.19.

Beide Gründungsvorhaben zeugten von einer um sich greifenden Planungshybris, der Schelsky 1963 die „Lehren der Geschichte"[21] gegenüberstellte. Diese wiesen deutlich aus, dass gelungene Universitätsgründungen „von einem geistig zusammenstimmenden Kern von Gelehrten"[22] getragen seien. Schelsky lehnte Verwaltungsvorgabe wie Fremdordinarienbestimmung ab und kritisierte die Planungen für die Universitäten Bochum und Bremen als einerseits nicht weit genug gehend und andererseits zu absolutistisch. Aus der Warte des Soziologen sollte eine geistige Struktur, nicht etwa verwaltungstechnischer oder politisch verordneter Überbau, Grundlage der Universität sein.

Statt einer aufwendigen verwaltungstechnischen oder wissenschaftstheoretischen Konzeption einer „ausgeklügelten Bildungsorganisation",[23] die wie in den beiden Beispielen zu starren Konzepten einerseits und zu eher blutarmen Arbeitsteilungslösungen andererseits führte, stellte Schelsky fest, dass die Universitäten ihre diversen Aufgaben durchaus „im vorhandenen institutionellen Rahmen von Hochschulforschungsinstituten und einzelnen Spezialforschungsinstituten verschiedener institutioneller Trägerschaft"[24] bewältigen konnten. Dazu brauchte man allerdings andere Arbeits- und Kooperationsbedingungen, damit Gelehrte aus verschiedenen Fachgebieten zusammenkommen und fern von Akademien und Tagungen aktuelle Schwerpunkte setzen konnten. Mit Verweis auf amerikanische *Centers for Advanced Studies* hielt Schelsky es auch in Deutschland für machbar, dass Gelehrte zeitweise von Lehrauftrag beziehungsweise Spezialforschung entlastet werden konnten, um sie für einen gewissen Zeitraum ungezwungen miteinander diskutieren und arbeiten zu lassen. Um die Vorteile verdichteter Wissenschaftsbegegnung auszuschöpfen und um der unvermeidlichen Konkurrenz produktiv entgegenzuwirken, konnten diese Zentren in gemeinsamer Trägerschaft von alten und neuen Universitäten stehen. Zur „Bildung solcher Zentren der geistigen Zusammenarbeit"[25] musste eindringlich festgehalten werden, dass ihre institutionelle Struktur und geistige Aufgabenstellung aus der Spontanität derer erwuchs, die an ihr beteiligt waren. Derzeit zeichnete sich, so formulierte Schelsky scharf, die „geistige Situation" der Hochschulreform vor allem dadurch aus, dass „die Programmisten der Hochschulreform einer Generation angehören, die nicht mehr fähig und willens ist, ihre eigene geistige und persönliche Existenz in die Neugründungen von Hochschulen einzubringen, sondern die Ausführung ihrer Gedanken von anderen erwartet". Es tue not, heißt es nicht unbescheiden weiter, dass die „geistigen Ratgeber der Hochschulreform selbst 'neue Universität' bilden".[26]

Bereits ein Jahr zuvor hatte Schelsky im Rahmen seiner Antrittsvorlesung in Münster über das Begriffspaar „Einsamkeit und Freiheit"[27] gesprochen, welches wie kein anderes zur Beschreibung der Humboldt'schen 19.-Jahrhunderts-Universitätskonzeption avancierte.[28] In seinem 1963 zur Monographie ausgearbeiteten Vortrag konstatierte er, dass die hohe Identifikation der Gelehrtengemeinschaft mit der Universität und ihren Aufgaben seit Humboldts Zeiten verloren gegangen sei. Einsamkeit und Freiheit seien mittlerweile zu Chimären geworden, die es zu aktualisieren gelte. In seiner Neuverortung der Universität im wissenschaftlich-technischen Zeitalter gelangte Schelsky zu einer pragmatischen Wissenschaftsauffassung: Die Einheit der Wissenschaften solle wiederhergestellt werden, indem der Reflexionsbedarf über disziplinäre Grundlagen und ihre Möglichkeiten praxisinformierter Weltdurchdringung strukturell eingelöst wird. Da sich Wissenschaft in funktional ‚natürlichen' Prozessen durch Differenzierung und Spezialisierung entwickle, solle dieser Prozess institutionell integrativ gestaltet werden, damit er nicht in Desorientierung und Desintegration umschlage. Integration sei dabei, als gegenläufige Tendenz zur Differenzierung, nicht als populäre Synthese nebenbei zu leisten. Vielmehr gelte es, das Prinzip der Integration der Wissenschaften als dauernden „Reformgrundsatz anzuwenden, so daß gleichsam mit jedem Schritt der Spezialisierung, der erzwungen wird, eine Gegenmaßnahme der Integration erfolgt".[29]

Diesen hochschulreformerischen Ansprüchen zum Trotz äußerte sich Schelsky in einem Brief an Karl Jaspers vom 18. Mai 1963 pessimistisch. Er glaube nicht mehr „an die Möglichkeit grundsätzlicher institutioneller oder gar geistiger Reformen in der deutschen Universität". Daher sei seiner Ansicht nach „das Höchste, das wir noch erreichen können, ein Offenhalten, Betonen oder in einigen Fällen ein Schaffen von ‚Lücken im Gefüge' der sich verfestigenden Ausbildungsstrukturen des Hochschulwesens". Die „Restutopie einer ‚theoretischen Universität'" am Schluss seines Buches *Einsamkeit und Freiheit* verfolge ebendiesen Zweck, auf das „gute Gewissen zu zielen", mit dem sich „einige vermeintlich antiquierte Züge der Universität, besonders an kleinen Hochschulen"[30] bewahren ließen. Entgegen seiner Skepsis blieben Schelskys öffentliche Ausführungen im vielstimmigen Hochschulreformdiskurs derweil nicht ungehört. In seiner Funktion als nordrheinwestfälischer Kultusminister wurde der Jurist und Christdemokrat Paul Mikat auf Schelsky, wohl durch dessen Antrittsrede in Münster und seine Universitätsschrift, aufmerksam und bat ihn im Januar 1965 zunächst informell und im März dann offiziell, die Gründung der ostwestfälischen Landesuniversität in Angriff zu nehmen.

Schelsky, der sich spätestens seit den 1960er Jahren mit Reformideen und ihren Umsetzungen beschäftigt hatte, machte sich an die Arbeit. Um der üblichen Verfahrensweise bei Gründungsausschussbildungen zuvorzukommen, ließ sich Schelsky vom CDU-Kultusminister Mikat zuallererst versichern, die Besetzung des Ausschusses und des Wissenschaftlichen Beirats selbst arrangieren zu dürfen.[31] Bevor Schelsky seine Planungstätigkeit schließlich aufnahm, handelte er mit seinen *Grundsätze[n] zu einer Hochschulgründung in Ostwestfalen*[32] entscheidende Bedingungen aus, an die er seine Planungsbereitschaft koppelte. Seinem Acht-Punkte-Plan stellte Schelsky voran, dass sich „Charakter und Gelingen einer Hochschulgründung […] mit der Zusammensetzung der ‚Gründungsgruppe'" entscheide. Dieser müssten wiederum „anziehende Vorteile" wie die „Chance einer intensiven und angemessenen Forschungs- und Lehrtätigkeit" geboten werden. Es habe sich in der „Vergangenheit und Gegenwart gezeigt, daß eine besondere Anziehungskraft von Hochschulen in einer engen geistigen Zusammengehörigkeit und Zusammenarbeit von Hochschullehrern besteht (Teambildung)". Jeder Einzelne sollte neben der Kooperation im Gründungsmitgliederkollegenkreis selbst gruppen- und teambildend, „werbend für einen speziellen Fachkomplex" wirken.[33] Auf der Basis einer „vorbereiteten attraktiven Konzeption der Hochschule", dem gemeinsamen Ziel, und „durch sehr günstige Arbeitsbedingungen" sollten sich die zukünftigen Gründungsmitglieder verpflichten, „im Prinzip" in die neue Hochschule einzutreten. Die wissenschaftlich-geistige Zusammenarbeit, gerade zu Anfang der Ausgestaltung der Hochschule, sei deswegen so wichtig, weil „[k]ein anerkannter Gelehrter" bereit sein werde, eine neue Hochschule aufzubauen, deren „Grundstruktur von anderen entworfen ist und der gegenüber er nur Ausführender eines fremdbestimmten Planes sein kann".[34] Aufgabe und Recht der Gründungsgruppe sei es daher, mit einem Strukturplan „die wissenschaftliche Struktur der Hochschule zu bestimmen und sich durch Berufungsvorschläge zu ergänzen". Dies sei nach Möglichkeit von den organisatorisch-technischen Planungs- und Aufbaumaßnahmen zu trennen. Ein einzusetzender Planungsbeirat solle Ministerium und Gründungsgruppe hinsichtlich des planungs-technischen Aufbaus, etwa Rechtsgestalt, Standortwahl, Bibliotheksaufbau und Bauplanung, beraten.

Auf diesen *Grundsätzen* aufbauend, legte Schelsky nur kurze Zeit später einen Entwurf, nun mit dem Titel *Grundzüge einer neuen Universität*,[35] vor. Fern von einer ausgefeilten Denkschrift à la Rothe sollten diese Grundideen, auf vier Blattseiten dargelegt, die Diskussionsbasis für die Rekrutierung der Gründungsgruppenmitglieder bilden. Im Wesentlichen beinhalteten diese den jährlichen Wechsel von Forschungs- und Lehrtätigkeit, Vorlesungsreduzierung und mehr Selbststudium, Betreuung von kleinen Studentengruppen, Forschungsinstitute als Struktureinheiten sowie ein mit der Universität verbundenes *Center for Advanced Studies*. Die Idee zu dem *Center* hatte Schelsky bereits zu Beginn des Jahres 1964 in einem anderen Zusammenhang ausgearbeitet.[36] Seine *Grundzüge* und die dazugehörige *Skizze eines Aufbauplanes*[37] fanden, wie es in seiner eigenen Dokumentation heißt, „[v]olle Zustimmung von Mikat", der ihm daraufhin „freie Hand"[38] gab.

---

21 Schelsky: Wie gründet man Universitäten? S. 19.

22 Ebd.

23 Ebd.

24 Ebd.

25 Ebd.

26 Ebd.

27 Schelsky, Helmut: Einsamkeit und Freiheit. Zur sozialen Idee der deutschen Universität (= Schriften der Gesellschaft zur Förderung der Westfälischen Wilhelms-Universität zu Münster, Heft 45), Münster 1960.

28 Sylvia Paletschek und andere beschreiben die noch andauernde Virulenz des Humboldt'schen Universitätsmythos – einer Institution, die es so nie gegeben habe. Paletschek, Sylvia: Die Erfindung der Humboldtschen Universität. Die Konstruktion der deutschen Universitätsidee in der ersten Hälfte des 20. Jahrhunderts, in: Historische Anthropologie, 10.2 (2002), S. 183–205. Siehe auch: Bartz, Olaf: Bundesrepublikanische Universitätsleitbilder. Blüte und Zerfall des Humboldtianismus, in: die hochschule 2 (2005), S. 99–113.

29 Schelsky, Helmut: Einsamkeit und Freiheit. Idee und Gestalt, S. 275.

30 Helmut Schelsky an Karl Jaspers, 18.05.1963, DLA Marbach, A: Jaspers.

31 Schelsky mag vielleicht geahnt haben, dass das Ministerium seinerseits bereits eine Liste mit eigenen Vorschlägen für in Frage kommende Gründungsgremienmitglieder aufgestellt hatte. Unter dem Vorsitz von Gerhard Hess, der erst in der Funktion als Vorsitzender des Gründungsausschusses zur Diskussion stand, sollte in Ostwestfalen eine abgewandelte Version von Konstanz entstehen. Internes Dokument des Kultusministeriums NRW, Düsseldorf 1965, Universitätsarchiv Bielefeld, BW 001.

32 Schelsky, Helmut: Dok. I, Grundsätze zu einer Hochschulgründung in Ostwestfalen, 14.02.1965, Universitätsarchiv Bielefeld, NL Schelsky 001, Mappe 1.

33 Ebd.

34 Ebd. Weiter spricht Schelsky in seinen Kommentaren auch von den Gründungsgeschehen in Konstanz, deren Attraktivität sich nicht im Hochschulschema erschöpfe, sondern vor allem dadurch getragen sei, dass Gerhard Hess einige seiner Schüler als Team und Kern der philosophischen Fakultät zusammenziehen konnte.

35 Schelsky, Helmut: Dok. II, Grundzüge einer neuen Universität, 24.02.1965, Universitätsarchiv Bielefeld, NL Schelsky 001, Mappe 1.

36 Schelsky, Helmut: Dok. IV, Zweck und Struktur der „Institute für Höhere Studien", 01.01.1964, Universitätsarchiv Bielefeld, NL Schelsky 001, Mappe 1.

37 Schelsky, Helmut: Dok. III, Skizze eines Aufbauplanes, 24.02.1965, Universitätsarchiv Bielefeld, NL Schelsky 001, Mappe 1.

38 Schelsky, Helmut: Dok. X, 1. Zur Universität – Ostwestfalen, ohne Datum, Universitätsarchiv Bielefeld, NL Schelsky 001, Mappe 1.

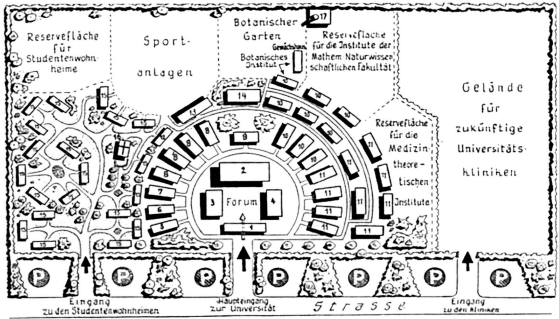

4.8 Bremen, plan for a university 1961 (by Hans Werner Rothe): 1 administration, 2 library, 3 *Auditorium Maximum*, 4 students union and canteen, 5–8 faculties (economic and social, law, protestant theology, humanities), 9 institute for musical and art and crafts education, 10 mathematics and natural sciences, 11 pre-clinical medicine, 12 modern language training, 13 physical education, 14 teachers training college, 15 student residences, 16 church, 17 boilerhouse and workshops, on the right room for extending the clinics. Note also the central entrance from the street. (*Hochschuldienst* 14-5-1961, p. 2)

Abb. 1   Rothes Entwurf für den Bremer Universitätscampus 1961

Im Folgehalbjahr 1965 durchliefen die *Grundzüge* mehrere Bearbeitungsstufen, die von Vorbesprechungen mit Schelskys Gelehrtenkollegen zeugen.[39] Schließlich wieder in *Grundsätze einer neuen Universität* umgetauft und auf beachtliche vierzig Seiten angeschwollen, zirkulierten sie als *Dok. X* im Gründungsausschuss und im Wissenschaftlichen Beirat zur Begutachtung.[40] Mit dem Grundsatz „in erster Linie Reform-Universität"[41] wurde deutlich gemacht, dass es sich hier um einen entscheidenden Beitrag für die deutsche Universitätslandschaft handeln sollte. Schelskys Vorstellung von der Reformuniversität, die an einem noch unbestimmten Ort in Ostwestfalen errichtet werden sollte, war es, bei kleiner Studentenzahl (etwa dreißig pro Ordinarius) „Forschung in modernster und rationalisiertester Form"[42] zu organisieren. Die Universität sollte nicht in erster Linie der Massenausbildung dienen, sondern sowohl den internationalen wissenschaftlichen Wettbewerb bedienen als auch den dringend benötigten Nachwuchs qualifizieren. Vorgesehen war, durch eine fixe Anzahl an Universitätsangestellten für ein optimales Kooperationsverhältnis zu sorgen, womit das Prinzip der „Einheit von Forschung und Lehre strikt eingehalten"[43] werden konnte. Die verbesserten Betreuungsmöglichkeiten sollten zudem günstigere Rahmenbedingungen für eine raschere Ausbildung bieten und die Abbruchquote verringern. Mit diesem Beitrag sollte auch eine entschiedenere Positionierung gelingen, denn die als Schwerpunktuniversität geplante Hochschule richtete sich auf einen bestimmten wissenschaftlichen Raum aus. Volluniversitäten bilden in ihrer Anlage das gesamte Spektrum der wissenschaftlichen Disziplinen ab und beheimaten gemeinhin auch die Medizin, Kunst und im Fall Bochum auch die Ingenieurwissenschaften. In Bielefeld sollten nicht alle denkbaren Fächer, sondern nur die, „die in hohem Maße notwendig sind", ihren Platz finden. Nach Meinung der Planungsverantwortlichen waren dies die Lehrer ausbildenden Disziplinen, die wirtschaftswissenschaftlichen, die juristischen, die sozialwissenschaftlichen Disziplinen sowie die Mathematik.[44] Diese Auswahl wurde vor dem Hintergrund von Ausbildungszielen der Politik und antizipierten Entwicklungen getroffen und begründete sich auch durch die Ziele, die die Vertreter der einzelnen Fächer mit dem Aufbau der Universität verbanden. Insgesamt kann dies als Kompromiss gelten, bei dem Zugeständnisse an den Staat und fachliche Bestrebungen eine Rolle spielten. Mit der Konzentration auf die Zusammenarbeit einiger weniger sollte die intensive Bearbeitung von Problemfeldern gelingen, die in hohem Maße als gesellschaftlich relevant bestimmt wurden, ohne dabei die Selbstbestimmung der Universität und ihrer Angehörigen zu kompromittieren. Der Reformanspruch der Universität Bielefeld zeigte sich unter anderem in der allseitigen Verknüpfung der Fächer, die nicht beliebig war, sondern strukturelle Kopplungen bildete, von denen noch die Rede sein wird.

Politisch galt Ostwestfalen als geeignete Aktivierungsfläche. Allerdings, so stellte Schelsky in seinen

Angebotsbedingungen für die Gründungsgruppe fest, seien die Nachteile eines für „geistige Existenz"⁴⁵ bisher wenig erschlossenen Raumes nicht aufhebbar. Um hier auszugleichen, müsse die infrastrukturelle Anbindung umso attraktiver ausfallen. Zur bestmöglichen Erfüllung ihrer Funktionen sollte die zukünftige Universität im Zentrum des Einzugsgebietes gelegen sein, optimale soziale und geistige Kommunikationsmöglichkeiten für Dozenten und Studenten bieten und mit Verkehrsmöglichkeiten aufwarten. Da die Dozenten und Studenten eindeutig einen großstädtischen Lebenszuschnitt vorzögen, sei eine Universität auf dem „Dorfe" abschreckend, ebenso wie „Wohnverhältnisse in Studenten- oder Professoren-,Ghettos'". Nach Meinung Schelskys müssten daher „die Wohnungsmöglichkeiten zusammen mit den Gebäuden für die Forschungsinstitute Vorrang vor allen anderen Bauvorhaben der Universität haben".⁴⁶ Nicht näher auf konkrete Maßnahmen zur Wohnsituation eingehend, schien Schelsky die Formel „Kontakt, Konzentration und Kleinräumigkeit" für geeignet zu halten, um ein ansprechendes Milieu für die Gruppe der Universitätsangehörigen zu schaffen. Diese von einer geistigen Gemeinschaft aus gedachte und getragene Universität sollte den Gegensatz zu den verwaltungs- und politikhörigen Vorhaben bilden.

2. Planen

„Indem die Universität sich vorsetzt, zu dem Ort zu werden, an dem die Einheit der Welt in ihren geistigen und sittlichen, sozialen und politischen Sehnsüchten im Zusammenleben von Professoren und Studenten ihre vorbildliche Wirklichkeit bildet", stehe die Hoffnung auf Utopien offen.⁴⁷ Mit dieser „mythopoetischen"⁴⁸ Beschreibung der Universität als Gemeinschaft, als Körper aus Lehrenden und Lernenden reiht sich Schelsky nahtlos in das seit dem Mittelalter virulente Universitätsideal ein. Doch was passiert, wenn dieser theoretische Anspruch nun eine Gestalt bekommen soll? Wie setzt der Theoretiker Schelsky seine Vorstellungen in der Rolle als Planer um? Bereits anlässlich der grundsätzlichen Überlegungen hatte sich Schelsky an den Gründungsvorhaben der Universitäten Bremen und Bochum gerieben. Auch hinsichtlich der konkreten Planungen setzt er sich von diesen Beispielen ab.

Als Dreh- und Angelpunkt des Bremer Konzepts sah Hans Werner Rothe die Bildungsfunktion. Dadurch mussten bauliche Maßnahmen getroffen werden, die es erlaubten, inner- und außercurriculare Angebote an einem Ort zu bündeln, woraus gedanklich eine Art „Heimuniversität" entstand.⁴⁹ Im *Hochschuldienst* vom 14. Mai 1961 publizierte Hans Werner Rothe seine Vorstellung der zukünftigen Gestalt der Bremer Bildungsuniversität (Abb. 1).⁵⁰ Bezeichnenderweise erscheint sie nicht in der über 370 Seiten umfassenden Denkschrift, die ansonsten keinen Aspekt des Universitätslebens ausließ.⁵¹

Das von Hecken eingefasste Gelände mit vorgelagerten Parkplätzen gibt über den Haupteingang Einlass zu den zentralen Einrichtungen (Verwaltung, Audimax, Bibliothek, Mensa), die sich innerhalb eines kreisförmigen Forums, das den Kern des Entwurfs bildet, symmetrisch gegenüberstehen. Das Forum ist umschlossen von Wegen, die wie Strahlen von ihm abgehen und die drei- bis vierreihig halbkreisförmig angeordneten Einrichtungen erschließen. Rothes Entwurf, der erste seiner Art, benannte zwar die Kostenposten genau, war aber noch völlig unbedarft hinsichtlich einer etwaigen Bauplanung.

39 In der Liste *Zur Universität – Ostwestfalen*, in der Schelsky seine Planungsarbeit dokumentierte, lässt sich im Detail nachverfolgen, welche Fülle an diversen Terminen mit Ministerialbeamten und Gesprächen mit Kollegen zu den Planungsfragen in den Jahren 1965/66 stattfanden. Übrigens flossen in seine planerischen Überlegungen auch Stellungnahmen von einem Assistentenstamm und Vertretern der Studentenschaft ein, die er zum Teil ebenfalls in diesem Zeitraum einholte. Universitätsarchiv Bielefeld, NL Schelsky 001, Mappe 1.

40 Schelsky, Helmut: Dok. X., Grundsätze einer neuen Universität, 2. Fassung (Strukturvorschlag), 17.08.1965, Universitätsarchiv Bielefeld, NL Schelsky 001, Mappe 1. An dieser Stelle soll beispielhaft auf die Ausführungen Hans Blumenbergs in seiner Aktennotiz über die *Grundzüge* verwiesen sein, um die Arbeit der Gründungsmitglieder anzudeuten, abgedruckt in: Kopp-Oberstebrink, Herbert; Treml, Martin (Hg.): Hans Blumenberg – Jacob Taubes, Briefwechsel 1961–1981 und weitere Materialien, unter Mitarbeit von Anja Schipke und Stephan Steiner, Berlin 2013, S. 221–229.

41 Schelsky, Helmut: Dok. X: Grundsätze einer neuen Universität, 2. Fassung (Strukturvorschlag), 17.8.1965, S. 1, Universitätsarchiv Bielefeld, NL Schelsky 001, Mappe 1.

42 Ebd.

43 Handakte Udo Jansen, Protokoll der Baukommission, Universitätsarchiv Bielefeld, B 001, S. 5.

44 Ebd.

45 Schelsky: Dok. V, Angebotsbedingungen für die Gründungsgruppe, 22.03.1965, Universitätsarchiv Bielefeld, NL Schelsky 001, Mappe 1.

46 Ebd.

47 Schelsky: Einsamkeit und Freiheit. Idee und Gestalt, S. 295.

48 Wimmer, Mario: Kantorowicz's Oaths. A Californian Moment in the History of Academic Freedom, in: Österreichische Zeitschrift für Geschichtswissenschaften, 25.3 (2014), S. 116–147.

49 Nitsch, Wolfgang u. a.: Hochschule in der Demokratie. Kritische Beiträge zur Erbschaft und Reform der deutschen Universität, Neuwied, Berlin 1965, S. 203.

50 Rothe, Werner: Bremen, Plan für eine Universität, in: Hochschuldienst, 14.05.1961, S. 2, abgedruckt in Muthesius: The Postwar University, S. 223.

51 Rothe, Hans Werner: Über die Gründung einer Universität zu Bremen, Bremen 1961.

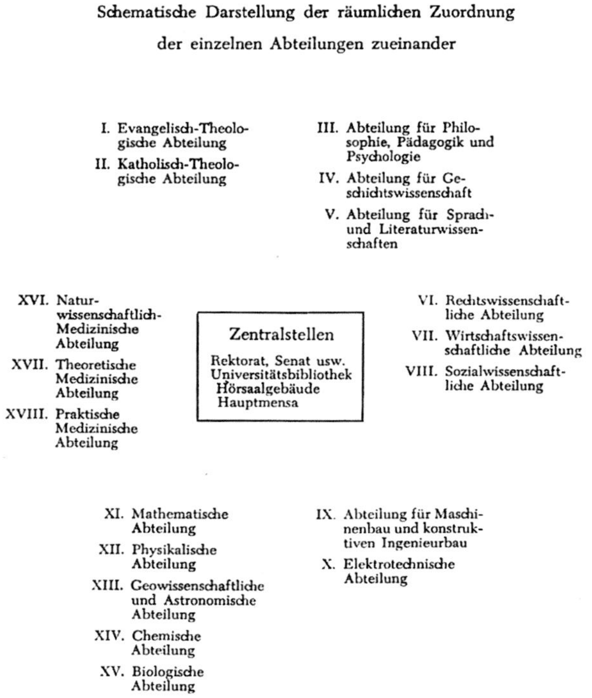

Schematische Darstellung der räumlichen Zuordnung
der einzelnen Abteilungen zueinander

I. Evangelisch-Theologische Abteilung
II. Katholisch-Theologische Abteilung
III. Abteilung für Philosophie, Pädagogik und Psychologie
IV. Abteilung für Geschichtswissenschaft
V. Abteilung für Sprach- und Literaturwissenschaften

XVI. Naturwissenschaftlich-Medizinische Abteilung
XVII. Theoretische Medizinische Abteilung
XVIII. Praktische Medizinische Abteilung

Zentralstellen
Rektorat, Senat usw.
Universitätsbibliothek
Hörsaalgebäude
Hauptmensa

VI. Rechtswissenschaftliche Abteilung
VII. Wirtschaftswissenschaftliche Abteilung
VIII. Sozialwissenschaftliche Abteilung

XI. Mathematische Abteilung
XII. Physikalische Abteilung
XIII. Geowissenschaftliche und Astronomische Abteilung
XIV. Chemische Abteilung
XV. Biologische Abteilung

IX. Abteilung für Maschinenbau und konstruktiven Ingenieurbau
X. Elektrotechnische Abteilung

Abb. 2   Bochumer Wissenschaftsgebietsnachbarschaften, 1962

Anders lag der Fall in Bochum. Sich nicht ausschließlich der Entlastungsfunktion mit verbessertem Ausbildungsvermögen verpflichtet fühlend, erhob der Bochumer Gründungsausschuss das virulente Zauberwort „interdisziplinäre Zusammenarbeit" zur Strukturpflicht und fasste die Fächer zu Abteilungen zusammen; sich den Anforderungen der Praxis anzupassen, durch kleinteiligere Fächeraufsplitterung mehr arbeitsteilige Spezialisierung und Anwendungsnähe, mehr Wahl und Kombinationen der Fächer zu ermöglichen, kurz Flexibilitätsräume zu schaffen – dies waren einige der Ziele, an denen sich der dortige Gründungsausschuss versuchte. Zur Umsetzung riet er zu konzeptionell-räumlichen Wissenschaftsgebietsnachbarschaften (Abb. 2).[52]

Um einer drohenden Desintegration vorzubeugen, sollte den Universitätsangehörigen stets die Gesamtheit des von der Universität verkörperten Wissens vor Augen stehen.[53] Vielleicht aufgrund des Pionierstatus wurde in Bochum ein in Beton gegossener Machbarkeitspalast veranlasst, eine Unwirtlichkeit verströmende, technische Monumentalwerkstudie resultierend aus Rasterplanung und Schnellbauweise, aus vorgefertigten Bausystemen aus industrieller Produktion. Da Bauplanungen für das Bildungswesen traditionell vom zuständigen Bundesland vorgenommen wurden und eigene Architekturbüros für ihre effiziente und kostenbewusste Ausführung zuständig waren, war der Anspruch an architektonische Finesse gering. Zwar wurden unabhängige Büros im Rahmen von Ideenwettbewerben beteiligt, es galt aber keinerlei Verbindlichkeit zur Umsetzung preisgekrönter Entwürfe. Planungstechnische Raumschaffungsvorgänge produzieren Regelhaftigkeiten und unterstützen bestimmte Vorstellungen von Wirtschaftlichkeit und Flexibilität bestimmter Formgebungen. Mit der Verfügbarkeit neuartiger Konstruktionen und Materialien, vor allem des stabilen Sichtbetons, konnte sich international eine ‚harte' Architektursprache artikulieren, was durch ‚brutalisierte' gestalterische Mittel unterstützt wurde. Das sogenannte Marburger System, das ab 1961 vom Staatlichen Hochschulbauamt (Schneider, Spieker und Scholl) für den Ausbau der Philipps-Universität Marburg entwickelt wurde, galt als realitätstauglicher Entwurf für die beliebige Erweiterung beziehungsweise Verkleinerung von Großstrukturen mithilfe vorgefertigter Elemente. Damit ragte es aus dem unmittelbaren Kontext des Universitätsbaus heraus und verweist auf die Virulenz des Anspruchs, alle Bauglieder einheitlich zu gestalten. Ein späteres deutsches Musterbeispiel bietet neben Marburg und Bochum (Hentrich-Petschnigg & Partner, 1962, 1963–1977) die Universitätsklinik in Aachen (Weber, Brand & Partner, 1969, 1971–1985). Dort bestand der planerische Anspruch darin, sämtliche Funktionseinheiten in einem Gebäude zu vereinen und Leitungen als „technizistische Geste" sichtbar zu machen.[54] Ob diese Gesten auf architektonischem Vermögen, Sinn für Ästhetik, paradigmatisch gewachsenen wissenschaftlichen Erkenntnissen, Verwaltungskonformität oder wie auch immer gearteten politischen Gefälligkeiten beruhten, muss am Einzelfall gezeigt werden. Eine Auseinandersetzung mit „Architektur als Technik" im Zusammenhang mit bildungspolitischer Planung kann dort ansetzen, wo Regelhaftigkeiten wie Campus und Fertigbauweise das Spektrum für räumlichen Interpretationsspielraum sichtbar machen.

Als Basis der Universität Bielefeld dienten die gemeinschaftlich verfeinerten Gründungsideen Schelskys. Im Folgenden soll der in Etappen vollzogenen, zeitlich nachgelagerten Gestaltwerdung der Bielefelder Universitätskonzeption nachgegangen werden. Vor dem Hintergrund dieser und ähnlicher zeichnerisch-konzeptioneller Entwürfe, die Baugestalt neuer Universitäten betreffend machte sich auch Schelsky an die Ausgestaltung seiner Wunschuniversität. Hier allerdings nahm die zuvor im ideellen Raum schwebende Idee von der Universität als geistiger Gemeinschaft die konkrete Form einer Forschungsfestung vor idyllischer Kulisse an. In einer undatierten Skizze, laut Universitätsarchiv Bielefeld „wohl vor Mitte 1966",[55] verlieh Schelsky, das als Universitätsstandort ausgewiesene Gebiet vor Augen, seinen Vorstel-

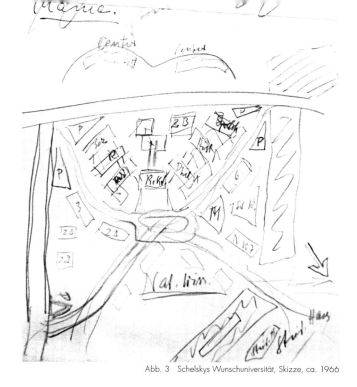

Abb. 3 Schelskys Wunschuniversität, Skizze, ca. 1966

lungen von einem Uni-Campus zeichnerisch Ausdruck (Abb. 3).

Die Skizze, mit Bleistiften verschiedenen Weichheitsgrades und Feinstrich-Rotstift gezeichnet, beansprucht etwa drei Viertel eines im oberen Viertel beschriebenen Notizzettels. Die Art der Zeichnung lässt vermuten, dass sie in einer Gesprächssituation entstand, bei der die dynamischen groben Bleistiftstriche, vielleicht auf Zuruf und Nachfrage, wo denn diese oder jene Funktion ihren Platz bekommen sollte, sukzessive mit feineren Rotstiftüberlagerungen angereichert wurde.

Das topographisch mehrdeutig umrissene Gebiet wird nach außen und innen mithilfe von Wegführungen in vier dreieckige Bereiche gegliedert, die durch sie abgegrenzt beziehungsweise verbunden sind und die in der Mitte kreisförmig zusammenführen. Über dem Campusbereich thront, räumlich den anderen Strukturen vorgelagert, das „Center", das sich, an eine weibliche Brust erinnernd, an den Teutoburger Wald schmiegt und nicht durch Wege mit dem Gesamtkomplex verbunden ist. Dies entspricht Schelskys Überlegungen, dass für das „Zentrum für theoretische Grundlagenforschung" ein in der Nähe der Universität gelegener Platz „in einem sehr verkehrsstillen und landschaftlich attraktiven Raum vorzusehen"[56] sei. Hier zeichnete Schelsky auch den Lichteinfall ein, der seinen Lageplan formal ‚südet' und topographische Orientierung bietet. Diese erlaubte ihm die schematische Wissensgebietsanordnung mit der Gewichtung der oberen Hälfte. Wäre die Darstellung wie eine Karte ‚genordet', würde die Krone aus Center und Rektorats-Fakultäts-Perlschnur in der unteren Bildhälfte liegen. Dem Center gegenüberliegend ist im obersten Feld mittig das Rektorat platziert, das mit mehreren nach hinten gelagerten, nicht näher gekennzeichneten Gebäuden verbunden ist. Hieran grenzt, allerdings im eigenen Bau, eine mit „ZB" betitelte Struktur, wohl die Zentralbibliothek, die Schelsky neben dezentralen, institutseigenen Bibliotheken vorsah. Rechts, etwas nach unten abgerückt, befinden sich die ebenfalls an das Rektorat angeschlossenen geisteswissenschaftlichen Fakultäten, mit – aufsteigend – Philosophie/ „Phil", Geschichte/ „Hist" und Sprachwissenschaften/ „Sprach" (was anfänglich auch Pädagogik oder Politik gewesen sein konnte). Die einzelnen Gebäude sind wiederum durch Wege miteinander verbunden. Auf der linken Seite des Rektorats finden sich die sozialwissenschaftlichen Fakultäten angesiedelt. Hier sind es die Wirtschaftswissenschaft „Wi", die Rechtswissenschaft „R" und die Soziologie „Soz", die in Parallelstruktur zu den Geisteswissenschaften in Einzelgebäuden aufsteigend angeordnet sind. Mit einiger Distanz zu den anderen Gebäudestrukturen befindet sich im unteren Feld nur der unterstrichene Hinweis auf die Platzierung der „Nat. Wiss.". Am rechten unteren Bildrand, unterhalb des Eintrags der „Nat. Wiss." und einer grob schraffierten rechteckigen Fläche mit einer rechteckigen Struktur, sind zwei Studentenhäuser eingezeichnet. An einigen der spitz zulaufenden Enden finden sich, liebevoll an die innere Wegführung angrenzend, wo diese auf die säumenden Hauptstraßen trifft, insgesamt fünf dreieckige, mit „P" markierte Parkplätze. Wohin der dominante Pfeil an der rechten unteren Bildhälfte weisen will, der auf einen zittrigen, nach rechts gerichteten Pfeil trifft, wird wohl ein Geheimnis bleiben.

In der Bleistiftstufe mutet die Skizze äußerst spontan und unvollständig an. Auffällig ist, dass nur zwei

52 Empfehlungen zum Aufbau der Universität Bochum. Denkschrift des Gründungsausschusses, veröffentlicht vom Kultusministerium Nordrhein-Westfalen, Dezember 1962, S. 6.

53 Ebd., S. 10.

54 Siehe dazu: Lange, Ralf: Architektur und Städtebau der sechziger Jahre. Planen und Bauen in der Bundesrepublik Deutschland und der DDR von 1960 bis 1975, Bonn 2003, S. 81.

55 Universitätsarchiv Bielefeld: „Wie gründet man Universitäten?" Helmut Schelskys Konzept und der gelungene Start der Universität Bielefeld, Dokumentation zur Ausstellung, Bielefeld 2011, S. 23.

56 Helmut Schelsky: Dok. V, Angebotsbedingungen für die Gründungsgruppe, 22.03.1965, Universitätsarchiv Bielefeld, NL Schelsky 001, Mappe 1.

Abb. 4 Scharouns Projekt einer Volksschule, 1951

der ausgewiesenen triangulären Felder mit Gebäudestrukturen bedacht werden und der vorgesehene Raum, von zaghaften Andeutungen einmal abgesehen, kaum zur Gänze ausgefüllt ist. Die Rotstiftüberlagerungen unterstreichen einige Elemente wie das „Center" und die „Nat. Wiss." und verleihen der Skizze insgesamt eine weitere Komplexitätsebene. In Rot finden sich alternative Verortungen und L-förmige Strukturen für die geistes- und sozialwissenschaftlichen Fakultätsgebäude, die nun mit Ziffern von 1 bis 6 in gelockerter Raumverteilung auch auf die angrenzenden Dreieckfelder gestreut sind. Der Wirtschaftswissenschaft kommt ihre zusammenhängende Raumstruktur abhanden. Sie wird auf ein Hauptgebäude „2" und drei kleinere Gebäude „2D" verteilt. Die nun L-förmigen Fakultätsgebäude in Rot sind deutlich größer als ihre bleiernen Verwandten. Sie sind nun nicht mehr unmittelbar durch Wege verbunden, sondern deuten durch die räumliche Nähe der nach hinten gelagerten Flügel eine Art Zusammenschluss an. Auch studentische Versorgungseinrichtungen bekommen nun einen Platz und grenzen an die kreisförmige Mitte im Campusinneren. Mensa und Studentenwerk werden im rechten Feld angesiedelt, wo sich mittlerweile auch das Gebäude „6" befindet. Die Naturwissenschaften erhalten zudem insgesamt fünf Baustrukturen, wovon „NW 7" mit Mensa und Studentenwerk benachbart wird. Ihre vier blockartigen Institutsgebäude lagern unverändert mit recht großer Distanz zu den geistes- und sozialwissenschaftlichen Fakultäten im unteren Bereich. Das Center ist nun in Rot doppelt unterstrichen, einer der kastenförmigen Innenstrukturen wird die Funktion „GH" (Gasthaus) zugeschrieben und sein rechter Flügel bekommt ein kleines Pluszeichen.

Intellektuell besteht ein großer Unterschied zu dem Universitätsentwurf, der sich nicht nur mit der theoretischen Auseinandersetzung, sondern mit den Realitäten einer Planung messen muss. Hier wird der eher ephemerischen Auffassung von Universität als geistiger Gemeinschaft eine Struktur entgegengesetzt, die den Betrieb zu leisten imstande sein muss. Im Nachlass Helmut Schelskys finden sich weitere Hinweise zur baulichen Umsetzungsvision. So beinhaltet eine Sammlung handschriftlicher Notizen von Schelsky aus den Jahren 1965 bis 1968[57] manchen Einfall zur Universitätsgestalt. Neben der beschriebenen Skizze enthält die Sammlung ein paar Fingerübungen zur Gestaltung der Institute, die sich als viereckige Bauten mit Atrien oder als kreisförmig mit Strahlenkranz zeigen. Einer Notiz zum Thema „Aktion Universitäts-Clubs" folgen Verweise auf die mögliche Umsetzung durch „Scharoun: Architekt" nach Beispiel der „Anlage: St. Gallen". Dass Hans Scharoun Schelsky als möglicher Architekt für den Bau vorschwebte, begründet sich wohl nicht nur aus seiner Spezialisierung auf öffentliche Bauten, sondern vor allem aus seinem bekannten Entwurf für eine Volksschule im Rahmen der Darmstädter Ausstellung *Mensch und Raum* (Abb. 4).[58] Der Bezug auf St. Gallen könnte Schelskys Sehnsucht nach einer Universität als geschütztem Ort zur Wissensproduktion geschuldet sein. Dort bekrönt die St. Galler Campusanlage, ursprünglich auf 900 Studenten ausgelegt, den Gipfel der Schweizer Berglandschaft. Entworfen von den Schweizer Architekten Walter Förderer, Rolf G. Otto und Hans Zwimpfer, wurde sie von 1957 bis 1959 erbaut und ist seit 1963 bezogen (Abb. 5).[59] Ein in den Hügel gebauter, terrassenartiger Betonkomplex mit vereinzelten dachbegrünten Gebäuden und mehreren Foren, die eine Art großzügige Labyrinthstruktur bilden, hätte sich auch am Fuße des Teutoburger Waldes durchaus realisieren lassen.

Die schematische Gestalt der skizzierten Schelsky'schen Wunschuniversität macht weitere implizite Aussagen zur baulichen Gestaltung der Universitätspläne, wie sich unter Rückgriff auf den Austausch zwischen Bibliotheksgutachtern und Schelsky zeigen lässt. Statt wie im Gutachtervorschlag die Bibliothek als Zentralstruktur anzulegen, schwebte Schelsky ein zentral verwaltetes, aber dezentral aufgestelltes Informationssystem vor. Verwaltungstechnische Aufgaben sollte, in Randlage gebracht, die Zentralbibliothek „ZB" erledigen. Die vorgesehenen Institute sollten in ihren „eigenen Baukörpern im Halbkreis diesem Randbau"[60] vorlagern, wobei die Institutsbibliotheken jeweils auf einer inneren Linie an der dem Informationszentrum zugewandten Stirnseite der Bauten untergebracht werden sollten. Ein Ringsystem aus unterirdischen Gängen

Abb. 5 Modellfoto Campusanlage St. Gallen, 1957–59

und mechanischen Transportbändern sollte die Verbindung zum Informationszentrum sicherstellen.⁶¹ Dieses ausgeklügelte Ringsystem rechtfertigt das perlenschnurartige Arrangement der Gebäude als pragmatischen Lösungsansatz, um bei der vereinzelten Baustruktur den Betrieb der benötigten Informationskanäle sicherzustellen. Möglicherweise zeugt der gesamte dokumentgestützte Austausch vom Anlass der Komplexität, die in der roten Überarbeitung von Schelskys Bleistiftskizze Einzug hielt.

Schelskys Anordnung lässt auf das Bedürfnis schließen, den Fakultäten Orte zu geben, die nur ihnen gehören, aber gleichzeitig offen sind. Hiermit trug er dem Spannungsverhältnis zwischen individueller Abschottung und zwischenmenschlicher Begegnung Rechnung, indem er eine Fakultät mit ihrem eigenen Raum entwarf, die aber offen ist für Austausch, philosophischen Wandelgang und Gesellschaftsanbindung. Die herbeigesehnte Kommunikationsintensität zwischen den einzelnen Wissenschaften strukturierte er allgemein durch Nähe und Verbindungskorridore. Dass die Naturwissenschaften dabei zunächst nur als unbestimmtes Ganzes, als Gebäudekomplex angedeutet und den geistes- und gesellschaftswissenschaftlichen Fakultäten und der zentralen Verwaltung mit recht großer Distanz gegenübergelagert wurden, erklärt sich womöglich aus dem nicht vorhandenen Anspruch Schelskys, auch diese Wissenschaftslandschaft mit prognostischer Plausibilität in ihrem Detailreichtum

57 Konvolut Gründungsausschuss/Wissenschaftl. Beirat, handschr. Notizen Schelskys (1965–1968), Universitätsarchiv Bielefeld, NL Schelsky 45.

58 Scharoun stellte seine Schule anlässlich der Darmstädter Ausstellung *Mensch und Raum* vor. Ihr Modell ziert das Titelblatt der Neuausgabe der damaligen Ausstellungspublikation. Conrad, Ulrich; Neitzke, Peter (Hg.): Mensch und Raum. Das Darmstädter Gespräch 1951 mit den wegweisenden Vorträgen von Schwarz, Schweizer, Heidegger, Ortega y Gasset (= Bauwelt Fundamente, 94), Braunschweig 1991. — Diesen Entwurf realisierte Scharoun teilweise und in abgewandelter Form in seinen Bauten der Geschwister-Scholl-Schule (1955–1962) und der Haupt- und Grundschule in Marl (1960–1971). Scharoun repräsentierte eine soziologisch informierte Architektur, die Individualität und Gruppenidentität durch bewegliche Nutzungsmöglichkeiten zu gestalten helfen wollte. Eine Universität zu bauen, hätte wohl seinen bildungsbaulichen Werken die Krone aufgesetzt. Als Leitgedanke stehe „hinter all dem Funktionellen […] das strukturell Verwobene – vom Individuellen bis zum Universalen". In einer Rede zu seiner Haupt- und Grundschule in Marl beschrieb Scharoun seine „Aufgabe bei dem Projekt" als jene, „der umfassenden Bestimmung der Schule – als Abbild des umfassenden Lebens – baulich Ausdruck zu geben". Scharoun, Hans: Rede der Grundsteinlegung in Marl, in: Syring, Eberhard; Kirschenmann, Jörg C. (Hg.): Scharoun, Köln 2007, S. 79. Siehe dazu auch das Portal „Baudenkmale im Ruhrgebiet" für einen Überblick über Scharouns scholastische Bauten und seine „organhafte Architektur": https://www.lwl.org/LWL/Kultur/fremde-impulse/die_impulse/Impuls-Scharoun-Schule, zuletzt aufgerufen am 05.02.2016.

59 Das Modellfoto der Campusanlage St. Gallen erhielt ich vom Architekturbüro ffbk Architekten AG, Basel und Zürich, dem ich an dieser Stelle noch einmal danken möchte.

60 Dok. XXVIc, Gutachten über die Bibliothek der geplanten Universität in Ostwestfalen, erstattet von Dr. Gisela von Busse und Prof. Dr. Hans Cordes, August 1966, Universitätsarchiv Bielefeld, NL Schelsky 001, Mappe 2.

61 Ebd.

abzubilden. Der Soziologieprofessor Hermann Korte, der damals als Assistent in die Planung involviert war, legt nahe, dass zum Zeitpunkt der Skizzenentstehung nur eine Hälfte des ausgewiesenen Gebietes erstanden war, wodurch sich die nebulöse Gestalt der Naturwissenschaften eventuell erklären könnte. Da der Aufbau der naturwissenschaftlichen Disziplinen im Anfangsstadium der Universität nicht vorgesehen war, unter anderem weil ihre Organisation einen ungleich höheren Planungsaufwand und Investitionen in Großgeräte und Laborräume beanspruchte, hatte ihre Abbildung, im Gegensatz zur Geistes- und Gesellschaftswissenschaftslandschaft und natürlich zu den Parkplätzen, keine Vordringlichkeit.

Mit der Anpassung an Baurealitäten scheint ein Wandel in Schelskys Universitätskonzeption einherzugehen. Zeugten seine ersten Dokumente noch von der Idee einer Universität, die sich vor allem in ihrer geistigen Gemeinschaft zeigte, mit ihrer städtischen Umgebung in Kommunikation stand und Professorenghettos vermeiden wollte, findet sich nun eine Gestalt, die sich von der Welt abkehrt. Hier scheint die Universität als Ort der Besinnung auf Bildung konzipiert zu sein, die dadurch nicht in das gesellschaftliche Leben in den Städten integriert sein kann. Die Stadt, das Draußen, bleibt über die Fülle der Parkplätze, die sowohl in alle Himmelsrichtungen großzügig verteilt als auch recht nah an Universitätsbauten angesiedelt sind, jedoch immer erreichbar. Im Zusammenhang mit der steigenden Mobilität, unter anderem durch den Ausbau des Verkehrsnetzes und die Erschwinglichkeit von PKWs, konnte die bildungspolitische Gelegenheit ergriffen werden, „die Motivation zur Aufnahme eines Studiums zu verstärken, indem flächendeckend überall Hochschulen in Pendlerentfernung erreichbar wurden".[62]

Diese Anpassung an praktische Umstände und die damit einhergehende Konkretisierung, die sich schon anhand von Schelskys Skizze nachvollziehen lässt, geschah auch im Hinblick auf inhaltliche Positionen, die sich auf Personen und Kommunikationen bezogen. Um für günstige Startbedingungen für die Universität zu sorgen, dachte Schelsky über Wege nach, wie sich der Planungszustand in einen „betrieblichen Unbetrieb" verwandeln ließ. Eine Universität, die bereits vor ihrer Gründung geschäftig war, war erfolgversprechender als eine, die ihre Tätigkeiten erst nach der Planungsphase aufnahm. Dieser Schelsky'sche Ehrgeiz zeigte sich auch darin, dass er neben der Erprobung seiner wissenschaftstheoretischen Gründungsgrundsätze auch Institutionspolitisches im Sinn hatte. Seit er 1960 zu ihrem geschäftsführenden Direktor berufen worden war, hatte Schelsky in der Sozialforschungsstelle Dortmund, einem anwendungsorientierten sozialwissenschaftlichen Institut für Arbeitsforschung, einen Orientierungswechsel eingeleitet. Nachdem er dort einen methodischen Wandel von empirischer Anwendungsnähe zur soziologischen Grundlagenforschung angestoßen und das Arbeitsfeld um die „Soziologie der Entwicklungsländer"[63] erweitert hatte, wollte er das Institut nach Bielefeld umsiedeln. Nicht nur konnte er sich so auf ein vertrautes Umfeld aus forschungsstarken Assistenten und Professoren stützen und aus diesen Reihen rekrutieren, es schien außerdem die wissenschaftspolitische Gelegenheit gekommen, der Soziologie durch die Gründung der ersten und bisher einzigen Fakultät für Soziologie einen angemessenen Raum und Rahmen zu geben.

Dass Schelsky über das so disproportional gesetzte Sozialwissenschaftsfeld hinaus zu geeigneten Kandidaten kam, konnte nur gelingen, „indem er sich beraten ließ – mit Glück".[64] Schelskys Personalpolitik lag nicht Sympathie zugrunde, sondern sein Kriterium für „wirklich ‚gute Leute': ‚Wirklich gut sei, wer, statt durch andere Leute, die noch besser sind, sich bedrängt zu finden, deren Nähe sucht'."[65] Statt ‚Ornamentämtlern' wollte Schelsky zukünftige Kollegen gewinnen. Diese sollten, unter seiner Leitung, gestalterisch eingreifen und die entscheidenden Schritte in Richtung Veränderung einleiten. Aus der Personalunion von Arbeitsgebiet und akademischer Institutsleitung entstand um die Gründung der Universität Bielefeld eine Gestalt gewordene Wissenschaft. Schelsky versuchte mit seiner Personalpolitik Entwicklungen zu institutionalisieren, die ohnehin im Gang waren. Ein Beispiel dafür ist das spätere Zentrum für interdisziplinäre Forschung, ein anderes das Kommunikationsnetz, das der inneruniversitären Zusammenarbeit zugrunde liegen sollte.

Bei jeder ‚Reißbrettuniversität auf der grünen Wiese' wurde die Konstruktion von Kommunikationsnetzen wohlbedacht. Verstanden als Agenda zur Verknappung der Wege zwischen Menschen, die sich gemeinsam der Wissenschaft widmen wollten, führte das zu kurzen Wegen in Konstanz und zur großräumigen Wissenschaftsnachbarschaftsstruktur in Bochum. Auch in Bielefeld galt der Anordnung der Fächer besonderes Augenmerk. Allerdings entpuppte sich die Bestimmung der Schwerpunkte als potenzieller Zündstoff. Nach einer unbefriedigenden Sitzung des Wissenschaftlichen Beirats im Frühjahr 1966 diesen Punkt betreffend entschloss sich Schelsky zu einer Disziplinierungstat.[66] Um in sich kreisenden Diskussionen vorzubeugen und der Verhandlung einen Fixpunkt zu bieten, schuf er ein Schema, das die bisherigen Überlegungen zur Bestimmung der wissenschaftlichen Schwerpunkte abbilden

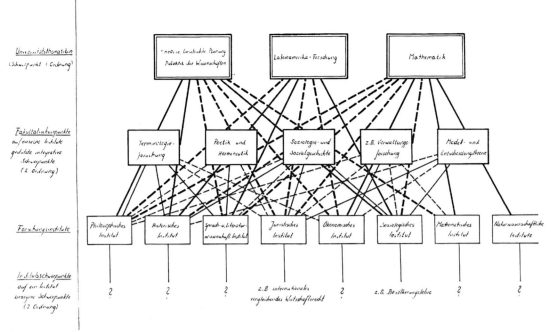

Abb. 6 Schelskys Vorschlag für die universitären Schwerpunkte, 1966

sollte (Abb. 6).[67] Es beschreibt kursorisch, wie sich die zukünftige universitäre Kooperationskultur entfalten könnte, und sollte als neutrale Gesprächsbasis dienen, die es erlaubte, notwendigen Rat zur weiteren Ausgestaltung einzuholen. Die Matrix listet die Universität in ihren strukturellen Elementen auf der linken Seite auf. Auf der rechten Seite stehen die damit korrespondierenden Forschungsfelder. Die Schwerpunkte gliedern sich hierarchisch in solche, die die Universität in ihrer Gesamtheit betreffen (1. Ordnung), solche, die sich auf mehrere einzelne Institute stützen (2. Ordnung), und solche, die ein einzelnes Institut entwickeln und bearbeiten könnte (3. Ordnung). Von den acht Feldern gehen strahlenförmig Verbindungslinien ab, die die Beziehungen zwischen den Wissensgebieten und den universitären Einrichtungen kennzeichnen und die Intensität ihrer etwaigen Kooperation durch durchgehende, gestrichelte oder abwesende Linien andeuten. Die als „Universitätsthematiken" bezeichneten Wissensfelder sind „Theorie, Geschichte, Planung, Didaktik der Wissenschaften", „Lateinamerika-Forschung" und „Mathematik". Eine starke Zusammenarbeit im Sinne der Wissenschaftsforschung, linkes Feld der 1. Ordnung, unter den acht Instituten böte sich etwa für das Philosophische, Historische und das Soziologische Institut an. Weniger stark in die Beantwortung wissensfeldrelevanter Fragen involviert seien hingegen die Sprach- und Literaturwissenschaften, die Rechtswissenschaften, die Ökonomie und Mathematik. Die Naturwissenschaften werden bei der Strahlenverteilung erneut stiefmütterlich behandelt. Rechts von der Wissenschaftsforschung ist das Feld

62 Lübbe, Hermann: Die Idee einer Elite-Universität. Der Fall der Universität Bielefeld, in: Asal, Sonja; Schlak, Stephan (Hg.): Was war Bielefeld? Eine ideengeschichtliche Nachfrage (= Marbacher Schriften. Neue Folge, Band 4, hg. v. Ulrich Raulff, Ulrich von Bülow und Marcel Lepper), Göttingen 2009, S. 11–35, hier S. 13.

63 Adamski, Jens: Findbuch zum Bestand der „Sozialforschungsstelle an der Universität Münster, Sitz zu Dortmund" im Archiv der Sozialforschungsstelle Dortmund (sfs), Beiträge aus der Forschung, Band 166, S. 7, online verfügbar unter http://www.sfs.tu-dortmund.de/odb/Repository/Publication/Doc/1181/badf_band_166.pdf, zuletzt aufgerufen am 07.11.2016.

64 Lübbe: Die Idee einer Elite-Universität, S. 21. Während Hermann Lübbe diskret vor der Einzelfallbeschreibung zurückweicht, kann mit Verweis auf Archivbestände ein deutlicher Kenntniszuwachs hinsichtlich potentieller Berufungskandidaten ausgemacht werden. Zu Anfang dachte Schelsky an „Hochkaräter" wie Adorno und an den Personalstamm der Sozialforschungsstelle Dortmund. Dass diese Zunahme an Wissen durch einen intensiven kollegialen Austausch in den Monaten zwischen den Grundsätzen und Schelskys Tätigkeiten als Gründungsausschussvorsitzender nach seiner offiziellen Ernennung zustande kam, scheint evident.

65 Ebd., S. 21f. In einer handschriftlichen Notiz, die später in ausgearbeiteter Form einem Antrag bei der Volkswagen Stiftung beigelegt wurde, legte Schelsky „Kriterien" für die Mitglieder dieser Dachgesellschaft fest, die mit Tendenz zu theoretischer Forschung begannen, vor allem junge, vielversprechende Gelehrte einschlossen und mit Effizienz endeten. Die Mitglieder dieser „Gesellschaft für soziologische und kulturelle Grundlagenforschung" sollten „Zentren für Grundlagenforschung" nach Vorbild der Forschungszentren leiten, die in ihren Zielen auffallende Ähnlichkeiten mit dem ZiF aufwiesen. Schelsky, Helmut: Vorschlag zum Anschreiben an die Stiftung Volkswagenwerk, o. D., Universitätsarchiv Bielefeld, NL Schelsky 87.

66 Schelsky, Helmut: Dok. XXVI, Überlegung zur Bestimmung der wissenschaftlichen Schwerpunkte für die neue Universität, 23.04.1966, Universitätsarchiv Bielefeld, NL Schelsky 001, Mappe 1.

67 Ebd.

„Lateinamerika-Forschung" angesiedelt. Strahlen zu sechs Instituten aussendend, darf sie als Steckenpferd Schelskys gelten. Sie war von der Person Hanns-Albert Stegers von der Sozialforschungsstelle, mit ihrem Regionalforschungsansatz und ihrer internationalen Qualität motiviert. Die insgesamt eher randständige Position der Naturwissenschaften wird nur durch die starke Zusammenarbeit mit der Mathematik versöhnt. „Mathematik" als Schwerpunkt ist mit allen acht Instituten verbunden, allerdings mit unterschiedlicher Intensität. Mit dem Ökonomischen Institut ist die Mathematik hinsichtlich sozialwissenschaftlicher Erfassungsbestrebungen substantiell verbunden, während die anderen Institutsbeziehungen lediglich mit gestrichelten Linien gezeichnet sind.

Insgesamt waren die Schwerpunkte der Universitäts- und der Fakultätsebene so gewählt, dass ihre Bearbeitung querschnittsmäßig integrativ wirken konnte. Ihre Aufgabe war es, die Fakultäten dauerhaft aneinanderzubinden, damit sie wie in der Bleiftsskizze an einem Strang ziehen konnten. So war mit einer Art Forschung über sich selbst der erste Schwerpunkt benannt, der bereits in der Aufbauphase operativ war. In der wissenschaftlichen Herangehensweise an die Institution Universität kristallisierte sich heraus, wie eine erkenntnisgetriebene, als Experiment geplante und unter Laborbedingungen umgesetzte Wissenschaftsorganisation ablaufen könnte. Hier war innerhalb der tumultartigen Hochschulreformbestrebungen ein Ort geschaffen worden, der es ermöglichte, Wissenschaft in epistemologischer, geschichtlicher, didaktischer und pragmatischer Hinsicht im Detail zu ergründen und sie abzuwandeln.

Mit der 2. Ordnung waren überinstitutionelle Bindeglieder definiert, die die produktive interdisziplinäre Institutszusammenarbeit regeln sollten. Mit ihr korrespondierten die Fachbereichskommissionen, die für den Aufbau der Geschichtswissenschaften, Jurisprudenz, Mathematik und Physik, Philosophie, Sozialwissenschaften, Sprach- und Literaturwissenschaften und Wirtschaftswissenschaften verantwortlich waren. Diese Schwerpunkte wurden bereits bearbeitet und waren, wie etwa die Fakultät Soziologie, mit bestehenden Arbeitsgemeinschaften der Sozialforschungsstelle ausstaffiert. Der Fakultätsschwerpunkt „Poetik und Hermeneutik" benannte eine Arbeitsgruppe, die parallel zum Gründungsgeschehen bereits aktiv war und in Bielefeld eine Institutionalisierung erfahren sollte. Auf der Ebene der 3. Ordnung befinden sich Schwerpunkte, die auf ein Institut bezogen sein sollten. Neben einigen Platzhaltern waren für das Juristische Institut „z. B. internationales vergleichendes Wirtschaftsrecht" und für das Soziologische „z. B. Bevölkerungslehre" angedacht. Zwar zielten diese Themengebiete auch auf Spezialisierung, sie brauchten aber strukturierte interdisziplinäre Forschungsarbeit, um den Gegenständen angemessen zu holistischer Betrachtung und zu robusten Vergleichskriterien zu gelangen. Verbunden mit diesem Schema sind die Vorstellungen von räumlicher Anordnung auf dem Universitätscampus, die wiederum mit dem dazu fähigen wissenschaftlichen Personal unterlegt sind. Mit der Besetzung dieser Felder und den zugehörigen Kooperationskanälen sollte es Bielefeld als rationalen Prinzipien folgender Forschungsuniversität gelingen, die Spektren von Praxis und Theorie sowie Provinzialität und Globalität abzubilden. Dies sollte der Nachweis zu Schelskys wissenschaftspragmatisch-theoretischer Machbarkeitsstudie sein: Wenn Wissenschaft im Kern strukturierte Kommunikation (Diskursteilhabe) war, konnte sie durch eine entsprechende Personalpolitik verkörpert und durch Agendasetzung diszipliniert werden.

Wie im FAZ-Artikel *Wie gründet man Universitäten?* von 1961 angedacht, wurde jedem Spezialisierungsdrang ein entgegenwirkender Generalisierungszwang verordnet und die Offenlegung von Annahmen eingefordert, um die Dauerreflexion zu institutionalisieren. Wissensorganisatorisch waren die Bestrebungen Schelskys nicht auf den Nukleus Bielefeld beschränkt. Als entscheidender Beitrag zur Differenzierung der Hochschulwelt sollte die Ausschöpfung des imaginierten Potentials für die kommende Zeit erprobt werden. Dafür galt es, Forschungs-, Studien-, Verwaltungs- und Praxisbezugsreformen zu diskutieren. Und wichtiger: sich Wege, Zugänge und Durchgänge dorthin zu überlegen. Indem Schelsky etwa die Institute als Säulen der Universität in ihrem Forschungsauftrag bestärkte und gleichzeitig an der Einheit von Forschung und Lehre festhielt, wollte er seine Auffassung von Studenten als Erwachsenen betonen. Dies stand gegenläufig zu Diskussionen, die die Universitäten vor allem in der Erziehungspflicht sahen. Über verstärktes Selbststudium, mit Mentoren und Gruppenbetreuung sollte sich der universitäre Bildungsauftrag im forschenden Lernen unter transformationsaffinen Bedingungen besser als bisher erfüllen lassen. Ihre Antworten auf Fragen der Durchführung publizierten die Gründungsgremien in einem eigenen Organ, der Veröffentlichungsreihe *Bielefelder Beiträge zur Theorie, Politik und Geschichte der Wissenschaften*. Damit erzielten sie eine quasi lückenlose Dokumentation ihrer Forschungsergebnisse, mit der sie die Universität in Papiergestalt etablierten, was gleichzeitig als eine Art Tätigkeitsbericht der Planungsverantwortlichen gelten kann.

Auch wenn die Konzentration auf schwerpunktmäßige Forschung keine Neuheit darstellte,[68] trat Schelsky mit seinen Gründungsideen doch als gewiefter Wissenschaftsorganisator hervor. Geprägt durch eine pragmatische Wissenschaftssoziologie, die auf die „Re-Integration der sich spezialisierenden Wissenschaften"[69] abzielte, versuchte er für die Bearbeitung gemeinsamer Probleme und Themen ein geeignetes Milieu zu kreieren. Schelskys Prämisse war, dass interdisziplinäre Arbeit sich nur durch gegenseitige Beschauung von Gegenständen und Problemen lohne, was eher zielgerichtete intersubjektive Forschung meint. Dadurch gelange man zu einer theoretischen Betrachtung, die, da sie zugleich integrativ-abstrahierend und konkretisierend wirke, entscheidende Impulse geben könne. Die Hoffnung, die Schelsky mit der Gründung verband, bestand in der Verknappung der Wege zur erstrebten theoretischen Grundlagenforschung.

Bei der Entstehung des anfangs noch unter verschiedenen Bezeichnungen geführten *Zentrums für interdisziplinäre Forschung (ZIF)* lässt sich verfolgen, wie Schelsky, trotz technokratischer Neigung, versuchte, Humanität im Schema zu kultivieren. Hier zeigte sich, wie die Belebung der Schelsky'schen Wunschuniversität vor sich gehen sollte und welche Hoffnungen, die an das Forschungsparadies geknüpft worden waren, letztendlich enttäuscht werden sollten. Am Anfang aber stellte es eine Möglichkeit dar, seine idealistische Universitätskonzeption mit pragmatischen Mitteln einzulösen.

Schelskys theoretische Grundlagen für die spätere Universität Bielefeld gingen auf frühere Überlegungen zurück. Spätestens seit Anfang der 1960er Jahre beschäftigte er sich etwa mit der Idee einer „theoretischen Universität", die über die Jahre mithilfe mitgestaltender Personenkonstellationen und durch Erfahrungsschatzsammlung gereift war. Die Gründung eines integrativ agierenden Instituts als Herzstück der neuen Universität war die pragmatische Konsequenz aus den Inhalten der Reformkritik, die er 1961 in der *FAZ* veröffentlicht hatte. Im Nachgang beteiligte er sich etwa an der Konzeption einer *Dachgesellschaft für theoretische Grundlagenforschung*, die sich für die Gründung von *Zentren für theoretische Grundlagenforschung* in den Sozialwissenschaften und historischen Kulturwissenschaften einsetzte.[70] In den Zentren sollten sich gleichgestellte Gelehrtengruppen wechselnden Themen widmen und die Möglichkeit zu Rückzug, Arbeit mit anderen und Geselligkeit geboten bekommen. Zudem war theoretische Grundlagenforschung als Desiderat formuliert, womit die Beteiligten hofften, eine Forschung zu institutionalisieren, die weder empirisch wäre noch nach Anwendbarkeit streben würde.

Hauptaufgabe des ZiF war es, bereits in der Aufbauphase für institutionengestützte Verfahren zur Kooperationsgelegenheit zu sorgen, damit Gleichgesinnte gedeihliche Arbeitsverbindungen knüpfen konnten. In diesem Fall äußerte sich der Antrieb zum „Betrieb im Unbetrieb" in der Organisation von Arbeitssitzungen, die sich über einen Zeitraum von zwei bis vier Wochen gemeinsam grundlegenden Thematiken widmen sollten, um ihre Gegenstände systematisch zu überdenken. Zu Beginn bestand die dafür zuständige Kommission aus dem Philosophen Hans Blumenberg, dem Mathematiker Friedrich Hirzebruch, dem Kybernetiker Helmut Krauch, dem Rechtswissenschaftler Ernst-Joachim Mestmäcker, dem Soziologen Helmut Schelsky und dem Ökonomen Wolfgang Stützel. Unter anderem fand die Gruppe *Poetik und Hermeneutik* eine zeitweise Heimstätte in Ostwestfalen. Diese geisteswissenschaftliche Forschungsgruppe war Anfang der 1960er Jahre in Gießen von Hans Blumenberg, dem Germanisten Clemens Heselhaus und dem Romanisten Hans Robert Jauß gegründet worden.[71] Mit *Poetik und Hermeneutik* war ein auf Diskussion, nicht auf Ergebnisse zielendes Forum geschaffen worden, in dem sich seit 1963 unterschiedliche Personenkonstellationen ideengeschichtlichen Fragen gewidmet hatten. Um den Fortbestand der Gruppe sicherzustellen und eine produktive Form interdisziplinärer Zusammenarbeit zu institutionalisieren, wurde überlegt, diese ungebundene Gruppe in die Universität, genauer ins ZiF, einzuverleiben. Personen wie Hans Blumenberg, Reinhart Koselleck, Harald Weinrich, Max Imdahl und Odo Marquard waren in den verschiedenen Bielefelder Fachgremien vertreten, was der neuen Universität einen Gründungsvorsprung gab. Zwar war die vollständige Einverleibung in die Universität diskutiert worden, aber

---

68   Die Universität Konstanz wollte bspw. ihre Forschungs- und Lehrtätigkeit um die „modernen Erfahrungswissenschaften" konzentrieren und die berufsbezogenen Fakultäten abschaffen. Dahrendorf, Ralf: Gründungsideen und Entwicklungserfolge der Universität. Zum 40. Jahrestag der Universität Konstanz (= Konstanzer Universitätsreden 227, begründet von Gerhard Hess, fortgeführt von Horst Sund, hg. v. Brigitte Rockstroh, Horst Sund und Gereon Wolters), Konstanz 2007, S. 8.

69   Schelsky: Wie gründet man Universitäten? S. 19.

70   Eine Frühstufe des Umsetzungsplans zu seinen Reformüberlegungen entstand nach einer Tagung zu *Lage und Notlage der Forschung in den Geisteswissenschaften*, zu der die damalige Stiftung Volkswagenwerk im Oktober 1963 nach Bad Harzburg geladen hatte. Unbek. Verf.: Entwurf. Kolleg für Geisteswissenschaftliche Studien, Februar 1964, Konvolut ZiF Vorgeschichte, Universitätsarchiv Bielefeld, NL Schelsky 87.

71   Siehe hierzu die Dokumentation der Tagung *Die Forschungsgruppe „Poetik und Hermeneutik". Erschließen – Historisieren – Aufgreifen. Ein Arbeitsgespräch vom 29. und 30. November 2008 in Konstanz und Kreuzlingen.* Insbesondere den Beitrag von Wagner, Julia: Anfängen. Zur Konstitutionsphase der Forschungsgruppe „Poetik und Hermeneutik", in: Internationales Archiv für Sozialgeschichte der deutschen Literatur, 35.1 (2010), S. 53–76.

die dazugehörige Personalgrundlage schwand zunehmend. Fachliche Differenzen und persönliche Ambitionen führten zum Auseinanderstreben der Gründungsgruppe. Das Ringen um die Grundlage der vorgesehenen Wissenschaftsforschung erleichterte etwa Blumenberg den Ausstieg aus dem Gründungsausschuss. Während dieser diese Grundlage in der Geschichte sah, hielt Schelsky ihm die Sozialwissenschaften entgegen. An seine Berufung nach Bochum schlossen sich Berufungen anderer Kollegen nach Konstanz oder anderswo an. Anderen hatte das zögerliche Verhalten der Politik nicht behagt, als es um die offizielle Bestätigung der Gründungsgremien ging.[72] Hier zeigt sich das als tragfähig gedachte Gelehrtenfundament als ungemein brüchig. Immerhin konnte das ZiF in seinem Aufbaustadium im Schloss Rheda residieren, das, wie Schelsky versicherte, über den Zeitraum von drei Wochen nicht primitiv anmutete.

Der Planungsoptimismus wurde durch Planungsrealitäten überschattet.[73] Mit dem Jahr 1967 kam die endgültige Flaute. Angesichts der um sich greifenden Wirtschafts- und Finanzkrise drohten „drastische Haushaltseinsparungen, die sich – widersinnig, aber mit Selbstverständlichkeit – primär auf die Zukunftsinvestitionen richteten".[74] In der Politik herrschte nicht *common sense*, sondern Uninformiertheit,[75] die das ganze Unterfangen zu kippen drohte und die zuvor für das Frühjahr 1967 anvisierten wissenschaftlichen Aufgaben zum Erliegen gebracht hatte. Für den März 1967 war eine zehntägige Klausurtagung der Gründungsgremien anberaumt, die von Schelsky in seinen Einleitungsworten als „letztes Mittel als Einsatz unserer Existenz"[76] bezeichnet wurde. Schelsky rief die Gründertruppe dazu auf, dem Pessimismus und der nahezu feindlichen Stimmung der Politiker mit Gemeinschaftssinn zu begegnen. Er war von den Umständen sichtlich bekümmert, schienen diese doch seinen Institutionenaufbau im Keim zu ersticken: „Denn daran möchte ich ohne Zweifel festhalten: Eine Reform, die sich gegen den Beharrungswillen der Behörde durchsetzen muss, ist aussichtslos. Wenn der Vorrang dieser geistigen Zusammenarbeit nicht gewährleistet wird, wenn diese Universitätsgründung in ein bloßes Organisationsproblem ausartet, so ist von der neuen Universität wenig zu hoffen."[77] Gerade jetzt müsse die politische Willensbildung aus den Reihen der Wissenschaft dem Gegenwind trotzen. Dazu bestärkte er die Gruppe in „ihrer persönlichen Engagiertheit" und stellte fest, dass sie weniger an der Universität als an ihrer strukturellen Neuheit, an dem geistigen Fortschritt und dem geistigen Abenteuer interessiert sei, das sich in ihr verkörpere.[78] Abschließend hob Schelsky das ZiF als ihr Zentralinstitut hervor. Hier, so stellte er in Aussicht, solle die wissenschaftliche Zusammenarbeit der versammelten Gelehrten, Professoren und Assistenten schon „sehr bald eine institutionelle Heimstatt [...] vor aller baulichen Realisierung des Instituts"[79] finden. Allgemein war mit der programmatischen Planung des Zentrums die Gelegenheit verbunden, eine Art institutionelle Gegenwart zu schaffen und zu erfahren. Der schleppende politische Entscheidungsprozess führte dabei zur Nachgliederung der architektonischen Ausformung. Wegen der eingeschränkten Handlungsräume verblieb nur die Vorkörperlichkeit. So vollzog sich die Gestaltwerdung der Universität in ihren einzelnen Elementen und in den mit ihr verbundenen Tätigkeiten.

Im Darmstädter Gespräch *Der Mensch und seine Zukunft* von 1967 referierte Schelsky, wie die „Soziologie prinzipiell zur planmäßigen Gestaltung der Zukunft Stellung" nehmen konnte beziehungsweise sollte. Sein Plädoyer für eine institutionelle Auffassung von Planung, die die Entscheidungsmacht in die Institutionen verlagerte, um vernünftig auf Rechtsgrundlage zu agieren, war als Appell an die Politik gerichtet. Im Stab der Sachverständigen herrschte darüber Konsens: „Wir sind uns als Fachleute längst darüber klar, wie eine vernünftige Berufsausbildung organisiert werden muß, wir sind uns längst darüber klar, wie eine vernünftige Studienreform an der Universität gemacht werden muß – die Kraft der Durchführung fehlt, und das ist eine politische Aufgabe."[80] Institutionelle Durchsetzungskraft oder ihr Fehlen könnten das Thema eines – wenn auch fiktiv gebliebenen – Vortrags über „Hoffnung und Scheitern von Universitätsplanungen" sein, merkte Schelsky polemisch an, was vom Darmstädter Veranstaltungspublikum mit „Heiterkeit"[81] goutiert wurde. Die frustrierenden Planungsbeschwerlichkeiten und die sich zusehends verschlechternden Bedingungen ließen Schelsky indes sich in der Folge vollständig von der Hoffnung auf einen sich autonom reformierenden Universitätsbetrieb abkehren.[82]

3. Bauen

Nachdem sich die missliche Lage trotz des politischen Wechsels, der damit verbundenen Planungsunsicherheiten und sonstiger Turbulenzen im Herbst desselben Jahres entschieden gebessert hatte und sogar das ZiF im vorgesehenen Sinne seine Tätigkeit aufnahm, wurde schließlich im Juli 1968 der Bauwettbewerb ausgeschrieben. Aus den Strukturmerkmalen von 1967[83] ergab sich folgendes Anforderungsprofil an die räumliche Gestaltung der Universität Bielefeld: Ermöglichung enger interfakultativer Zusammenarbeit in der Forschung und Lehre, Vorzug von Gruppenarbeit vor Einzelarbeit,

Verbund von Fachbereichsbibliotheken, Einbezug der Verbindung zwischen Wissenschaft und Praxis, Variabilität und Flexibilität im Inneren sowie Erweiterbarkeit der äußeren Universitätsbereiche. In den Protokollen der Baukommission finden sich vereinzelt Anregungen zu der Gestaltung der Räumlichkeiten. Etwa schlug Reinhart Koselleck vor, Hörsäle mit Bühnentechnik und ansteigenden Sitzreihen auszustatten. Andernorts findet sich mit Verweis auf die raumgreifenden Bedürfnisse von Rechtswissenschaftlern auch eine Äußerung zur Größe der Bibliotheksarbeitsplätze. Insgesamt finden sich aber kaum Bezüge auf die Innenräume der Universitäten.[84]

Dem Wettbewerb wurde ein Preisgericht beigestellt, das aus Fachpreisrichtern und Sachpreisrichtern, ihren jeweiligen Vertretern, Fachberatern, Vorprüfern, Verkehrsgutachtern, dem Bibliotheksdirektor sowie Vertretern der Fachbereiche Rechtwissenschaft, Soziologie, Mathematik, ZiF, Studenten und Assistenten bestand.[85] Statt wie zuvor die Planungszügel in den Händen zu halten, sahen sich die eingebundenen Gelehrten nun hinter politischen Entscheidungsträgern und bauplanungstechnikerfahrenen Personen zurückgestellt. Auffällig, aber nicht überraschend, waren die Vertreter naturwissenschaftlicher Disziplinen in diesem Aushandlungsprozedere erneut nicht vorgesehen.

Die Zahl an eingereichten Umsetzungsideen war beachtlich (insgesamt 89). Am 9. Mai 1969 fiel der Vorentscheid schließlich auf den Entwurf einer Berliner Architektengruppe. Ihm wurde das nicht bindende Preisurteil erster Platz zugewiesen, während die Einreichung einer Architektengruppe aus Düsseldorf den zweiten Platz belegte. Am Tag des Vorentscheids lobte das Preisgericht den Siegerentwurf für seine extreme Konzentration und die sehr günstige Verflechtung der Strukturempfehlungen mit der Baustruktur.[86] Der Düsseldorfer Entwurf unterlag nur knapp. Mit seinem parkuniversitären Charakter seien Konzentration und funktionelle Kommunikations- und Kooperationsbedingungen ebenfalls günstig angelegt. Innerhalb der akademischen Gruppe galt der Düsseldorfer Entwurf als Favorit. Als Schelsky gefragt wurde, ob seine Reformideen mit dem erstplatzierten Modell umsetzbar seien, antwortete er: „Ich glaube nicht."[87]

Bis zum Herbst des Jahres 1969 bekamen fünf prämierte Architekturbüros Gelegenheit zur Überarbeitung

72 Am 20. August 1966 wandte sich Schelsky aus dem Urlaub in Südfrankreich an Paul Mikat, um ihn zur offiziellen Ernennung des Gründungsausschusses und des Wissenschaftlichen Beirats zu drängen. Um die Autonomie der wissenschaftlichen Planung zu gewährleisten, sei es nötig, die Arbeit in den Fachbereichskommissionen weiterzuführen – es könne von Professoren nicht verlangt werden, sich in einem unbefriedigenden Schwebezustand zu befinden und Berufungsangebote wegen Bielefeld auszuschlagen – einige hätten ihre weitere Mitarbeit bereits abgesagt. Dok. XXVIII, Schelsky, Helmut an Mikat, Paul, Logis de Beaulieu, Scharents, 20.08.1966, Universitätsarchiv Bielefeld, NL Schelsky 001, Mappe 2.

73 Obwohl Schelsky eine Planungswelle auf allen Ebenen auslösen wollte, was ihm durch sein kugelblitzartiges Wesen etappenweise wohl auch gelang, sah er sich bereits gegen Ende des Jahres 1965 Anfeindungen von der Paderborner CDU gegenüber. Diese hatte seine Glaubwürdigkeit und Eignung aufgrund seiner NS-Vergangenheit in Frage gestellt, woraufhin er im November 1965 seinen Gründungsausschussvorsitz niederlegte. Schelsky kehrte im März 1966 nunmehr als Mitglied des Gründungsausschusses zurück, nachdem das Paderborner „Misstrauensvotum" seitens des Wissenschaftlichen Beirats und des Gründungsausschusses entkräftet worden war.

74 Schelsky, Helmut: Dok. XXX, Einleitung zur Klausurtagung Schwaghof des Wissenschaftlichen Beirats Bielefeld, o. D., Universitätsarchiv Bielefeld, NL Schelsky 001, Mappe 2.

75 In ähnlicher Weise beschreibt Petra Boden in ihrer Untersuchung zu Reformbestrebungen um die Literaturwissenschaften bzw. allgemein die Geisteswissenschaften, wie sich historisch ein „gesellschaftlicher Teilbereich", nennen wir ihn neutral die Politik oder präziser die Abwesenheit des Sachverstands", als dominierend in der Entwicklung dieser Wissenschaften erwiesen hat. Boden, Petra: Reformarbeit als Problemlösung. Sozialgeschichtliche und rezeptionstheoretische Forschungsansätze in der deutschen Literaturwissenschaft der 60er und 70er Jahre – eine Vorbemerkung und drei Interviews, in: Internationales Archiv für Sozialgeschichte der deutschen Literatur, 28.1 (2003), S. 111–170, hier S. 114.

76 Ebd.

77 Schelsky, Helmut: Manuskript „Einleitung". Protokoll der Klausurtagung des Gründungsausschusses und des Wissenschaftlichen Beirats der ostwestfälischen Universität vom 09.–16.03.1967 im „Hotel Schwaghof", Bad Salzuflen, Universitätsarchiv Bielefeld, NL Schelsky 42, S. 17.

78 Ebd.

79 Ebd.

80 Schlechta, Karl (Hg.): Darmstädter Gespräch. Der Mensch und seine Zukunft, Darmstadt 1967, S. 147.

81 Ebd., S. 177.

82 Schelsky, Helmut: Abschied von der Hochschulpolitik oder Die Universität im Fadenkreuz des Versagens, Bielefeld 1969.

83 Die vom Gründungsausschuss empfohlenen Strukturmerkmale erhielten durch einen Kabinettsbeschluss vom 24. Oktober 1967 ausdrücklich den Status der Planungsverbindlichkeit. Universitätsarchiv Bielefeld, Grundlagen für die Beurteilung für die Universitäts-Bauentwürfe (Beurteilungskonzept), Universitätsarchiv Bielefeld, BW 001, S. 1.

84 Handakte Udo Jansen, Protokolle der Baukommission, Universitätsarchiv Bielefeld, B 001.

85 Staatliche Bauleitung für die Universität Bielefeld: Entwurf Vorschlag 2: Textliche Fassung für den Ideen- und Bauwettbewerb für die Universität Bielefeld, 6. Ausfertigung, 26.02.1968, Universitätsarchiv Bielefeld, Unterlagen O-W: Bauplanung, hier Bauwettbewerb, Teil 1–3, NL Schelsky 19.

86 Universitätsarchiv Bielefeld: Wie gründet man Universitäten? S. 64.

87 Am nächsten Tag erschien Schelskys Äußerung im Artikel Entscheidung im Bauwettbewerb gefallen, in: Neue Westfälische, Nr. 108, 10.05.1969, Zeitungsausschnitt, Universitätsarchiv Bielefeld, BW 001.

88 Darunter waren vertreten die erwähnten Träger des ersten und zweiten Preises, mit dem dritten Preis das Stuttgarter Büro von Prof. E. Heinle, Dipl.-Ing. R. Wischer und Dipl.-Ing. E. Schulze-Fielitz. Den vierten Preis hatte eine Arbeitsgemeinschaft aus Konstanz, mit den Architekten Angenendt, Heier, Steller und von Wolff inne, den fünften Platz belegte eine Gruppe um Prof. G. Böhm (mit Dipl.-Ing. H. Schmalscheidt, Dipl.-Ing. D. Basilius und Dipl.-Ing. M. Jaeger) aus Aachen. Hinzu kamen (angekaufte) Entwürfe für das ZiF.

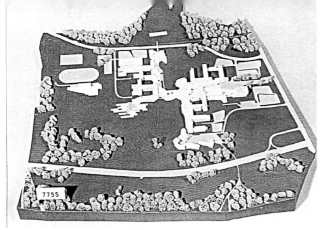
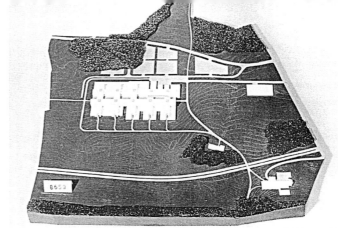

Abb. 7 Düsseldorfer Bielefeld-Entwurf[95]

Abb. 8 Berliner Bielefeld-Entwurf[101]

ihrer Vorschläge.[88] Die Umarbeitungen und Erweiterungsmöglichkeiten wurden schließlich in einer öffentlichen Informationsveranstaltung vorgestellt, zu der insbesondere die Fachbereichskommissionen, einschließlich ihrer Vertreter aus Assistenten- und Studentenschaft, eingeladen waren. Diese Vollversammlung endete „mit einem Riesenstreit",[89] bei dem sich, weil eigentlich allen Beteiligten die Grundlagen für eine „derartige formal-ästhetische Diskussion fehlten", über Geschmack gestritten wurde. Da sich hier kein Ende finden ließ und weil die entbehrte Grundlage auch „emotionalen Ausschreitungen Tür und Tor öffnete",[90] wie Hermann Korte später schrieb, wurde beschlossen, die Bauplanung auf eine wissenschaftliche Analyse zu gründen,[91] was der dafür reaktivierten Baukommission übertragen wurde.

Wegen der zentralen Bedeutung, die der Baustruktur für das Funktionieren der Universität zukam, widmete sich die Baukommission in einem ersten Schritt der Übersetzung der abstrakten Strukturmerkmale in bauliche Anforderungen. Auf dieser Grundlage beriet sich die Kommission mit Vertretern der Fakultäten, insbesondere mit der Naturwissenschaftlichen Fakultät, Fachbereichsvertretern und untereinander. Durch diese Rückkopplung versuchte man, möglichst viele frühzeitig in den Entscheidungsprozess miteinzubeziehen und ihren Informationsstand zu erhöhen, woraufhin sich die Diskussion „versachlichte".[92] Mitte Oktober lag dann das 73 Punkte umfassende Beurteilungskonzept vor, das nun vorgeblich objektive und überprüfbare Kriterien bot. Wie sich allerdings herausstellen sollte, lagen diejenigen Entwürfe, die bereits im Mai als Favoriten gegolten hatten, auch nach ihrer Überprüfung mithilfe des Kriterienkatalogs Kopf an Kopf. Das Patt zwischen dem Berliner und dem Düsseldorfer Konzept führte schließlich dazu, dass einige Vollversammlungsteilnehmer Argumente für eine Auftragsvergabe an die Berliner vorbrachten, die sich nicht im Beurteilungskonzept wiederfanden.[93]

Der Düsseldorfer Bielefeld-Entwurf von Joachim Bender, Gerhard Bense, Bernward von Chamier, Jörg Forßmann, Klaus Röhrs und Jan Wolter sah ein flexibel erweiterbares Festpunktrastersystem vor, das auch für kleine und größere Erweiterungen genügend Flächen an möglichst vielen Stellen bot (Abb. 7), ohne die Einheit des Gesamtentwurfes zu beeinträchtigen. Ein mit disponiblen Nutzflächen ausgestattetes Bibliothekskontinuum sorgte für eine räumliche Einheit, die sich bis in die verschiedenen Fachbereiche hinein erstreckte. Statt Kooperation als Konsequenz räumlicher Nähe vorauszusetzen, war es nach Meinung der Architekten wichtiger, für die Geisteswissenschaften flexibel nutzbare Arbeitsräume in neutraler Lage innerhalb des Bibliothekskontinuums bereitzustellen, deren „Nutzung den Institutsbetrieb nicht stört".[94] Räumlichkeiten für die Naturwissenschaften waren als Halle angelegt, damit der gemeinsame Gebrauch von Laborräumen und Arbeitsmitteln gewährleistet werden konnte.

Den Aspekt der Kommunikation erwähnte die Düsseldorfer Architektenarbeitsgemeinschaft im Zusammenhang mit „Sport, Spiel, Erholung, bei Veranstaltungen und beim Einkaufen, bei zufälligen Begegnungen usw., zwischen Studierenden und Lehrenden, von Studierenden und Bürgern und Lehrenden und Bürgern usw."[96] Dazu wurden an entsprechenden Stellen Kontaktzonen angeboten, etwa eine „Fußgängerebene" mit wechselweise offenen und gedeckten Wegen, eine weitere Zone zwischen Universität und Stadt sowie Versammlungs- und Erholungsplätze im Freien. Hiermit sahen die Architekten vor, durch „unverwechselbare räumliche Situationen" die „Orientierbarkeit und die Möglichkeit der Identifikation mit Teilbereichen"[97] zu fördern. Orientierbarkeit, formulierten die Architekten, wirke sich außerdem kommunikationsfördernd aus.

Bemerkenswerterweise weist die Einreichung aus Düsseldorf einige Ähnlichkeit mit Schelskys auf dem Papier entworfener Wunschuniversität auf. Die Gesamtanordnung liegt um eine vertikale Achse verteilt und scheint Schelskys Skizze zu spiegeln. Die Perlenkette der Geistes- und Sozialwissenschaften taucht hier in veränderter Form auf und schließt am unteren Bildrand mit dem angeschlossenen ZiF-Gebäude ab. Auch die Parkplätze finden sich in ähnlicher Weise verteilt und grenzen an den Naturwissenschaftskomplex, die geisteswissenschaftlichen Gebäude, die Sozialwissenschaften und die Verwaltung. Aus dem Campuswindrad ausgeklammert sind die nicht akademischen Bedürfnisse, die sich in einer Übergangszone zwischen Universität und Wohnen befinden. Was sich in Schelskys Wunschvorstellung über die Ausläufer des Teutoburger Waldes ergossen hatte, war die Sehnsucht nach einer phantasmagorischen, romantischen Universitätsoase. „Parkuniversität" stand für Diversität und aufgegliederte vielschichtige Struktur, obwohl diese womöglich die Funktionsfähigkeit des Konzepts unterlief oder zumindest nicht in idealer Weise umsetzen konnte. Etwa findet der Aspekt der strukturellen Verbindung der einzelnen Einrichtungen bei den Düsseldorfern nur parenthetische Erwähnung,[98] während er für die Universität Bielefeld später zum zentralen Baumotiv erhoben wurde.

Für den Berliner Bielefeld-Entwurf (Abb. 8) von Herzog, Köpke und Siepmann, in der *Dokumentation und Erläuterung zur Entwicklung der mit dem ersten Preis ausgezeichneten Wettbewerbsarbeit für die Universität Bielefeld*[99] ausführlicher dargestellt, galt Kommunikation als das oberste Gebot. Beraten durch den ungarischen Professor an der TU Berlin Stefan Polónyi, der ein Gutachten zur konstruktiven Realisation beisteuerte, und in starker Anlehnung an die Strukturmerkmale wird hierin erst nach etwa zwanzig Seiten theoretischer Herleitung die bauliche Interpretation dieser Strukturmerkmale in Angriff genommen: „Der vorliegende Entwurf faßt die geplanten elf Fakultäten und die zentralen Einrichtungen zu einem baulichen Kontinuum an einer glasüberdeckten Straßenhalle zusammen."[101] Natur- und Geisteswissenschaften befinden sich in diesem Entwurf unter einem Dach.

Dabei liegen die geistes- und sozialwissenschaftlichen Fakultäten auf der östlichen Seite, die weniger publikumsintensiven Naturwissenschaften im westlichen Teil des Baus. Insgesamt gliedert sich das Gebäude in einen Sockel- und einen Geschossbereich. Im Sockel ist eine Zone intensiver Information und Kommunikation in der Halle (Hörsäle, Bibliotheken, Mensa usw.) anberaumt, während in der Geschosszone, abgeschirmt durch die Glasbedeckung der Halle, das Kontinuum der ruhigen Institutsbereiche liegt, die Zonen individueller Arbeit. Dazwischen sind Kolloquienräume und ein disponibles Raumangebot für die interdisziplinäre Zusammenarbeit vorgesehen. Die Architekten bezeichneten die Baustruktur als schematisch und stark idealisiert. Bei der weiteren Bearbeitung werde sich die Gestaltung funktionsbedingt differenzieren. Die Konzentration der Bauform ergebe sich aus der inneren Struktur und dem Versuch der Verfasser, mit der optischen Präsenz eine mit der Großzügigkeit der Landschaft korrespondierende Form zu finden.[102]

Wegen der großen räumlichen Entfernung zur Stadt wurde die Universität selbst betont städtisch aufgefasst. So wie Le Corbusier in seiner *Unité d'Habitation* in Marseille und später seinem Beitrag für die Internationale Bauausstellung Berlin zehn Jahre zuvor eine vertikale Stadt in Hochhausform realisiert hatte, konzipierten

---

89 Korte, Hermann: Wie baut man eine Universität? Reformuniversität am Reißbrett, in: Analysen, Juli 1971, S. 28–31, hier S. 28.

90 Ebd.

91 Beurteilungskonzept, S. 1.

92 Korte, Wie baut man eine Universität? S. 30.

93 Ebd.

94 Bauwettbewerb Universität Bielefeld. Ergänzungen zum Wettbewerbsentwurf, Nr. 66, 2. Preis von Joachim Bender, Gerhard Bense, Bernhard von Chamier, Jörg Forßmann, Klaus Röhrs, Jan Wolter, September 1969, Universitätsarchiv Bielefeld, BW 001, 1,10, S. 8.

95 Universitätsarchiv Bielefeld: Wie gründet man Universitäten? S. 64.

96 Bauwettbewerb Universität Bielefeld. Ergänzungen zum Wettbewerbsentwurf, Nr. 66, 2. Preis, S. 16.

97 Ebd.

98 „Alle intensiv genutzten Einrichtungen der Universität werden von ihr [der Fußgängerebene] direkt erschlossen." Vgl. Bauwettbewerb Universität Bielefeld. Ergänzungen zum Wettbewerbsentwurf, Nr. 66, S. 16, Universitätsarchiv Bielefeld, BW 001, 1,10.

99 Dokumentation und Erläuterung zur Entwicklung der mit dem ersten Preis ausgezeichneten Wettbewerbsarbeit für die Universität Bielefeld, Berlin 1969, Universitätsarchiv Bielefeld, BW 1,7.

100 Ebd., S. 20.

101 Universitätsarchiv Bielefeld: Wie gründet man Universitäten? S. 65.

102 Anlässlich der Kontroverse um den Universitätsbau wollte die *Neue Westfälische* die Berliner Architektengemeinschaft Herzog, Köpke und Siepmann zu Wort kommen lassen. In der Quintessenz ergebe sich die Ästhetik aus der vorgefundenen Idylle: „Der Großzügigkeit der topografischen Situation muß die markante Form der Universitätsanlage entsprechen." Interview mit Herzog, Köpke und Siepmann: Der Großzügigkeit der topografischen Situation muß die markante Form der Universitätsanlage entsprechen. Wie die Träger des 1. Preises im Bielefelder Uni-Wettbewerb ihr eigenes Modell sehen, in: Neue Westfälische, Nr. 130, 07.06.1969, Universitätsarchiv Bielefeld, B 001.

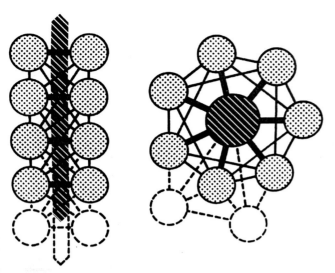

Abb. 9 Zentrales Kommunikationsband mit linearer Struktur, 1969[105]

die Berliner Architekten die Universität Bielefeld als kleine Stadt, als voll ausgestatteten Mikrokosmos. Dabei sollte die Halle urbane Mitte und Forum der Universität darstellen, deren Lebendigkeit sie modellhaft abzubilden suchte. In der Vorstellung der Architekten war sie der zentrale Bezugspunkt zur Stadt, der außerdem durch die optische Präsenz der Universität von innen und von außen hergestellt werden sollte.[103] Der Universität sollte ein inneres Skelett zur Regelung der Kommunikationskanäle, das „zentrale Kommunikationsband" (Abb. 9), zugrunde liegen, welches auch bei späteren Erweiterungsplänen erlauben sollte, die „Gründungsuniversität" als Herz bestehen zu lassen und neue Einrichtungen in den ihnen am besten entsprechenden Formen anzugliedern. Da die Ansprüche an die Baustruktur sowohl eine enge Verflechtung der bereits bestimmten Wissensfelder vorsahen und gleichzeitig die lückenlose Eingliederung neu hinzukommender Bereiche gewährleisten sollten, wählten die Architekten statt einer Molekular- oder Netzstruktur eine lineare Anordnung der Bereiche. „Jeder Abschnitt des ‚Universitätsbandes'", lautet es in der Erläuterung der Architekten, stelle dabei eine „vollfunktionsfähige Teiluniversität"[104] dar.

Der einhellig gefasste Vollversammlungsbeschluss kam einer Ratifizierung des Berliner Entwurfs als Gestalt gewordene Denkschrift gleich, wenn auch die Stimmung für eine aufgegliederte, vielschichtige Struktur – verkörperlicht durch den Düsseldorfer Entwurf – spürbar war. Der „Kommunikationsklotz" mag zunächst nicht den Erwartungen der Planungsmitwirkenden entsprochen haben. Indem aber die Architektengruppe ihrer Konzeption Kommunikation als zentrales Moment des Wissenschaftsbetriebes zugrunde legte, von einem Aufbau aus der Mitte, vom Allgemeinen zum Speziellen, ausging und Teilbibliotheken im eigenen Bibliotheksgeschoss vorsah, war ein fließender, logisch aufgebauter Übergang zwischen den Fächern möglich. Ein *proof of concept* der Gründungsvorstellungen schien nun in greifbarer Nähe.

Allerdings führten veränderte Ausgangsbedingungen wie die Größe der Universität, die schließlich für 6000 Studenten konzipiert werden musste, und mangelnde Erfahrung in der Umsetzung von Bauvorhaben (der älteste der Architekten war 29 Jahre alt) zu weiteren Planungsetappen. In dem iterativen Prozess, in welchem sich Bauverwaltung, -kommission und Architektengruppe miteinander absprachen, wurde das Baumodell viermal umgearbeitet. Hiermit kam es laut Hermann Korte zu einer weiteren Einlösung der Reformarbeit, genauer zu einer „Form interdisziplinärer Projektarbeit", in der die Beteiligten voneinander lernten und in einem „stufenweisen Erkenntnisprozeß Lösungen entwickelten".[106] Anhand des Bielefelder Spiels um die gute Form lässt sich zeigen, dass die Universitätsarchitektur vom Prinzip Hoffnung getragen war. Sie sollte auf die sozialen Realitäten einwirken und sie transformieren.

4. Ernüchterung

Die Bildungsexpansion, die in den 1950er Jahren in Gang kam und in den 1960er Jahren ihren gestalterischen Höhepunkt erreichte, führte zur Etablierung von Strukturen, die diese Entwicklung unterstützen und fördern konnten. Während das Bildungssystem vor dem Hintergrund des totalitären NS-Regimes in die Zuständigkeit der Länder fiel und von den Besatzungsmächten mitgesteuert wurde, wurden nun bundesweit wirkende Institutionen wie der Wissenschaftsrat gegründet. Dieser nahm Bestand auf, priorisierte, schuf Gestaltungsräume und deklarierte Kosten. Zudem wurde ein Ton angeschlagen, der Vorstellungen über in Zukunft zu erwartende dynamische Funktionserfüllungen und institutionelle Idealbestrebungen transportierte.[107] Mit den Empfehlungen zum Ausbau der wissenschaftlichen Einrichtungen schien ein Wettbewerb ausgerufen worden zu sein, der mit der Regierungsdenkschrift Impulse für ihre Umsetzung auf Länderebene setzen wollte. Damit vermittelte der Wissenschaftsrat ein Klima, eine Konsensutopie, worin sich die Akteure mehr oder weniger freiwillig diesen neuen Idealen unterordneten.

Der ungemein hohe Status der Universitäten und ihrer akademischen Träger führte zu einer emotionalen Aufladung des Expansionsdiskurses, erkennbar an der Paderborner Vendetta gegen Helmut Schelsky oder der sorgenvollen Äußerung zeitgenössischer Planungsbeteiligter über die drohende „akademische Flutwelle".[108] So warnte der Bochumer Gründungsrektor Professor Hans Wenke: „Die Universität darf nicht in der Umarmung derer, die in sie verliebt sind – aus welchem Antrieb auch immer – und auf sie losstürmen, erdrückt werden und sterben."[109] Kommentatoren griffen diese Sprache auf. Als wahren „Gründerrausch" beschrieb *Der Spiegel* das Moment aus „Furcht vor der Umarmung, aber auch Sehnsucht nach den Verliebten", welches die Bundesrepublik in diesen Zustand versetzt habe. Die Dringlichkeit neuer Ansätze erschloss sich aus der Diagnose einer in Traditionen erstarrten Hochschulwelt, die nahezu unfähig geworden sei, „Lehre wie Forschung und den Ansturm der Studenten zu bewältigen".[110] Der Kunsthistoriker Stefan Muthesius beschreibt diese Planungswelle als einen utopischen („utopianist") Prozess, der zwischen utopischen Elementen und instrumentellen Faktoren oszilliere. Muthesius attestiert den damaligen Planern, dass sie mehr oder minder erfolgreich gewesen seien, diesen Spagat zu meistern; wohl auch dadurch, dass „founders and designers did not want actual utopias; in their view, they combined as much utopianism as possible with as much instrumentalism as necessary".[111]

Die Widmung „Voller Hoffnung und Zukunftserwartung", mit der ein unbekannter Widmungsgeber mein Exemplar des Konstanzer Gründungsausschussberichts gezeichnet hatte, darf als Motto wohl für alle als Reformuniversitäten geplanten Hochschulen gelten. So entlarvte der Philosoph Hermann Lübbe die Bochumer Gründung einer Volluniversität mit „universeller Interdisziplinarität aller Fächer" als „romantisch". Zur Modernisierung der Wissenschaften seien zwar Gelegenheiten zur interdisziplinären Kooperation unerlässlich, allerdings könne dieser Not innerhalb *einer* Universität qua Personalkompetenz nicht entsprochen werden.[112] Diese Diagnose wurde durch die Aufnahme der Tätigkeiten an der Ruhr-Universität Bochum bestätigt. Wie sich zeigen sollte, überforderte die strukturelle Interdisziplinarität die vielfach noch unerfahrenen neu berufenen Professoren. Die Konturen der Abteilungen verhärteten sich zu neuen Trennlinien. Doppelbelastungen entstanden.[113]

Schelskys Planungshaltung war von dem Grundsatz durchzogen, dass Wissenschaftler, oder besser: die wissenschaftliche Gemeinschaft, das Handwerkszeug für die Neudefinierung und Erfüllung der universitären Aufgaben im technischen Zeitalter besäßen. Dass die Wirkmacht einiger professoraler Mitwirkender durch das eingesetzte Bauwettbewerbspreisgericht im Winde zerstob, ist kein Geheimnis. Nicht nur mutet die in Schelskys Schriften und Vorträgen beschworene „geistige Gemeinschaft" der Wissenschaftler angesichts der auseinanderstrebenden Tendenzen romantisch an. Auch die Vorstellung, dass die weitgehende Ausklammerung der Naturwissenschaften und die vereinzelte Anhörung der Assistenten- und Studentenschaft sich nicht bemerkbar machen würden, scheint regelrecht naiv.

In gewisser Hinsicht ironisch wirkt auch, dass Schelsky für einen Generationswechsel in der akademischen Machthabe stand, aber nicht sah, dass sich eine ebensolche Dynamik in der Folgegeneration entwickeln würde. Erst in den 1980er Jahren zeigte er sich in einem Gespräch mit dem Journalisten Ludolf Herrmann rückblickend einsichtig: In der Nachkriegszeit habe sich seine eigene nüchterne Generation einen Staat, ein Gemeinwesen mit „immerhin erheblichem Wohlstand", großer sozialer Sicherheit und funktionierender Demokratie erarbeitet, was Ende der 1960er Jahre „geschafft" war. „Jetzt", so formulierte Schelsky weiter, „kam der große Umschlag in der Generation, von Personen, die wie ich alt wurden, die sagten: ,Das muss bewahrt bleiben.'" Diese hätten der neuen Generation den Auftrag „Jetzt verwaltet mal schön!" gegeben. Die daraus folgende Anforderung des „Treibt das weiter!" sei eine, die „keine Jugendgeneration annehmen kann, denn sie wollen sich

---

103   Dokumentation und Erläuterung, S. 20.

104   Ebd., S. 38.

105   Ebd.

106   Korte: Wie baut man eine Universität?, S. 30.

107   Das „Phänomen Wissenschaftsrat", seine Gründung und spätere Empfehlungstätigkeit untersuchte Olaf Bartz 2006 in seiner Studie *Wissenschaftsrat und Hochschulplanung. Leitbildwandel und Planungsprozesse in der Bundesrepublik Deutschland zwischen 1957 und 1975* (zugleich: Dissertation an der Philosophischen Fakultät der Universität zu Köln 2005).

108   Universitäten. Dusche für den Geist, in: Der Spiegel, Nr. 49, 01.12.1965, S. 47–62, hier S. 48.

109   Ebd.

110   Ebd.

111   Muthesius: The Postwar University, S. 291. Eine kritischere Betrachtung müsste wohl verteidigen, warum auch Schelskys Entwurf als utopisch gelten kann. Sollte man hier nicht eher Ideologie bescheinigen, die die existierenden Verhältnisse erhalten und erhärten wollte? Immerhin wurden hier keine neuen Werte geschaffen, sondern lediglich Ansprüche umdefiniert, die der Forschungsleistung dienen sollten.

112   Lübbe: Idee einer Elite-Universität, S. 28.

113   So wurde interdisziplinäre Forschung weniger durch institutionellen Zuschnitt als durch die Einrichtung von Sonderforschungsbereichen durch die Deutsche Forschungsgemeinschaft ermöglicht. Siehe: Grosse, Siegfried: „Ruhr"-Universität: Universität und Lebenswelt, in: Bleek, Wilhelm; Weber, Wolfgang (Hg.): Schöne neue Hochschulwelt. Idee und Wirklichkeit der Ruhr-Universität Bochum, Essen 2003, S. 11–25.

ihre Welt selber bauen".¹¹⁴ In dem Gespräch benannte er die Interessenkollision zwischen der sogenannten skeptischen¹¹⁵ und der Protestgeneration, die sich an der Universität und anderen Institutionen gezeigt habe. Natürlich hätten Schelskys Reformansätze, statt die Forschung innerhalb der Universität zu stärken, viel eher der größer angelegten Mitbestimmung und Reformierung der Lehrinhalte dienen können, aber seine Anliegen waren andere. Er sah das Reformprojekt Universität Bielefeld in die Hochschulexpansion eingebettet, die seiner Meinung nach noch viele weitere Gründungen gebraucht hätte. Dazu fehlte in den Folgejahren die Finanzkraft. Sie wurde ohne den nötigen politischen Druck nicht prioritär verfolgt. Hinzu kam die zunehmende Entzweiung der wissenschaftlichen Gemeinschaft, die es nicht vermochte, sich gegenüber der Politik und der agitierenden Studentengeneration als Einheit zu formieren.

Über Einheit und Wesen der Wissenschaften innerhalb der einzelnen Disziplinen zu reflektieren, wie es durch die Universitätsthematik festgelegt war, ohne institutionell, etwa durch ein übergreifendes historisches Programm, für die Bearbeitung der Aufgabe zu sorgen, stellte sich als blauäugig heraus. Die Thematik war schon bald im Alltagsbetrieb untergegangen. Das als Zentralinstitut gedachte ZiF hatte Priorität bei den Planungen genossen. Es sollte hingegen erst am 12. Januar 1973 offiziell eröffnet werden. Sein damaliger Direktor Harald Weinrich wurde durch studentischen Protest daran gehindert, seine Eröffnungsrede zu halten. Der Zorn der Studierenden richtete sich gegen das ZiF als Eliteförderungseinrichtung. Dabei war auch die Einrichtung des ZiF zunächst von romantischer Hoffnung getragen. Zwar ermöglicht es eine besondere Art der Zusammenarbeit, aber der Wunsch, die Dauerreflexion durch das ZiF zu zementieren und die produktive Kraft der wechselnden Forschungsthematiken in die Universität wirken zu lassen, muss mittlerweile als enttäuscht gelten. Statt mit der Universität verwoben zu bleiben, lässt sich eine Abnabelung des ZiF von seiner „Mutteruniversität" beobachten. Es verhält sich zusehends autonom, was sich institutionell an der Einrichtung eines eigenen ZiF-Archivs zeigt.

Erst die Nachgeschichte verstellt den Blick auf den Antrieb des ursprünglichen Bielefelder Gründungsprojekts. Anstatt der Reformuniversität und ihren Instituten generell die technokratische Haltung einer Gesinnungsgemeinschaft zu attestieren, wie es die Forschungsliteratur gewöhnlich tut, lässt sich anhand der Schriften, Vorträge und nachgelassenen Dokumente Schelskys sowie der Materialien des Universitätsarchivs Bielefeld die idealistische Wurzel ihrer Gründung freilegen. Mit Helmut Schelsky trat ein pragmatisch denkender Wissenschaftler auf den Plan, dessen Vorhaben Ausdruck jahrelanger Beschäftigung mit Aspekten der Planbarkeit der Gesellschaft und ihrer Institutionen war. Selbst auf der Suche nach beeinflussbarer Wirklichkeit,¹¹⁶ äußerte er sich gegenüber technokratischen Ansprüchen skeptisch, da hier die Grenze von Utopie und Ideologie überschritten werde. Wenn die Verantwortung der Wissenschaft so zwischen Information und Entscheidung gestellt werde, bedürfe sie erst kritischer Reflexion, um die politischen und geistigen Kräfte neu zu orientieren, zu mobilisieren und ihnen neue Ebenen und Horizonte des Denkens zu bieten.¹¹⁷

Der konkrete Einblick in die Planungswelten, die um die Gründung der Universität Bielefeld entstanden, zeigt ein Spannungsverhältnis zwischen der Vergegenständlichung abstrakter Ideen, Imaginationen und Visionen und der modellhaften Ausführung des Lebens auf dem Campus, das sich im Rahmen dieser Vorstellungen bewegen sollte. Statt des mobilitätsaffinen Palastgartens für die von Schelsky anvisierte rational organisierte Gelehrtenrepublik wurden die diversen Wissensbausteine unter einem Kommunikationszelt versammelt, das die ostwestfälische Lernfabrik auf Betriebstemperatur halten sollte. In der romantischen Phantasie derjenigen, die eine Kommunikationsdichte erzeugende, lebendige Umgebung schaffen wollten, beteiligten sich alle Wissenschaftsbetreiber und ihre Anwärter an der gegenseitigen Kreativitätsbefeuerung und Verdinglichung von Wissenschaft als Kommunikationsprozess. Das geeignete Instrument zur Förderung des gezielten Austausches und des zufälligen Aufeinandertreffens mag mit der Halle treffend, wenn auch in ihrer negativen Entsprechung umschrieben sein, betrachtet man die dabei zwingend entstehenden Ausweichbedürfnisse ebenfalls. Denn schließlich müsse man „sich auch aus dem Wege gehen können."¹¹⁸

Ines Hülsmann ist akademische Mitarbeiterin an der Hochschule Furtwangen. Sie promoviert über die Reformuniversitätsplanungen der 1960er Jahre.

Bildnachweis

Abb. 1	Muthesius, The Postwar University, S. 223.
Abb. 2	Kultusministerium Nordrhein-Westfalen: Empfehlungen zum Aufbau der Universität Bochum, 1962, S. 10.
Abb. 3	Universitätsarchiv Bielefeld, Handschriftliche Notizen (1965–1968), NL Schelsky 45
Abb. 4	Neuausgabe des Darmstädter Gesprächs *Mensch und Raum*, 1991, Umschlag vorne
Abb. 5	Architekturbüro ffbk Architekten AG Basel und Zürich
Abb. 6	Universitätsarchiv Bielefeld, NL Schelsky 001, Dok. XXIV
Abb. 7	Universitätsarchiv Bielefeld: „Wie gründet man Universitäten?", Ausstellungsdokumentation, S. 64
Abb. 8	Universitätsarchiv Bielefeld, Ausstellungsdokumentation, S. 65.
Abb. 9	Universitätsarchiv Bielefeld, BW 1,7, S. 2.

114   Ludolf Hermann im Gespräch mit Helmut Schelsky, in: Zeugen des Jahrhunderts, 21.02.1983, https://www.youtube.com/watch?v=62wUoZqA_Sk, zuletzt aufgerufen am 07.02.2016.

115   Schelsky, Helmut: Die skeptische Generation. Eine Soziologie der deutschen Jugend, Düsseldorf, Köln 1957.

116   Schelsky, Helmut: Auf der Suche nach Wirklichkeit. Gesammelte Aufsätze, Düsseldorf u. a. 1965.

117   Helmut Schelsky an Hans Gadamer, 08.06.1966, in: Schelsky, Helmut: Planung der Zukunft. DLA Marbach, A: Gadamer.

118   Dokumentation und Erläuterung, S. 53.

Die amerikanische Schule des Brutalismus

Joan Ockman Kommentar zu „Denken, Planen, Bauen. Zur Entstehungsgeschichte der Universität Bielefeld"

Die 1960er Jahre geben als Jahrzehnt weitverbreiteter politischer und studentischer Unruhen Anlass, über das Verhältnis von amerikanischem Universitätscampus und brutalistischer Ästhetik nachzudenken. Auf der einen Seite wollten Universitätsverwaltungen und Campusplaner_innen, dass diese imposanten neuen Gebäude zu pompösen Symbolen von Modernisierung und Fortschritt wurden – ein gewagter Schritt aus dem gesetzten Historismus heraus, der in den 1950er Jahren an der Mehrheit der efeubewachsenen Universitäten vorherrschte. Außerdem boten sie den neu etablierten und weniger elitären Institutionen ein neuartiges Image. Auf der anderen Seite erscheint das klotzige, bunkerähnliche Aussehen vieler dieser Campusgebäude rückblickend fast wie ein Akt beabsichtigter Provokation. Zu einem Zeitpunkt, als die Studierenden lautstark nach offeneren, menschlicheren und nutzerfreundlicheren Lernumgebungen verlangten, sind diese Gebäude nichts anderes als ein Schlag ins Gesicht der Öffentlichkeit. Sie scheinen zu implizieren, dass man das mittelalterliche Ideal der scholastischen Enklave doch nicht hinter sich gelassen, sondern es stattdessen in ein Bollwerk gekleidet hat, mit dem man der gegenwärtigen Bedrohung durch Unruhen und Gewalt begegnen will.

Paul Rudolphs Art and Architecture Building in Yale hat sich hier als Trendsetter erwiesen. 1964, ein Jahr nach seiner Eröffnung, wurde die Wurster Hall an der University of California, Berkeley, fertiggestellt. Sie sollte auch eine Architekturschule beherbergen, die mittlerweile in „College of Environmental Design" umbenannt wurde. Die Architekten waren drei Fakultätsmitglieder, Joseph Esherick, Vernon DeMars und Donald Olsen. In Chicago gab die neu gegründete University of Illinois direkt am Chicago Circle einen innerstädtischen Campus bei Walter Netsch von Skidmore, Owings & Merrill in Auftrag. Der zwischen 1963 und 1968 entworfene Campus zog sofort große öffentliche Aufmerksamkeit auf sich. Bis zum Ende des Jahrzehnts hatte die neue Ästhetik der Betonmonumente Universitätsgelände in den gesamten USA erreicht, sowohl vor- als auch innerstädtische Institutionen, ältere Universitäten genauso wie neu gegründete.

Im Fall der Wurster Hall in Berkeley konnten die genaue handwerkliche Ausarbeitung des Gebäudes – sein „gentrified Brutalism", wie ein Historiker dies nannte[1] – und der heimliche Einfluss Louis Kahns den Effekt der unverputzten Oberfläche und des generell harten, überdimensionierten Gebäudes für viele nicht wettmachen, vor allem nicht auf einem Campus, auf dem nach wie vor eine spanische Kolonialästhetik vorherrschte und der Hippiegeist von Haight-Ashbury alles durchdrang. Netsch verfolgte am Chicago Circle seine eigenen Ideen und entwarf einen Masterplan, der einen Cluster aus Gebäuden vorsah, die sich um ein zentrales „Forum" aus Beton gruppierten. Dieser zentrale Bereich war im zweiten Stock durch erhöhte Gehwege mit den anderen Gebäuden verbunden – ein „Fußgänger-Expressweg-System", das auf einer Vielzahl von „Schmetterlingssäulen" ruhte. In einer unvollendeten zweiten Konstruktionsphase, die 1967 begann, entstand ein Backsteingebäude für die Architektur- und Kunstschule. Seine Geometrie basierte auf einem komplexen Rotationsschema, das Netsch, von der kurz zuvor entdeckten Doppelhelixstruktur der DNA ebenso wie von Frank Lloyd Wright inspiriert, als „Feldtheorie"[2] bezeichnete. Als leitender Partner in Skidmores Chicagoer Büro hatte Netsch Mitte der 1950er Jahre mit dem Bau des ikonischen Gebäudes der Air Force Academy in Colorado Springs seinen Ruf erlangt – einer makellosen Komposition, die sich nach einem strengen Raster in der majestätischen Landschaft der südlichen Ausläufer der Rocky Mountains ausbreitete. In deutlichem Gegensatz dazu war der Chicago Circle Campus ein Jahrzehnt später zum städtischen Sanierungsgebiet in der verwahrlosten Near West Side der Stadt geworden. Während einige, wie zum Beispiel das American Institute of Architects, den Campus als Prototyp für den innerstädtischen Campus der Zukunft anpriesen, verglichen ihn andere (ohne dabei unbedingt eine Verbindung zu Netschs früherem Gebäude der Air Force Academy herzustellen) mit einem Militärstandort. Die immensen Gehwegsysteme verloren schon früh ihre Funktionalität aufgrund von Budgetstreichungen und Wartungsproblemen, vor allem im Winter. Außerdem wurden sie aus Angst vor Überfällen von Studierenden gemieden. Das Gebäude wurde dann in der Mitte der 1990er Jahre abgerissen, trotz aller Proteste von Netschs Seite, und durch ein konventionelles quadratisches Gebäude ersetzt. Netsch verurteilte diese Entwicklung als „a suburban mall revision", die nichts mehr mit Chicagos urbanem „character and guts"[3] gemein habe.

Der Chicago Circle Campus ist nicht nur ein Beispiel für das extrem konflikthafte Verhältnis von Architekt_innen und Universitätsverwalter_innen zum amerikanischen Stadtleben in den 1960er Jahren. Er trägt auch den Keim zu etwas Neuem in sich: dazu nämlich, dass Gebäude in monumentaler brutalistischer Bauweise zu Megastrukturen aufgeblasen werden. Diese Tendenz kommt sogar noch deutlicher und dramatischer bei einem anderen Universitätsprojekt zum Vorschein, das von Paul Rudolph umgesetzt wurde, nämlich bei seinem Masterplan und den Gebäuden für den neuen Campus der University of Massachusetts

1	Treib, Marc: Architecture School Buildings, in: Ockman, Joan (Hg.): Architecture School. Three Centuries of Educating Architects in North America, Cambridge, Mass. 2012, S. 235.
2	Für eine ausführliche Auseinandersetzung mit dem Konzept der Feldtheorie in Bezug auf den Chicago Circle Campus sowie andere von Netsch gestaltete Gebäude siehe Progressive Architecture, März1969, S. 94–115.
3	Zitiert nach Blair Kamins Nachruf auf Walter Netsch: Kamin, Blair: Chicago Architect Walter A. Netsch Dies at 88; Designed UIC Campus and Air Force Academy Chapel, in: Chicago Tribune, 15.06.2008, online: http://featuresblogs.chicagotribune.com/theskyline/2008/06/walter-a-netsch.html, zuletzt aufgerufen am 02.06.2016.

Abb. 1 Walter Netsch: Chicago Circle Campus, „Tigerzahn"-Poller um ein Treppenhaus vor der Bibliothek mit Great Court dahinter, 1963–1968

Abb. 2 Walter Netsch: Chicago Circle Campus, Hochgehweg in Nordrichtung zum Great Court, 1963–1968

Abb. 5 Ward & Schneider: Innenraum, Taylor Hall, Kent State University, Kent, Ohio, 1967

Abb. 3   Walter Netsch: Chicago Circle Campus, tragende Schmetterlingssäulen, 1963–1968

Abb. 4   Walter Netsch: Chicago Circle Campus, Hochgehweg in Nordrichtung zum Great Court, 1963–1968

Abb. 6   Kent-State-Massaker, 4. Mai 1970; im Hintergrund: Ward & Schneider: Taylor Hall, Kent State University, Kent, Ohio

Dartmouth, der 1963 begonnen wurde. Hier bildet jedes einzelne Gebäude Metastasen, die zusammen ein kontinuierliches Monument ergeben, den ganzen Campus, in diesem Fall in ländlicher Umgebung. Rudolph verwendet seine brutalistische Sprache, um eine Ersatzstadt zu erschaffen, einen komplett künstlichen und homogenen Urbanismus inmitten der Landschaft Neuenglands.

Im Licht dieser Entwicklung kann man Reyner Banhams Buch *Megastructure*, das 1976 veröffentlicht wurde, als Fortsetzung beziehungsweise sogar als letztes Kapitel in der Geschichte der spätmodernen Architektur verstehen. Ganz ähnlich wie in seinem Buch *The New Brutalism* von 1966 entwickelt er in dem Band, der den Untertitel *Urban Futures of the Recent Past* trägt und auf dem Cover eine visionäre Zeichnung des Projekts des Lower Manhattan Expressway (1967–72) von Rudolph zeigt, eine retrospektive Darstellung eines Phänomens, das sich zu dem Zeitpunkt, als Banhams Text herauskam, schon als veraltet und dekadent offenbart hatte. In seiner Genealogie der Megastruktur identifiziert Banham Alison und Peter Smithsons Wettbewerbsprojekt für die Sheffield University von 1953 als wegweisend, ein Gebäude, wie er in seinem früheren Buch argumentiert hatte, das die gesamte Entwicklung des Neuen Brutalismus und sogar der Nachkriegsarchitektur in neue Bahnen hätte lenken können, wäre es denn in die Tat umgesetzt worden. Außerdem widmet er dem Thema der „Megastructure in Academe" ein ganzes Kapitel und nimmt dazu als Beispiel Denys Lasduns stufenpyramidenähnliche Studentenwohnheime auf dem Campus der University of East Anglia, die 1968 fertiggestellt wurden.

Diese beiden Universitätsdesigns in Sheffield und East Anglia, die eineinhalb Jahrzehnte umspannen, demonstrieren die innere Kontinuität zwischen Neuem Brutalismus und der Megastruktur, zumindest in England. Dennoch verstoßen sie zugleich gegen ein für Banham fundamentales Prinzip der Megastruktur, nämlich Flexibilität und Transformationsfähigkeit. In dieser Hinsicht verkörpert Cedric Prices Potteries Thinkbelt von 1964, ein Projekt, das die Architektur des Hochschulwesens radikal verändern und in ein mobiles, räumlich aufgelöstes Netzwerk wiederverwendeter Industriearchäologie verwandeln sollte, den diametralen Gegensatz. Prices Projekt, das letztendlich Banhams eigener technologischer Perspektive viel näher stand, kann tatsächlich als implizite Kritik an den massiven Betonuniversitätsbauten gelesen werden, die in Großbritannien und in der ganzen Welt in den 1960er Jahren erschaffen wurden.[4]

Währenddessen entwickelte sich im amerikanischen Kontext eine ganz andere, aber nicht weniger streitbare Kritik an dem brutalistischen Megastruktur-Campusmodell, und zwar durch Charles Moore am Kresge College auf dem Campus der University of California Santa Cruz. Moores günstiger Entwurf für diese neu gegründete Hochschule, den er in den späten 1960er Jahren entwickelte und der zwischen 1972 und 1974 umgesetzt wurde, verwendet eine Reihe von fragmentarischen, farbenreichen und gewollt leichten Formen, die den optischen Genuss und einen „Sinn für den Ort" in den Vordergrund stellen. Mit Popanleihen sowohl bei Hollywoodfilmsets als auch bei der Ikonographie italienischer Hügelstädtchen präsentiert Kresge eine postmoderne Zurückweisung der brutalistischen Monumentalität.

Zum Schluss muss noch ein Subgenre des Brutalismus erwähnt werden, das sich in den USA schnell verbreitete und auf den Universitätsgeländen etablierte. Es ist kaum überraschend, dass die neue Ästhetik mehr oder weniger bewusst in die Praktiken der weniger berühmten Architekt_innen aufgenommen wurde. Eine dieser nach unten durchgesickerten Manifestationen eines „vernakulären Brutalismus", die 1967 fertiggestellt wurde, war die Taylor Hall auf dem Campus der Kent State University in Kent, Ohio. Diese sollte die Fachbereiche Journalismus und Architektur beherbergen und wurde von einer wenig bekannten Firma aus Cleveland, Ward & Schneider, die sich auf Schul- und Bibliotheksgebäude spezialisiert hatte, entworfen. Kurz nach der Eröffnung des Gebäudes entstand eine gestellte Innenaufnahme, auf der sauber rasierte männliche Architekturstudenten zu sehen sind, die im Zeichenraum im obersten Stockwerk fleißig an ihren Zeichenbrettern arbeiten und dabei scheinbar vollkommen unberührt von den politischen Unruhen bleiben, die in anderen Teilen des Landes herrschen, ganz zu schweigen von dem Unglück, das den Kent State Campus nur drei Jahre später ereilen sollte. Im Mai 1970 wurde Taylor Hall zur ikonischen Kulisse der tragischen Ereignisse, die sich auf dem Campus zutrugen, als bei Protesten gegen die amerikanische Besatzung in Kambodscha vier unbewaffnete Studierende von der Ohio National Guard erschossen und weitere neun verletzt wurden. Das Massaker markiert den tragischen Höhepunkt eines Jahrzehnts von Unruhen an amerikanischen Universitäten.

2010, also vierzig Jahre später, wurde Taylor Hall, die immer noch die Architekturschule der Kent State beherbergt, im *National Register of Historic Places* als „contributing building" gelistet, wobei es darum ging, die wichtigsten Campusgebäude und -freiflächen, die mit der Schießerei in Zusammenhang standen, auszuweisen. In dem Antragsformular für diese Kennzeichnung haben die lokalen Verfasser_innen entschieden, das Gebäude als Beispiel des Neuen Formalismus zu bezeichnen anstatt des Brutalismus, wobei sie sich auf Marcus Whiffens Handbuch *American Architecture Since 1780* berufen.[5] Doch das massive, oberlastige

4	Banham erwähnt den Potteries Thinkbelt in seinem Buch nicht, dafür verwendet er aber ein anderes Projekt von Price, den Fun Palace, als zentrales Beispiel. Wahrscheinlich sah er das Thinkbelt-Projekt mehr als Infrastruktur denn als Megastruktur.
5	Whiffen zufolge sind die Gebäude des Neuen Formalismus „typically self-contained, free-standing blocks, with strictly symmetrical elevations" und ihre Oberflächen sind „always smooth and often glossy". Brutalistische Gebäude haben einen „look of weight and massiveness that immediately sets them apart from those of other predominantly rectangular, flat-roofed styles"; das meistverwendete Material ist dabei unverhüllter, häufig strukturierter Beton. Whiffen, Marcus: American Architecture Since 1780. A Guide to the Styles, Cambridge, Mass. 1969, S. 257, 275.

Gebäude ist eindeutig ein Hybrid aus diesen beiden spätmodernen Stilen, die sich häufig überschneiden, vor allem wenn Beton und Backstein als Materialien verwendet wurden.⁶

Die heroische Gewöhnlichkeit der brutalistischen Architektur hat ihren letztendlichen Ruheplatz auf einem amerikanischen Collegecampus in Kent, Ohio, gefunden. Die Architektur, derer dort weder wegen ihrer Ethik noch wegen ihrer Ästhetik gedacht wird, spielt dabei zugleich die Rolle einer Zeitzeugin und die einer unabsichtlich passenden Szenographie politischer Ereignisse, die unstrittig *brutal* waren.

Joan Ockman ist Distinguished Senior Lecturer an der School of Design der University of Pennsylvania.

Aus dem Englischen übersetzt von Svenja Bromberg. Der Originaltext ist unter www.grundlagenforschung.org abrufbar.

Dieser Text ist ein Exzerpt eines Vortrags, der während der „Brutalismus"-Konferenz an der Akademie der Künste in Berlin im Mai 2012 gehalten wurde.

Bildnachweis

Abb. 1 & 2	Subject File, UIC Archives, University of Illinois at Chicago Library
Abb. 3 & 4	Facility Information Management Records, UIC Archives, University of Illinois at Chicago Library
Abb. 5–7	May 4 Collection, Kent State University Libraries, Special Collections and Archives

6   In die Kennzeichnung durch das *National Register* wurde auch die „Pagode" aufgenommen, ein Studioprojekt von fünf Architekturstudierenden, das eine Woche vor dem Massaker fertiggestellt wurde und südwestlich der Taylor Hall liegt. Dieses schirmförmige Bauwerk aus Beton und Holz wurde von den Scharfschützen als Aussichtspunkt genutzt. Siehe: May 4, 1970, Kent State Shootings Site: National Register of Historic Places Application, November 2009, online: http://www.ohiohistory.org/resource/histpres/docs/nr/kent1.pdf, zuletzt aufgerufen am 02.06.2016.

Abb 7   Kent-State-Massaker, 4. Mai 1970

Entwurfskollektiv   Kommentar → S. 74

Stühlerücken im Hörsaal

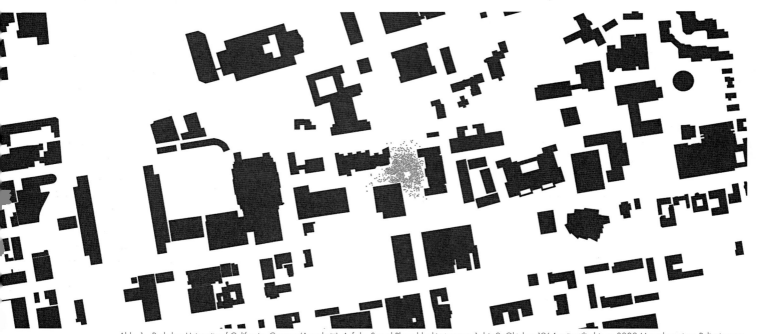

Abb. 1 Berkeley, University of California, Campus (Ausschnitt). Auf der Sproul Plaza blockierten vom 1. bis 2. Oktober 1964 zeitweilig bis zu 8000 Menschen einen Polizeiwagen, in dem ein Aktivist festgehalten wurde, der gegen das Verbot der Universitätsleitung verstoßen hatte, politische Infotische auf dem Campus aufzustellen. Die Blockade dauerte 36 Stunden. Während dieser Zeit wurden von dem Dach des Polizeiwagens aus Ansprachen an die Menge gehalten.

Zur Gestaltung offener Räume für offene Fragen

In einer Gesellschaft, die „Wissen" als ihre wichtigste Ressource begreift, rücken die Orte der „Wissensproduktion" zwangsläufig in den Mittelpunkt des Interesses. Sie werden also, folgt man der Erzählung vom Wissen als Ressource, bald zu den wichtigsten Arbeitsplätzen gehören. Wie sollten sie beschaffen sein, um den gesellschaftlichen Erwartungen an sie gerecht zu werden? Die Übertragung der Semantik der alten Arbeitswelt auf die Wissensgesellschaft und ihre Produktionsstätten birgt eine Reihe von Gefahren, allen voran die des Verlusts des reflexiven Moments. Wenn die Reproduktionsfähigkeit der Gesellschaft in exklusiver Weise an die Ressource Wissen geknüpft und diese damit dem Paradigma der Verwertbarkeit unterworfen wird, steigt der Rechtfertigungsdruck für zweckfreie, langfristig wirksame und nicht auf unmittelbar messbare Ergebnisse orientierte Aktivitäten. Mit Blick auf Universitäten und Hochschulen als wichtige Orte der Wissensproduktion lieferte die sogenannte Bologna-Reform bereits ein eindrückliches Beispiel für die Wirkmechanismen von Ökonomisierung und Optimierung der Ressource Wissen. Bologna hat Tendenzen in diese Richtung institutionell verfestigt und den Bildungsanspruch der Universitäten und Hochschulen dramatisch verändert. Die Post-Bologna-Universität ist zur Universität der Gewissheiten geworden, in deren Räumen die systematische, manchmal aber auch zweckfreie und zunächst ungerichtete Beschäftigung mit den Fragen und Problemen dieser Welt zur Gewinnung neuer Erkenntnisse nach und nach durch das ausschließliche Erlernen anwendbaren Wissens beziehungsweise das Erlernen des Anwendens von Wissen ersetzt wird. Universitäten und Hochschulen wandeln sich von Orten der „Wissensproduktion" zu Orten der „Berufsqualifikation". Zu beobachten ist eine ständig wachsende Anzahl von wiederkehrenden Einführungsvorlesungen, -kursen und -seminaren, in denen kanonisches Wissen vermittelt und in entsprechenden Prüfungen abgefragt wird. Forschung und Lehre driften auseinander, was sich auch in der allseits beklagten Zunahme der Anzahl prekär Beschäftigter für die Sicherstellung der Grundlehre zeigt. Die sich aus diesem Betrieb zurückziehenden Wissenschaftler_innen wiederum arbeiten in hoch spezialisierten Forschungsclustern an der Zerforschung der Welt in immer kleiner werdende Partikel, an letzten Resten von Fallbeispielen zur Illustration neuer Methoden oder allenfalls deren Abklatsch als Paradigma. Für größere Fragen bleibt in den eigens angemieteten und mit dem Standardsatz lichtgrauer Büromöbel ausgestatteten Räumen kaum Zeit: Die Selbsterhaltungslogik eines solchen Systems macht es erforderlich, Wissenschaft nur mehr als „Forschungsdesign" a priori auf die Förderformate des Drittmittelmarktes zuzuschneiden. Zugespitzt: Nur das, wofür es auch Geld gibt, kann und darf als Erkenntnis in die Welt kommen.[1] Eine eigenständige, interessengeleitete Auseinandersetzung mit Inhalten kann unter diesen Umständen kaum noch stattfinden. Wir fragen uns daher, wie heute die Räume der „Wissensproduktion" und „Berufsqualifikation" aussehen könnten, damit sie (wieder) zu Orten des Verhandelns und Aushandelns von Inhalten werden und über eine fremdbestimmte *employability* hinaus auch einen kulturellen Mehrwert generieren.

Unsere These ist, dass dies weniger eine architektonische Frage im engeren Sinne ist als vielmehr eine Frage der Formate und Methoden, die in einer Wechselwirkung mit den Räumen stehen, in denen sie stattfinden. Beginnend mit einem kritischen Überblick zur räumlichen Disposition der (westlichen) Universität in der zweiten Hälfte des 20. Jahrhunderts als Konstitutionsbedingung der von ihr ausgehenden sozialen und Protestbewegungen (I/II), fokussiert der Beitrag auf die Aspekte der Chancengleichheit und Teilhabe in Prozessen der Formation von (Gegen-)Öffentlichkeit. Anknüpfungspunkte bietet hier Jürgen Habermas' „Theorie der kommunikativen Kompetenz", deren Prämissen wir für die Gestaltung räumlicher Praktiken weiterentwickeln (III). Auf der Basis eigener Erfahrungen diskutieren wir eine Reihe von Variablen für Formate fluider und flüchtiger Situationen, in denen eine „herrschaftsfreie Diskussion" (Habermas) möglich ist, Erkenntnisse gewonnen, Standpunkte bezogen und diskutiert werden können. Wir verstehen diese Variablen als Anregungen für das Experimentieren mit eigenen Formaten, um den offenen Raum für offene Fragen zurückzugewinnen oder überhaupt erst herzustellen, kurz: einen Ort jenseits von Vorlesung und Abendvortrag zu erzeugen.[2]

Zum Begriffsverständnis: Mit „(Gegen-)Öffentlichkeit" bezeichnen wir sowohl die Aktionen von gesellschaftlichen Protestbewegungen im weiteren Sinne als auch Aktionen begrenzter Reichweite, etwa auf der Ebene einer Hochschule, bei denen es darum geht,

---

1   Das Streamlining wissenschaftlicher Fragestellungen durch die Förderlandschaft ist ein wesentlicher Punkt der Kritik am gegenwärtigen Zustand der Universitäten. Neben weiteren Aspekten griff dies zuletzt prominent ein Themenheft der Zeitschrift *Merkur* auf. Vgl. darin Avanessian, Armen; Vogl, Joseph: Universität und Intellektualität. Ein Gespräch, in: Merkur, 6/2015, S. 5–17, hier S. 7f. Für den Hinweis auf dieses Heft in letzter Minute danken wir Christoph Eggersglüß.

2   Zu unterscheiden wären unsere kursorischen Überlegungen von quantifizierenden organisations- und raumsoziologischen Ansätzen, vgl. etwa Gothe, Kerstin; Pfadenhauer, Michaela: My Campus – Räume für die „Wissensgesellschaft"? Raumnutzungsmuster von Studierenden, Wiesbaden 2010.

Diskurse anzustoßen und Themen und Problemfelder sichtbar zu machen, die in institutionalisierten Formaten nicht oder – aus Sicht der Aktivist_innen – nur unzureichend verhandelt werden. Zu fragen ist also auch, woher dieses hier postulierte normative Ideal einer offenen, innovationsfreudigen, integrativen Institution kommt, die historisch betrachtet in erster Linie konservativ-kanonisch gewirkt hat – insbesondere durch die Aufrechterhaltung personeller wie inhaltlicher Exklusivität. Einen vertiefenden universitätsgeschichtlichen Exkurs können wir an dieser Stelle aus Gründen der thematischen Fokussierung nicht unternehmen. Jedoch wagen wir die für die weitere Argumentation nicht unerhebliche Hypothese, dass solcherlei Erwartungen an die Universität ein Produkt des deutschen Idealismus sind, die sich im Zuge ihrer Tradierung weiter ausdifferenzierten, sich aber auch verdichtet und konkretisiert haben.[3] In jüngster Zeit dürfte die neuartige Erfahrung eines entgrenzten hyperkapitalistischen Draußen die Wunschvorstellung von einem „Schutzraum Universität" in ganz entscheidender Weise geprägt haben. Die Geschichte der Universität ist deshalb immer auch eine Geschichte des Denkens, Gestaltens und Aushandelns ihrer räumlichen Disposition. Die Architektur der Universität als materiell gebundene Form steht in einem dialektischen Verhältnis zur Immaterialität der Prozesse und Formate, die in ihr ablaufen.

I. Groß, offen, flexibel:
Leitbilder der modernen Universität nach 1945

Als in den Jahren 2003/04 und erneut 2009/10 die Kritik an dem Weg, den die europäischen Universitäten mit den Reformzielen der Konferenz von Bologna im Jahr 1999 eingeschlagen hatten, ihren Höhepunkt erreichte, wurde die „alte" Universität vielfach zu einem verlorenen Paradies freier Forschung und Lehre und die neue zur Universität in der Krise erklärt. Unterschlagen wurde dabei, dass der Bologna-Prozess nicht nur Ergebnis einer europäischen Reformulierung universitärer Bildung war, sondern seine Anfänge auch im Kontext der als äußerst prekär und krisenhaft empfundenen Lage der deutschen Universitäten in den späten 1980er und frühen 1990er Jahren hat. Höchst aufschlussreich ist es, gerade im Falle einer so traditionsbehafteten Institution wie der Universität, sich noch einmal die bildungspolitischen Leitbilder jener Nachkriegsjahre zu vergegenwärtigen, die das Selbstverständnis der Universität und ihre organisatorische Ausformulierung bis heute ungleich stärker bestimmen als die Reformen von Bologna – und deren Versagen eben um 1990 herum diagnostiziert wurde.

Landläufig verbindet sich die Aufweichung der Ordinarienuniversität und ihrer Hierarchien mit der unter der Chiffre „68" subsumierten Studentenbewegung. So wie die Kaprizierung auf das Jahr 1968 zur Erklärung der sich daraus entwickelnden neuen sozialen Bewegungen der 1970er und 1980er Jahre schon eine wesentliche Verkürzung der gesellschaftlichen Wandlungsprozesse der Nachkriegszeit darstellt, greift auch die Stilisierung der Kausalitäten zu einem prototypischen Bottom-up-Prozess entschieden zu kurz. Die Protagonist_innen von '68 agierten in einem Umfeld, das ungeachtet aller institutionellen Verkrustungen konzeptionell, man könnte sogar sagen, ideologisch, enorm in Bewegung geraten war. Unter dem Schlagwort „Hochschulreform" wurden seit der unmittelbaren Nachkriegszeit weitreichende strukturelle Veränderungen für die deutschen Universitäten diskutiert und neue bildungspolitische Leitbilder entwickelt.[4] Bis Mitte der 1960er Jahre hatten diese bereits vielerorts ihren baulichen Ausdruck gefunden. In Westberlin, Frankfurt am Main, Hamburg, Köln und anderen Städten entstanden neben dem Wiederaufbau kriegszerstörter Gebäude zahlreiche an der Klassischen Moderne orientierte Universitätsbauten. Aus heutiger Sicht muss aber konstatiert werden, dass die Hochschularchitektur der 1950er Jahre vor allem konservativen Strömungen die Gelegenheit bot, die institutionelle Modernisierung im Wortsinne zu externalisieren und im Inneren nicht weiter zu forcieren.[5] Dies änderte sich im Laufe der sich zuspitzenden Reformdebatte und mit der Gründung expliziter Reformuniversitäten, wie beispielsweise Bielefeld (1969) und Konstanz (1972). Offenheit und Flexibilität avancierten zum architektonischen Leitmotiv neuartiger Universitätsbausysteme, die im Auftrag der Hochbauverwaltungen der Bundesländer entwickelt wurden. Entscheidend war hierbei, dass sich Offenheit und Flexibilität nicht unbedingt formal in der Architektur niederschlugen – wie etwa Leichtigkeit und Transparenz als Stilmerkmale vieler (öffentlicher) Bauten der 1950er Jahre –, sondern als Konstruktionsprinzip der Architektur gleichsam eingeschrieben waren. Als Paradebeispiel eines solchen Bausystems gilt das sogenannte Marburger System, das der Architekt Helmut Spieker für das Universitäts-Neubauamt Marburg entwickelte. Zwischen 1965 und 1971 entstand in den Lahnbergen außerhalb des Stadtzentrums ein neuer Campus für die Naturwissenschaften auf einem quadratischen Grundraster, aus dem sich alle weiteren Bauteile ableiteten.[6]

Mit der Entwicklung von Bausystemen und Megastrukturen (als Letztere wäre etwa die Erweiterung der FU Berlin zu bezeichnen)[7] reagierten Politik und Hochschulbürokratie auf die neuartigen Herausforderungen, vor die sie die Universitäten gestellt sahen. Vor allem ging es um ihre Rolle in der „knowledge industry"[8] für die gesellschaftliche Reproduktion – ein Zuwachs an Wissen und daraus resultierender Güterproduktion und Technologieentwicklung musste zwangsläufig mit einer Expansion des Bildungswesens einhergehen. Ein heute kaum noch vorstellbarer Fortschrittsoptimismus ergriff die Universität, im Zuge dessen sie sich quasi zur Schlüsselinstitution dieses neuen Zeitalters der Wissensgesellschaft stilisierte.

Im April 1963 legte Clark Kerr, der damalige Präsident der University of California, in drei Vorlesungen an der Harvard Graduate School of Public Administration seine Gedanken zu Nutzen und Gebrauch der Universität dar. Er tat dies als Vertreter eines der weltweit größten öffentlichen Universitätssysteme mit mehreren Standorten in Kalifornien. Die University of California, bemerkt Kerr, sei im Jahr 1962 mit 40.000 Beschäftigten bereits größer als IBM, sei zudem die weltweit größte Lieferantin weißer Mäuse und werde demnächst die Marke von 100.000 Studierenden knacken.[9] In unumwundener Offenheit wird in Kerrs Ausführungen auch deutlich, dass das Expansionsstreben, in Teilen durchaus Folge der sozial inklusiven Motive des kalifornischen *Master Plan for Higher Education*, an dessen Ausgestaltung Kerr unter der Regierung des liberalen Gouverneurs Pat Brown 1960 beteiligt war, vor allem im Zusammenhang mit dem Bedeutungszuwachs des militärisch-industriellen Komplexes zur Hochzeit des Kalten Krieges stand. Nach Kerrs Angaben erhielten amerikanische Universitäten im Jahr 1960 1,5 Milliarden US-Dollar aus dem Bundeshaushalt, hundertmal mehr als zwanzig Jahre zuvor zum Zeitpunkt des Kriegseintritts der USA in den Zweiten Weltkrieg.[10] Gut vierzig Prozent davon kamen aus dem Rüstungshaushalt. Andere als Wachstumserwartungen an die Zukunft waren in den 1960er Jahren nicht vorstellbar; Kerr spricht davon, dass dort, wo die University of California habe expandieren wollen, sich bereits Industrielabore ansiedelten, bevor die ersten Gebäude auf dem neuen Campus überhaupt errichtet waren.[11] Wachstum und Fortschritt bleiben in Kerrs Diktion aber auf merkwürdige Weise unscharfe Phänomene, die gleichsam ungeplant über die Menschheit kommen werden, vor allem aber in Fülle kommen werden als bisher ungekannte Summen, Zahlen und materielle Anhäufungen, denen man hier auf Erden nun den Boden bereiten müsse. Die akademische Institution dieser neuen Zeit sei die „multiversity", also eine sich räumlich-funktional wie fachlich immer weiter ausdifferenzierende Universität, die von keiner Disziplin mehr dominiert werde.[12] Architektonisch manifestierte sich die „multiversity", zumindest in Berkeley, nicht als Megastruktur aus einem Guss. Dem wachsenden Raumbedarf begegnete das Planungsbüro der Universität mit einer Vielzahl brutalistischer Einzelbauten, die den Stilmix des Campus aus neogotischen Colleges und vor allem neoklassischen Gebäuden inmitten einer Parklandschaft ergänzten: In den 1960er Jahren entstanden Institutsgebäude, Bibliotheken, Wohnheime, ein Veranstaltungskomplex und mit Sproul Plaza (Lawrence Halprin, 1962) eine neue zentrale Freifläche auf dem Campus, die zwei Jahre nach ihrer Fertigstellung der Studentenbewegung die erste Bühne bot – und bis heute ein Ort kritischer Öffentlichkeit ist.[13]

3   Vgl. Schillers „philosophischen Kopf" als Idealtypus eines Altruismus und Transparenz verpflichteten Wissenschaftlers im Gegensatz zum utilitaristischen „Brotgelehrten" (Schiller, Friedrich: Was heißt und zu welchem Ende studiert man Universalgeschichte? Eine akademische Antrittsrede, in: ders.: Werke und Briefe, hg. von Otto Dann, Bd. 6, Frankfurt am Main 2000, S. 411–431, hier S. 414f.).

4   So ist etwa ein öffentlicher Intellektueller wie Jürgen Habermas in unserem Zusammenhang nicht nur in theoretischer Hinsicht interessant, sondern in seiner Rolle als Chronist und kritischer teilnehmender Beobachter dieser Entwicklungen gewissermaßen auch historische Quelle. Vgl. insbes. Habermas' Band *Protestbewegung und Hochschulreform* sowie darin unter dem Titel *Das chronische Leiden der Hochschulreform* veröffentlichten Auszüge einer empirischen Untersuchung, die Mitte der 1950er Jahre in Kooperation mit Theodor W. Adorno am Frankfurter Institut für Sozialforschung entstand (Habermas, Jürgen: Protestbewegung und Hochschulreform, Frankfurt am Main 1969, S. 51–82).

5   Vgl. Hansen, Astrid: Die Frankfurter Universitätsbauten Ferdinand Kramers. Überlegungen zum Hochschulbau der 50er Jahre, Weimar 2001, S. 254.

6   Vgl. Langenberg, Silke: Offenheit als Prinzip, in: dies. (Hg.): Das Marburger Bausystem. Offenheit als Prinzip, Sulgen 2013, S. 4–39.

7   Vgl. Hnilica, Sonja: Systeme und Strukturen, in: Wolkenkuckucksheim. Internationale Zeitschrift zur Theorie der Architektur, 19.33 (2014), S. 211–233, hier S. 221, http://www.cloud-cuckoo.net/fileadmin/issues_en/issue_33/article_hnilica.pdf, zuletzt aufgerufen am 18.05.2016.

8   „What the railroads did for the second half of the last century and the automobile for the first half of this century may be done for the second half of this century by the knowledge industry: that is, to serve as the focal point for national growth. And the university is at the center of the knowledge process" (Kerr, Clark: The Uses of the University, Cambridge, Mass. 1963, S. 88).

9   Kerr: The Uses of the University, S. 7f.

10   Ebd., S. 53.

11   Ebd., S. 89. Zu den Campusneugründungen in Kalifornien aus architekturhistorischer Sicht vgl. Muthesius, Stefan: The Postwar University. Utopianist Campus and College, New Haven, CT, London 2000, hier S. 45–53.

12   Siehe Kerr: The Uses of the University, S. 6.

13   Im Zuge der globalen Bildungsproteste im Herbst 2009, die sich in Berkeley bereits als „Occupy"-Bewegung gegen rasant ansteigende Studiengebühren wandten, spielte auch die baulich-räumliche Disposition der Universität eine Rolle: Für die Besetzer_innen von Wheeler Hall, dem größten Hörsaalgebäude, ist der Campus mit seiner römisch-imperialen Architektur ein Symbol europäischer Kolonisation und einer fortbestehenden asymmetrischen Machtkonstellation (siehe Wheeler Hall Info Packet, Berkeley 2009, https://ia600506.us.archive.org/11/items/zinelibrary-torrent/wheelerinfopackonline.pdf, zuletzt aufgerufen am 18.05.2016).

Abb. 2 Berlin-Charlottenburg, Bismarckstraße und Nebenstraßen (Ausschnitt). Am 2. Juni 1967 fand vor der Deutschen Oper in der Bismarckstraße eine Massendemonstration gegen den Besuch des Schahs von Persien statt, in deren Verlauf der Student Benno Ohnesorg in einem angrenzenden Hinterhof von einem Polizisten erschossen wurde. Ohnesorgs Tod wurde zu einem Fanal der Studentenbewegung.

II. Im Anfang war das Wort. Die moderne Universität als Kristallisationspunkt von sozialen Bewegungen und Gegenöffentlichkeit seit den 1960er Jahren

Dass die Entwicklung der Universität zu einer komplexen Großforschungseinrichtung nicht ohne Folgen für ihre Verfasstheit als Körperschaft bleiben konnte, sah auch Clark Kerr bereits 1963. Bezogen auf die Situation in den USA stellte er aber kein strukturelles Demokratiedefizit fest; es sei alles eine Frage der Ausgestaltung der *governance*.[14] Seine Sorge galt eher möglichen Konflikten der Disziplinen untereinander und einem wachsenden Ungleichgewicht ihrer Repräsentation bei der Mitverwaltung der Hochschulen. Deren Fokussierung auf den naturwissenschaftlich-technischen Bereich gefährde zwar den Fortbestand der geisteswissenschaftlichen Fächer nicht, werfe jedoch die grundsätzliche Frage nach ihrem gesellschaftlichen Beitrag im Zeitalter der Technologie auf. Kerr gibt die Antwort gleich selbst, indem er diesen Fächern eine reflexive Rolle im Sinne einer Technikphilosophie und Wissenschaftsethik zuweist: „And here the social sciences and humanities may find their particular roles in helping to define the good as well as the true and to add wisdom to truth. It may not be the conflict of cultures that is so crucial but rather the rate at which each culture moves forward. Can the intellect come to handle all the problems it creates in the course of solving other problems? Can the university help solve the growing war between the future and the past? Can the span of intellectual comprehension be widened spatially and temporally?"[15]

In einer geradezu neoklassischen Funktionsteilung behält Kerr das Nachdenken über das Gute, Wahre und vermutlich auch Schöne den Geistes- und Sozialwissenschaften vor. Sie werden demnach zum notwendigen Korrektiv einer technokratischen Gesellschaft, der die Erfahrung des Scheiterns moderner Paradigmen erst noch bevorstand.[16] Es ist eine Ironie der Geschichte, dass auf dem Campus von Berkeley ein Jahr nach Kerrs Vorlesungen genau diese Fragen nach der Folgenabschätzung menschlichen Handelns den entscheidenden Ausschlag zur globalen Studentenbewegung der 1960er Jahre geben sollten; dann nämlich, als klar wurde, dass die Institution Universität noch nicht bereit war, die Reflexion und den freien Gedankenaustausch über gesellschaftspolitische Themen auf ihrem Grund und Boden zuzulassen. Der Streit um die verfassungsmäßig verbriefte Redefreiheit und darum, wo sie letztlich ausgeübt werden dürfe, entzündete sich zu Beginn des Herbstsemesters 1964 und führte zur Gründung des *Free Speech Movement (FSM)*, das bis Anfang 1965 die restriktive Kontrolle kritischer Öffentlichkeit an der Universität völlig auf den Kopf stellte.[17] Nach einer Reihe von größeren Demonstrationen der Bürgerrechtsbewegung in der Region von San Francisco, an denen auch Studierende aus Berkeley beteiligt waren, verhängte die Universitätsleitung ein generelles Verbot, sich auf dem Campus politisch zu betätigen. Darunter fielen das Aufstellen von Tischen mit Informationsmaterial, das Sammeln von Spenden für Aktionen der Bürgerrechtsbewegung und sonstige öffentliche Stellungnahmen zu außeruniversitären Angelegenheiten. Die Universitätsbürokratie setzte dieses Verbot mit den ihr zur Verfügung stehenden Mitteln durch, sprach Verweise aus und ließ Aktivist_innen von der Universitätspolizei festnehmen. Studentischen Gruppen gelang es jedoch, in zahlreichen Aktionen, spontan und geplant, eine Gegenöffentlichkeit herzustellen, in der die Frage der freien Rede auf dem Campus mit einem großen Publikum diskutiert werden konnte. Beginnend zumeist als Sit-ins oder friedliche Blockaden gegen Verweise und Festnahmen, entwickelten sich die Aktionen zu diskursiven Happenings, die nicht nur Forderungen an die Universitätsleitung formulierten, sondern zugleich neue Formen von Teilhabe und Ausübung der Meinungsfreiheit erprobten. Spektakulär war etwa die 36-stündige Blockade eines Polizeiwagens auf der Sproul Plaza, in dem ein verhafteter Aktivist saß – zeitweilig umringten bis zu 8000 Menschen die Szene. Vom Dach des Wagens aus wurden Reden gehalten, die Redner_innen stiegen auf Socken hinauf (Abb. 1).[18] Die Lösung des Konflikts erfolgte schließlich in einem Gremium der Universität, dem akademischen Senat, der mehrheitlich einem Vorschlag des *FSM* folgte, wonach die Universitätsleitung eine Regelung zur Ermöglichung der politischen Aktivitäten auf dem Campus erarbeiten sollte.[19] Clark Kerrs Rolle war eine ambivalente; als Präsident des gesamten Systems der University of California musste er zwischen den Campus-Administratoren in Berkeley und dem campusübergreifenden *Board of Regents* vermitteln. Letztlich dürfte er aber als moderater *facilitator* einer Lösung für die Redefreiheit gewirkt haben. Mario Savio, der führende Kopf des *FSM*, nannte Kerr 1964 in seiner legendären *machine speech* einen „well-meaning liberal",[20] und Kerr selbst zeichnete in seinen Vorlesungen ein Jahr zuvor das Bild des in inneruniversitären Angelegenheiten strukturkonservativen „faculty member", das gleichwohl im tiefen Süden als *Freedom Rider* verhaftet werde.[21] Akademische Profession und kritisches Engagement in Personalunion dürften ihm also nicht fremd gewesen sein, ebenso wenig, dass Studierende von ihren sommerlichen Bürgerrechtsaktivitäten in den Südstaaten politisiert auf den Campus zurückkommen würden.

Es gibt in der Geschichte der amerikanischen und der deutschen Studentenbewegung eine Parallele der Auseinandersetzung um den Raum für kontroverse Themen. Darauf verweist auch Jürgen Habermas in einem New Yorker Vortrag im Jahr 1967. Seine Ausführungen zur Genese der deutschen Studentenbewegung operieren mit drei Themenfeldern, die er für den amerikanischen Kontext seines Vortrags direkt der dortigen Debatte entnahm und die auch Clark Kerr in seiner Konzeption der „multiversity" verwendete: „free speech", „knowledge factory" und „student power".[22] Im Frühjahr 1965 erreichte die Hochschulreformdiskussion in Deutschland eine neue Qualität, als die Freie Universität Berlin zwei von Studierenden organisierte Veranstaltungen zum 20. Jahrestag des Kriegsendes 1945 und zum Vietnamkrieg in ihren Räumen verbot. „Free speech" war nun auch hierzulande ein Thema, das für die weitere Entwicklung der Studentenbewegung eine katalytische Wirkung entfaltete. In Berlin folgten in den darauffolgenden Jahren Sit-ins und Demonstrationen – Protestformen, die sich auch an anderen Hochschulen in Westdeutschland und darüber hinaus verbreiteten (Abb. 2, 3).[23] Gemeinsam ist den Bewegungen in Deutschland und den USA auch die Rolle der Neuen Linken beziehungsweise *New Left*. Die Entwicklung neuer linker Gruppierungen, teilweise seit den 1950er Jahren, war eine wichtige Voraussetzung dafür, dass die Universität zu einem Resonanzraum für gesellschaftskritische Debatten werden und schließlich eine Gegenöffentlichkeit erzeugen konnte, die zumindest ihrem Anspruch nach weit über die eigent-

14 Siehe Kerr: The Uses of the University, S. 18–28.

15 Ebd., S. 124.

16 Während die Krise der Moderne aus europäischer Perspektive mit der breiten Rezeption des Berichts an den Club of Rome *Die Grenzen des Wachstums* (1972) und dem Ölpreisschock (1973) bereits zu Beginn der 1970er Jahre tief in das gesellschaftliche Bewusstsein gedrungen war und die Neuen Sozialen Bewegungen maßgeblich prägte, verfestigten sich wachsende Armut, der Niedergang der Innenstädte und die Drogenproblematik in den USA erst in den 1980er Jahren zum Krisendiskurs – und werden, historisch verkürzend, vor allem mit der neoliberalen Wirtschafts- und Sozialpolitik der Reagan-Administration („Reaganomics") seit 1981 in Zusammenhang gebracht.

17 Vgl. zur Geschichte des *FSM*: Cohen, Robert; Zelnik, Reginald E. (Hg.): The Free Speech Movement. Reflections on Berkeley in the 1960s, Berkeley, CA, 2002.

18 Die Audiomitschnitte sowie eine Chronologie des *FSM* finden sich online auf den Seiten der Universitätsbibliothek von Berkeley unter http://www.lib.berkeley.edu/MRC/FSM/fsmchronology1.html, zuletzt aufgerufen am 18.05.2016.

19 Diese Regelung ist inzwischen zur guten Tradition geworden, wenn die Sproul Plaza täglich um die Mittagsstunde mit Infotischen und Demonstrationen zu einem Markt der Möglichkeiten wird.

20 Ausschnitte des Mitschnitts von Savios Rede finden sich im Internet, hochgeladen z.B. von Youtube-Nutzer_in The Last American Vagabond unter https://youtu.be/Yew51uYHYV4?t=34s, das Zitat hier bei Sek. 34, zuletzt aufgerufen am 30.05.2016.

21 Kerr: The Uses of the University, S. 99.

22 Habermas: Protestbewegung und Hochschulreform, S. 156.

23 Habermas spricht von der mobilisierenden Wirkung der geteilten Erfahrung in der „knowledge factory": „Die Massenuniversität bietet in Instituten und Kliniken, Laboratorien und Bibliotheken Arbeitsbedingungen, die für viele Studenten entmutigend sind. Die traditionell eingefrorenen Studiengänge sind oft unklar definiert, die Prüfungen mit antiquierten und stofforientierten Anforderungen belastet" (ebd., S. 158).

Abb. 3 Nanterre, Université Paris X, Campus (Ausschnitt). Bei der Eröffnungsfeier des Schwimmbads auf dem neuen Universitätscampus in Nanterre bei Paris kam es am 8. Januar 1968 zu einem Wortwechsel zwischen dem 22-jährigen Soziologiestudenten Daniel Cohn-Bendit und dem französischen Bildungsminister François Missoffe, in dessen Folge gegen Cohn-Bendit ein Disziplinarverfahren eröffnet werden sollte. Diese Lappalie brachte den schon seit Längerem brodelnden Campus, der immer noch halb Baustellenwüste war, zur Explosion. Linke Gruppen organisierten sich, es kam zu Hörsaalbesetzungen und schließlich zu den großen Unruhen des Pariser Mai.

liche Frage der Demokratisierung des Hochschulwesens hinausreichte.[24] Die etablierten Parteien hatten sich einer kritischen Auseinandersetzung mit den auch schon in den 1950er Jahren „auf der Straße" virulenten Themen wie der Wiederbewaffnung der Bundeswehr oder der atomaren Aufrüstung verweigert und hinterließen ein Vakuum für die Außerparlamentarische Opposition und die gesellschaftlichen Umwälzungsprozesse bis hin zu den Neuen Sozialen Bewegungen der 1970er und 1980er Jahre.

Umso erstaunlicher mutet es an, dass die Dynamik, auch die Universität grundlegend zu verändern, so schnell wieder verpuffte. Die Gebäude, die dem Enthusiasmus der Bildungsexpansion der Nachkriegsjahrzehnte einst baulichen Ausdruck verliehen hatten, verfielen unangetastet und schlecht gewartet; ihre Offenheit und Flexibilität blieben nur Möglichkeiten und als solche ungenutzt für die Gestaltung der Universität des 21. Jahrhunderts. Als offenes, flexibles System ist die Hochschularchitektur der 1960er Jahre an ihren Ansprüchen gescheitert.[25]

Doch gab es auch „Lichtblicke" in der „Hörsaalödnis".[26] Aus dem Geist der Agonie der 1980er Jahre machten sich an der Universität Oldenburg Rudolf Prinz zur Lippe und Rüdiger Schmidt auf die Suche nach neuen Formaten. Sie erfanden die Karl Jaspers Vorlesungen zu Fragen der Zeit, eine Reihe von Vorlesungen und Kolloquien, die zwischen 1989 und 1993 zahlreiche Gastwissenschaftler_innen für längere Aufenthalte nach Oldenburg brachte: [W]enn Christine von Weizsäcker unsere Aufmerksamkeit darauf lenkt, daß es auch eine Fehlerfreundlichkeit gibt; wenn Carl-Friedrich von Weizsäcker [...] vor dem einen System warnt; wenn Hellmut Becker dafür plädiert, vor allen eilfertigen Antworten zunächst einmal Widersprüche auszuhalten und wenn schließlich Hans-Georg Gadamer den Wunsch äußert, zunächst einmal zuzuhören, werden wieder Räume geöffnet, die es möglich machen, sich auf das Offene einzulassen, wird es möglich, daß wir uns wirklich begegnen können."[27]

In solcherlei Verzückung geriet die akademische Elite der alten Bundesrepublik nicht angesichts eines mehrmonatigen Aufenthalts in einem *Institute for Advanced Studies*, das die Forschenden bewusst und ganz unverblümt der Lehre entzieht,[28] sondern in einem ebenso bewusst gestalteten Umfeld des inhaltlichen Austausches und der angeregten Diskussion mit einem interessierten Publikum. Rudolf zur Lippe und Rüdiger Schmidt maßen auch den Räumen im Verhältnis zu den Inhalten eine wichtige Rolle bei und schufen jeweils spezielle Atmosphären, die aus ihrer Sicht wirkliche Begegnungen ermöglichten. Dazu gehörte schon einmal ein gemeinsames Stühlerücken, bei dem die Gäste der Vorlesungen dazu ermuntert wurden, ihren Zuschauerraum selbst auf eine kommunikativere Bestuhlung umzubauen, dazu gehörten Abende in Privatwohnungen oder ein „akademisches Frühstück" für die Gastwissenschaftler_innen, Studierenden und Gruppen aus der Region.[29]

III. Offene Räume für offene Fragen. Einige Variablen zur räumlich-performativen Erweiterung von Jürgen Habermas' „idealer Sprechsituation" für die Post-Bologna-Universität

Wenn der „Schutzraum Universität" historisch nicht per se existiert hat und heute nicht per se existiert, sondern stets diskursiv produziert werden muss, so sind die Konflikte um die Struktur und Ausgestaltung der Universität wohl weniger Symptome ihrer Krise als konstitutives Element ihrer institutionellen Dynamik. Und wenn sich diese dynamischen, spontanen Prozesse in einer demokratisch verfassten Gesellschaft der Planbarkeit entziehen, stellt sich trotzdem die Frage nach dem Einfluss idealistischer Leitbilder, daraus abgeleiteten geteilten Wertvorstellungen und deren praktischem Wirksamwerden. Anders gefragt: Was sind die grundsätzlichen Bedingungen der diskursiven Dynamik und inwieweit sind diese für die Produktion von Räumen und Formaten gestaltbar? Anknüpfungspunkte bietet das Werk von Jürgen Habermas, das sich immer wieder dem Zustandekommen von Kommunikation und dem „kommunikativen Handeln" widmet.[30] Dabei geht es Habermas zunächst um die Ausgangsbedingungen der Teilhabe am Diskurs und die Frage, wie „Verständigung" im Sinne gelungener, das heißt im „Konsensus" endender Rede und Gegenrede funktioniert.[31] Habermas zeigt im hypothetischen Modell der „idealen Sprechsituation", dass dies der Fall ist, wenn alle zumindest die gleichen Chancen haben (und diese einander jeweils unterstellen), am Diskurs teilzunehmen. Ansatzpunkte für eine gelungene Verständigung sind also nicht die persönlich-individuellen Voraussetzungen, sondern die strukturellen Bedingungen, unter welchen diese stattfindet, etwa die Verteilung von Redeanteilen.[32]

Habermas geht nun von Bedingungen aus, die so in der Wirklichkeit nicht herrschen. Ein Mittel, sich diesen als Voraussetzung gelungener Verständigung über das theoretische Modell hinaus anzunähern, könnten Formate sein, die den Diskurs im Hinblick auf performative und räumliche Bindungen reflektieren und Praktiken entwickeln, die Asymmetrien und „Verzerrung" (Habermas) bewusst aufbrechen. Wir entwerfen im Folgenden keine expliziten (Raum-)Formate (im Sinne von „Stuhlkreis vs. Seminarreferat", „Powerpoint-Karaoke vs. Abendvortrag" oder „Zelt-Uni vs. Vorlesung"), sondern stellen eine Reihe von Variablen vor, die den Blick bei der Ausgestaltung eigener Formate auf die uns oft unbewussten Mechanismen zwischenmenschlicher Interaktion und Raumwahrnehmung lenken sollen.[33] Möglichen Einwänden, diese und ähnliche Aktivitäten seien Ausdruck der allenthalben zu beobachtenden, sich aus Elementen der sogenannten Spaßgesellschaft speisenden Eventisierung auch von Forschung und Lehre, möchten wir entgegnen, dass zwischen Mittel und Zweck wohl unterschieden werden muss. Performativität und Spektakel sollen in der Reflexion alternativer Formate nicht um ihrer selbst willen eingesetzt werden, sondern die Inhalte und die verschiedenen Arten und Weisen, sich diesen zu nähern, in ihrer Bedeutung unterstreichen. Ebenso abzugrenzen sind unsere Anregungen vom Diskurs der permanenten Selbstoptimierung.[34]

24 Vgl. zum transatlantischen Ideentransfer und der Rolle der Neuen Linken den knappen Überblick bei Klimke, Martin: Sit-in, Teach-in, Go-in. Die transnationale Zirkulation kultureller Praktiken in den 1960er Jahren am Beispiel der direkten Aktion, in: ders.; Scharloth, Joachim (Hg.): 1968. Handbuch zur Kultur- und Mediengeschichte der Studentenbewegung, Stuttgart, Weimar 2007, S. 119–133; ausführlicher seine Studie: Klimke, Martin: The Other Alliance. Student Protest in West Germany and the United States in the Global Sixties, Princeton 2010.

25 Vgl. Hnilica: Systeme und Strukturen, S. 228. Als Zeugnis vergangener Hochschulkonzepte stehen die Orte „gebauter Bildung" inzwischen vielfach unter Denkmalschutz. Vgl.: Gebaute Bildung. Hochschularchitektur der Nachkriegszeit. Hg. v. Deutschen Nationalkomitee für Denkmalschutz, Bonn 2012 (Faltblattreihe F22).

26 O. A., Die Geburt des Konsensus aus dem Geiste des Palavers. Der afrikanische Philosoph Ntumba zu Gast bei den „Karl Jaspers Vorlesungen zu Fragen der Zeit" in Oldenburg, in: die tageszeitung, 17.07.1992, o. S., zit. in: Dokumentation. Karl Jaspers Vorlesungen zu Fragen der Zeit in Verbindung mit der Stiftung Niedersachsen an der Universität Oldenburg, Oldenburg 1992, S. 24–28, hier S. 24.

27 Schmidt, Rüdiger: Rückblick, in: Dokumentation. Karl Kaspers Vorlesungen, S. 7–9, hier S. 7.

28 Zu den Risiken und Nebenwirkungen dieses auch im deutschsprachigen Raum um sich greifenden Formats vgl. Kaube, Jürgen: Für Normalität braucht es ein eigenes Haus, in: Frankfurter Allgemeine Zeitung, 27.10.2010, S. N5.

29 Schmidt: Rückblick, S. 9, sowie Gespräch mit Rüdiger Schmidt-Grépály, Weimar, 25.06.2015.

30 Habermas unterscheidet „kommunikatives Handeln" und „Diskurs" als die zwei Formen der Kommunikation. Ersteres ist „in den Kontext außersprachlicher Äußerungen eingelassen" (u. a. „leibgebundene Gesten"). Habermas, Jürgen: Vorbereitende Bemerkungen zu einer Theorie der kommunikativen Kompetenz, in: ders.; Luhmann, Niklas: Theorie der Gesellschaft oder Sozialtechnologie – Was leistet die Systemforschung?, Frankfurt am Main 1971, S. 101–141, hier S. 114f.

31 Ebd., S. 122.

32 Ebd., S. 139.

33 Als Einstieg zum Thema Formate und Atmosphären z. B. Pruitt, Bettye; Thomas, Philip: Democratic Dialogue. A Handbook for Practitioners, Washington, D.C., Stockholm, New York 2007, hier bes. Kapitel 2.3: Designing the Dialogue Process, und Kapitel 2.4: Implementation.

34 Vgl. Bröckling, Ulrich: Das unternehmerische Selbst. Soziologie einer Subjektivierungsform, Frankfurt am Main 2007, bes. S. 168–179; vgl. zur räumlichen Disposition des Managementdiskurses im Sinne von Luc Boltanski und Ève Chiapello Harun Farockis Film „Ein neues Produkt" (2012).

Variable: Atmosphäre

In einer Gesprächssituation beeinflussen neben den anwesenden Menschen noch einige weitere Faktoren die vorherrschende Atmosphäre. Atmosphäre meint hier die äußeren und inneren Gegebenheiten, die Einfluss auf die emotionale Gefasstheit von Diskussionsteilnehmer_innen und damit ihre Partizipation in Gesprächssituationen ausüben. Solche Faktoren spielen im Hinblick auf eine ideale Sprechsituation und auf Chancengleichheit eine gewichtige Rolle. Sie sind mit entscheidend dafür, wie sich die Teilnehmer_innen äußern und wie sie das Gespräch interpretieren und bewerten.

Zu diesen Faktoren zählt insbesondere die Anordnung der Gesprächsteilnehmer_innen im Raum, wie also etwa ein „Publikum" im Verhältnis zu „Referent_innen" platziert ist. Durch diese Entscheidung wird bewusst oder unbewusst die Interaktion gefördert beziehungsweise verhindert. Ein klassisches Podium, womöglich räumlich erhöht und technisch verstärkt, schafft eine deutliche Hierarchie im Verhältnis zum davon getrennten Auditorium. Der simple Vorgang, die Teilnehmer_innen räumlich auf eine gemeinsame Ebene zu bringen, dagegen ermöglicht eine ausgeglichene Ausgangssituation und vermeidet bereits im Vorfeld der eigentlichen inhaltlichen Auseinandersetzung räumlich erzeugte Deutungshoheiten (Abb. 4).

Ebenso setzt Licht nicht nur Helligkeit, sondern auch Bedeutung. Technologie zu Zwecken der Dokumentation oder Präsentation nimmt Einfluss auf die Bereitschaft, sich auf Gespräche einzulassen beziehungsweise an ihnen aktiv teilzunehmen. Das bewusste Einsetzen von Tools und Requisiten schafft alternative Atmosphären, die so auf ihre Weise Menschen dazu befähigen, sich in Gespräche zu integrieren oder sie zu interpretieren. Das kann der richtige Input durch Bilder oder Texte sein, das kann am Platz gereichter Wein sein oder die Erlaubnis, zu rauchen. Das kann ein bewusster Einsatz von Technologie oder Verzicht darauf sein – Kerzen und Kaminfeuer statt Neonröhren.

Dialog- und Diskussionsformate im Rahmen der Hochschule können von alternativen Räumen und alternativen räumlichen Settings und Atmosphären profitieren.[35] Sinnenhafte und authentische Gespräche entstehen häufig mit der bewussten Brechung von standardisiert vorgefundenen und perpetuierten Kontexten. Sie erst ermöglichen einen Austausch auf Augenhöhe, unabhängig von hierarchischen Vorgaben nach Status, Alter oder Geschlecht und davon abhängigen Interpretationen und Bewertungen.

BEISPIELE

Bespielen alternativer Räume

Bewusste Gestaltung der Raumatmosphäre

Anwendung freierer Diskussionsformate

Bewusster Einsatz von oder Verzicht auf Technologie

Zielorientierter und unkonventioneller Einsatz von Requisiten

Alternative Formen der Dokumentation

CASE STUDY

Zwischen 2009 und 2011 gestalteten wir in Weimar Dialogräume für Wissenschaftler_innen, Praktiker_innen und Studierende um die Themenfelder Design- und Architekturtheorie. Wir setzten dabei bewusst auf studiennahe Themen (zum Beispiel „Denken oder Machen") mit profilierten und namhaften Gästen in informellen Settings. Diese ungewohnten Räume waren gleichermaßen Herausforderung und Chance für die Beteiligten. In mit Kerzen beleuchteten Räumen, auf eng gestellten und durchgesessenen Polstermöbeln, ermöglichten wir unter Zuhilfenahme von Wein und Notizblöcken für alle Teilnehmer_innen ungewohnte, direkte und gleichzeitig fruchtbare Diskussionen.

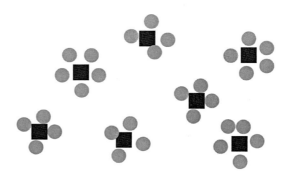

Abb. 4

Variable: Sprache

Formate, Räume und Atmosphären können helfen, eine Sprache zu finden, Ideen und Argumente zu formulieren und einen sinnvollen Austausch unter den miteinander Sprechenden zu befördern – oder auch zu blockieren. Zu bestimmten Orten gibt es bestimmte Sprachen, die von einigen Menschen besser gesprochen und verstanden werden und von anderen weniger. Um Sprechen zu demokratisieren, hilft eine Bewusstmachung und Gestaltung dieser Faktoren.

Insbesondere den Räumen der Universität ist eine spezifische Sprache eigen. Sie wird abgelehnt, erlernt oder durch Sozialisation erfahren.[36] Zwar verändert sie sich stetig, ist aber dennoch nur selten allen gleichermaßen zugänglich. Schon verwandte Disziplinen pflegen spezifische, mitunter untereinander inkompatible Fachsprachen. An ein Format für einen offenen inter- oder gar transdisziplinären Austausch stellt das hohe Anforderungen.[37] Um einer Verständigung im Habermas'schen Sinne näherzukommen, gilt es also gerade für Dialogsituationen im Hochschulkontext, durch neue Formate die Chancengleichheit auf Dialogbeteiligung, Themensetzung und Deutungshoheit zu erhöhen (Abb. 5).

BEISPIELE

Bewusste Wahl von Ort und Setting

Bewusstmachung von räumlichem Einfluss auf Sprachfähigkeit unterschiedlicher Gruppen

Spezielle Aufmerksamkeit auf unterschiedliche Sprachkompetenz

Tools für Mehrsprachigkeit bei Fremd-/Fachsprachbarrieren

Bewusstmachung von einfachen Dialogregeln

Sammlung oder Tausch von Redezeiten

CASE STUDY

In dem Projekt „Laufweite 5,5 km" im Sommer 2014 nahmen wir uns der Gestaltung eines universitären Tagungsformates an und verfolgten dabei primär das Ziel, einen gehaltvollen Austausch von Studierenden, Fachpublikum und interessierten Gästen auf Augenhöhe zu ermöglichen. Gemeinsam mit einer kleinen Gruppe Studierender der Fakultät Gestaltung der Bauhaus-Universität Weimar gestalteten wir eine spazierende Typographietagung. Der Begriff „Laufweite" bezeichnet dabei zum einen den Abstand von Buchstaben eines Wortes zueinander wie auch die Entfernung, die wir mit allen Gästen während der eintägigen Konferenz zwischen den verschiedenen Tagungsorten zurückgelegt haben. Von der Setzung der Themen über die Wahl der Veranstaltungsorte und der Wege dazwischen bis hin zur Art der Einladung und den für die Namensschilder gewählten Informationen gestalteten wir Themen, Abläufe und Requisiten auf einen gleichberechtigten Austausch der Teilnehmer_innen hin.

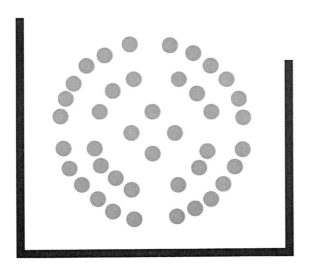

Abb. 5

36 Zur sozialen Konstitution (habitueller) Räume vgl. Löw, Martina: Raumsoziologie, Frankfurt am Main 2001.

37 Mogalle, Marc: Management transdisziplinärer Forschungsprozesse, Basel 2001, spricht von „wissenschaftsinterner" und „wissenschaftsexterner Flexibilität" (S. 278) als notwendigen Voraussetzungen für Verständigung; im Übrigen mit direktem Verweis auf das Mode-2-Modell zur Produktion wissenschaftlichen Wissens nach Gibbons, Michael u. a.: The New Production of Knowledge. The Dynamics of Science and Research in Contemporary Societies, London 1994.

Variable: Körper

Körper haben ihre eigene Sprache. Sie wird zumeist weniger bewusst eingesetzt als die akustische Sprache. Häufig unbemerkt, drückt der Körper deutlich das soziale (Selbst-)Verständnis der oder des Handelnden aus. Die Sprache des Körpers spiegelt gelernte Eigen- und Fremdrollen wider, führt sie unablässig unbewusst auf und verstetigt sie dadurch.

Im bewussten Arbeiten mit dem Körper können die darin liegenden Stereotype und/oder unpassenden Verhaltensweisen (selbst) erkannt werden. Werden die eigenen sozialen Rollen oder Annahmen auf diese Weise herausgefordert, entstehen Verunsicherungen. Die Möglichkeit, die eigene Rolle wahrzunehmen, sie kurzzeitig zu verlassen oder langfristig zu verändern, entsteht.[38]

In Dialogsituationen zielt die bewusste Gestaltung solcher Brüche darauf ab, Möglichkeiten der Wahrnehmung zu erweitern und körperliche oder auch sprachliche Verhaltensmuster zu aktivieren. Diskussionen können so geöffnet, Empathie und situationensensibles Verhalten gesteigert werden (Abb. 6). Implizites Regelwissen, scheinbar definierte soziale Rollen und Hierarchien werden erschüttert. Die Wahrscheinlichkeit, dass nicht Stereotype, sondern Menschen miteinander kommunizieren, erhöht sich – eine offenere Gesprächssituation entsteht.

BEISPIELE

Rollenspiele

Methoden zum Perspektivwechsel

Methoden unter Einsatz des Körpers im Raum

CASE STUDY

In einem Projekt mit dem Quartiersmanagement Weimar-West im Sommer 2012 haben wir gemeinsam mit Jugendlichen und Senor_innen Workshops zur intergenerationellen Nutzung eines Stadtteilparks durchgeführt. Für ein Warm-up tauschten junge und alte Menschen jeweils mit der anderen Altersgruppe. Die Jugendlichen und Senor_innen spielten in vertauschten Altersrollen negative und positive intergenerationelle Erfahrungen. In diesem Rollenspiel ging es um das Erkennen von Eigenrollen und eine erhöhte Sensibilität gegenüber Fremdrollen. Erlernte, aber unpassende Eigenrollen konnten erkannt und angepasst werden. Die Teilnehmenden fanden also nicht nur spielend ins Thema, sondern hatten die Möglichkeit, eigene Rollenbilder zu hinterfragen.

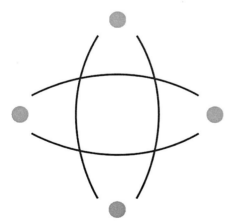

Abb. 6

---

38 Vgl. für eine Einführung zu verschiedenen Aspekten des Rollenspiels auch Angler, Brigitte: Rollenspiel, in: Kühl, Stefan; Strodtholz, Petra; Taffertshofer, Andreas (Hg.): Handbuch Methoden der Organisationsforschung, Wiesbaden 2009, S. 124–144.

Variable: Kollaboration

Die gemeinsame Arbeit an einer Aufgabe hat das Potential, für mehr Chancengleichheit und Offenheit in Dialogsituationen zu sorgen. Durch das gemeinsame Ziel in der Kleingruppe entsteht eine neue Ingroup, die Grenzziehungen anhand anderer Diversitätsmerkmale (zum Beispiel Herkunft, Gender, Status, Ethnizität, Alter etc.) verblassen lässt. Die dadurch erfolgte Annäherung kann Vorurteile abbauen helfen und neue Gesprächskoalitionen und -situationen entstehen lassen.[39]

Durch eine thematische Kollaboration finden Ideen, Argumente oder Erfahrungen ihren sofortigen Niederschlag in einem Modell, einer Skizze oder einem Plan. Die kollaborative Arbeit mit Hilfe von Materialien oder Visualisierungen schafft einen räumlichen, zeitlichen, strukturellen oder thematischen Überblick und hilft damit bei der Verständigung untereinander. In Dialogsituationen können die Teilnehmenden den Gedanken, das Argument oder die Idee anderer einfacher aufnehmen und weiterentwickeln.

So entstehen potentiell offenere und konstruktivere Settings. Sie erlauben laterale Verknüpfungen sowie unvorhergesehene (Zwischen-)Ergebnisse und stehen hochschulkonventionellen analytisch-strategischen Herangehensweisen mit vordefinierten (Zwischen-)Schritten entgegen (Abb. 7).

BEISPIELE

Planungs-, Zukunftswerkstätten

Rapid oder Paper Prototyping

Design Thinking

CASE STUDY

In der schon angesprochenen Case Study zur Gestaltung eines intergenerationellen Nutzungskonzepts für einen Stadtteilpark in Weimar konnten wir das Potential der gemeinsamen thematischen Arbeit deutlich beobachten. Während in altersgetrennten Workshopgruppen große Vorurteile gegenüber der eigenen und der anderen Altersgruppe sichtbar wurden, verschwand diese Abgrenzung in der gemeinsamen, altersgemischten Arbeit immer mehr. Erst dadurch, dass die Teilnehmer_innen durch den persönlichen Kontakt und das gemeinsame Ziel von den Abgrenzungsbemühungen zurücktreten konnten, wurde ein offener und konstruktiver Austausch möglich.

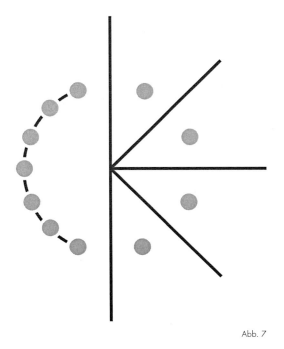

Abb. 7

Bildnachweis

Abb. 1–3	Eigene Darstellung
	Kartengrundlage: Open Street Maps; Unmaßstäbliche Darstellung
Abb. 4–7	Eigene Darstellung

Das Entwurfskollektiv ist ein projektorientiertes Netzwerk zwischen kreativer Forschung und reflektierter Gestaltung.
Autoren: Pierre Kramann-Musculus, Johannes Warda und Konstantin Wolf, Produktgestalter, Architekturwissenschaftler und Graphikdesigner.

39 Vgl. dazu das Wechselspiel zwischen Interpretation und Interaktion in sozialen, kollektiven Handlungen nach der Theorie des symbolischen Interaktionismus z. B. bei Blumer, Herbert: Symbolic Interactionism. Perspective and Method, Englewood Cliffs 1969.

Der Fetischcharakter der Ware und sein Geheimnis

Karl Marx

Kommentar zu „Stühlerücken im Hörsaal. Zur Gestaltung offener Räume für offene Fragen"

Eine Ware scheint auf den ersten Blick ein selbstverständliches, triviales Ding. Ihre Analyse ergibt, daß sie ein sehr vertracktes Ding ist, voll metaphysischer Spitzfindigkeit und theologischer Mucken. Soweit sie Gebrauchswert, ist nichts Mysteriöses an ihr, ob ich sie nun unter dem Gesichtspunkt betrachte, daß sie durch ihre Eigenschaften menschliche Bedürfnisse befriedigt oder diese Eigenschaften erst als Produkt menschlicher Arbeit erhält. Es ist sinnenklar, daß der Mensch durch seine Tätigkeit die Formen der Naturstoffe in einer ihm nützlichen Weise verändert. Die Form des Holzes z. B. wird verändert, wenn man aus ihm einen Tisch macht. Nichtsdestoweniger bleibt der Tisch Holz, ein ordinäres sinnliches Ding. Aber sobald er als Ware auftritt, verwandelt er sich in ein sinnlich übersinnliches Ding. Er steht nicht nur mit seinen Füßen auf dem Boden, sondern er stellt sich allen andren Waren gegenüber auf den Kopf und entwickelt aus seinem Holzkopf Grillen, viel wunderlicher, als wenn er aus freien Stücken zu tanzen begänne.[1]

Der mystische Charakter der Ware entspringt also nicht aus ihrem Gebrauchswert. Er entspringt ebensowenig aus dem Inhalt der Wertbestimmungen. Denn erstens, wie verschieden die nützlichen Arbeiten oder produktiven Tätigkeiten sein mögen, es ist eine physiologische Wahrheit, daß sie Funktionen des menschlichen Organismus sind und daß jede solche Funktion, welches immer ihr Inhalt und ihre Form, wesentlich Verausgabung von menschlichem Hirn, Nerv, Muskel, Sinnesorgan usw. ist. Was zweitens der Bestimmung der Wertgröße zugrunde liegt, die Zeitdauer jener Verausgabung oder die Quantität der Arbeit, so ist die Quantität sogar sinnfällig von der Qualität der Arbeit unterscheidbar. In allen Zuständen mußte die Arbeitszeit, welche die Produktion der Lebensmittel kostet, den Menschen interessieren, obgleich nicht gleichmäßig auf verschiedenen Entwicklungsstufen.[2] Endlich, sobald die Menschen in irgendeiner Weise füreinander arbeiten, erhält ihre Arbeit auch eine gesellschaftliche Form.

Woher entspringt also der rätselhafte Charakter des Arbeitsprodukts, sobald es Warenform annimmt? Offenbar aus dieser Form selbst. Die Gleichheit der menschlichen Arbeiten erhält die sachliche Form der gleichen Wertgegenständlichkeit der Arbeitsprodukte, das Maß der Verausgabung menschlicher Arbeitskraft durch ihre Zeitdauer erhält die Form der Wertgröße der Arbeitsprodukte, endlich die Verhältnisse der Produzenten, worin jene gesellschaftlichen Bestimmungen ihrer Arbeiten betätigt werden, erhalten die Form eines gesellschaftlichen Verhältnisses der Arbeitsprodukte.

Das Geheimnisvolle der Warenform besteht also einfach darin, daß sie den Menschen die gesellschaftlichen Charaktere ihrer eignen Arbeit als gegenständliche Charaktere der Arbeitsprodukte selbst, als gesellschaftliche Natureigenschaften dieser Dinge zurückspiegelt, daher auch das gesellschaftliche Verhältnis der Produzenten zur Gesamtarbeit als ein außer ihnen existierendes gesellschaftliches Verhältnis von Gegenständen. Durch dies Quidproquo werden die Arbeitsprodukte Waren, sinnlich übersinnliche oder gesellschaftliche Dinge. So stellt sich der Lichteindruck eines Dings auf den Sehnerv nicht als subjektiver Reiz des Sehnervs selbst, sondern als gegenständliche Form eines Dings außerhalb des Auges dar. Aber beim Sehen wird wirklich Licht von einem Ding, dem äußeren Gegenstand, auf ein andres Ding, das Auge, geworfen. Es ist ein physisches Verhältnis zwischen physischen Dingen. Dagegen hat die Warenform und das Wertverhältnis der Arbeitsprodukte, worin sie sich darstellt, mit ihrer physischen Natur und den daraus entspringenden dinglichen Beziehungen absolut nichts zu schaffen. Es ist nur das bestimmte gesellschaftliche Verhältnis der Menschen selbst, welches hier für sie die phantasmagorische Form eines Verhältnisses von Dingen annimmt. Um daher eine Analogie zu finden, müssen wir in die Nebelregion der religiösen Welt flüchten. Hier scheinen die Produkte des menschlichen Kopfes mit eignem Leben begabte, untereinander und mit den Menschen in Verhältnis stehende selbständige Gestalten. So in der Warenwelt die Produkte der menschlichen Hand. Dies nenne ich den Fetischismus, der den Arbeitsprodukten anklebt, sobald sie als Waren produziert werden, und der daher von der Warenproduktion unzertrennlich ist.

Quelle:
Karl Marx – Das Kapital, Bd. I,
in: MEW, Bd. 23, Berlin/DDR 1968, S. 85–87.

1 Man erinnert sich, daß China und die Tische zu tanzen anfingen, als alle übrige Welt still zu stehn schien – pour encourager les autres.

2 Note zur 2. Ausg. Bei den alten Germanen wurde die Größe eines Morgens Land nach der Arbeit eines Tages berechnet und daher der Morgen Tagwerk (auch Tagwanne) (jurnale oder jurnalis, terra jurnalis, jornalis oder diurnalis), Mannwerk, Mannskraft, Mannsmaad, Mannshauet usf. benannt. Sieh Georg Ludwig von Maurer, „Einleitung zur Geschichte der Mark-, Hof-, usw. Verfassung", München 1854, p 129 sq.

Ein Interview mit Jens Baumgarten

Die Lage der Universität in São Paulo

7. März 2016

FELIX VOGEL   Kannst du zunächst die räumliche Lage deines Arbeitsortes an der Universidade Federal de São Paulo (Unifesp) beschreiben? Wo liegt der Campus?

JENS BAUMGARTEN   Zuerst muss man bemerken, dass wir seit drei Jahren in einem Provisorium – einem ehemaligen privaten Gymnasium – untergebracht sind. Der Campus selbst wird gerade umgebaut und voraussichtlich im Mai 2016 wiedereröffnet. Unser Campus liegt im Viertel Pimentas. Pimentas ist der bevölkerungsreichste Teil der Stadt Guarulhos. Guarulhos befindet sich im Großraum São Paulo und ist die zweitgrößte Stadt des Bundesstaats São Paulo. São Paulo hat, was die Stadt selber betrifft, 12 Millionen Einwohner und im Großraum zwischen 20 und 22 Millionen Einwohner. Pimentas liegt am äußersten Rand von Guarulhos und gehört zu den problemreichen Vierteln, insofern dort auch das Hauptgebiet des Primeiro Comando da Capital (PCC) ist. Das PCC gehört zu den kriminellen Organisationen, die sich in den 1980er Jahren in den Gefängnissen herausgebildet haben und hauptverantwortlich sind für den Drogenhandel. Pimentas ist immer ein benachteiligtes Gebiet gewesen. Es gab dort, glaube ich, bis 2000 keine einzige Bankfiliale und die meisten Straßen waren bis dahin ohne Asphalt.

Die Entscheidung, genau hier einen Campus zu errichten, muss im Zusammenhang der Neugründung der Universität als Bundesuniversität verstanden werden. Obwohl unsere Universität den Status einer Bundesuniversität bis Ende der 1990er Jahre besaß, war sie keine wirkliche Volluniversität, sondern bestand nur aus einer medizinischen Fakultät. Mit dem Ansatz, sich zu einer Volluniversität weiterzuentwickeln, wurden also neue Campus gesucht, und zwar im Großraum São Paulo. Der damalige Rektor ist auf die Bürgermeister der Stadtteile zugegangen, die dann einen gewissen Raum zur Verfügung gestellt haben, der von da an auch der Universität und nicht mehr der Stadt gehörte. Seither hat die Unifesp Campus in Santos, Osasco, São José dos Campos und Diadema. Santos war der erste, unser Campus in Guarulhos gehörte dann zu den nächsten, die eröffnet wurden. Osasco wurde zuletzt eingeweiht; es soll aber auch einen Campus im Gebiet Leste geben, also im Ostteil von São Paulo, der durch die aktuellen Ereignisse jedoch in Frage gestellt ist. Das sind erst einmal die Planungen. Es gibt noch weitere, aber die sind im Moment noch nicht spruchreif.

VOGEL   Auch im Stadtzentrum von São Paulo gibt es vereinzelt Gebäude, oder? Sind die dann noch aus der Zeit, bevor die Unifesp zur Volluniversität wurde?

BAUMGARTEN   Ja, beispielsweise das Rektorat. Das ist eine Schenkung der Stadt São Paulo, aber ich weiß gar nicht, was da ursprünglich drin war. Um die Umwandlung der Universität in eine Volluniversität einzuläuten, ist das Rektorat aus dem ursprünglichen Campus rausgegangen und hat ein eigenes Gebäude bekommen, um damit auch zu zeigen, dass es sich nicht einfach um die Fortsetzung der früheren Universität handelt. Mit dem neuen Rektorat und der zentralen Verwaltung wurde dann auch signalisiert: Das ist jetzt wirklich etwas Neues.

Noch einmal zur Entscheidung, weshalb die Campus über den Großraum São Paulo verteilt wurden: Die Idee war, nicht einen zentralen Campus zu haben, sondern verschiedene Campus, die jeweils inhaltlich ausgerichtet sind. Das ist das Konzept, und letztlich ist dieses Konzept auch ein bisschen problematisch, weil es zu einer Isolation führt. Das liegt weniger an der Universität selber, sondern an dem politischen Denken zwischen Universität und Bürgermeister beziehungsweise den jeweiligen Ortsverwaltungen, weil die so tun, als wäre das ihre Universität. Entsprechend gibt es den geisteswissenschaftlichen Campus in Guarulhos und es gibt den sozialwissenschaftlich-wirtschaftswissenschaftlichen Campus in Osasco, den ingenieurswissenschaftlichen Campus in Diadema und den informatisch-mathematischen Campus in São José dos Campos. Was dazu führt, dass man unterschiedliche Fakultäten hat – das macht ja eigentlich Sinn –, aber die Fakultäten sind dadurch natürlich räumlich getrennt. Aktuelle Tendenzen zu einer Inter- oder Transdisziplinarität, also über Fakultätsgrenzen hinaus, werden dadurch vielleicht nicht ganz verhindert, aber doch sicherlich erschwert werden.

VOGEL   Schwierig ist es noch dazu natürlich für die Studierenden: Wenn man sich vorstellt, sie studieren zum Beispiel die Fächerkombination Kunstgeschichte und Ökonomie, müssen sie lange Wege hinter sich bringen.

BAUMGARTEN   Ja, das ist, wie gesagt, schwierig zusammenzubringen. Wir versuchen das, soweit es möglich ist, und es gibt jetzt auch einen neuen Entwicklungsplan für die Universität, der diskutiert wurde und noch weiterentwickelt wird. Das gehört mit zu den, wie ich finde, sehr positiven Entwicklungen durch die neue Rektorin, Soraya Soubhi Smaili, die ein Prorektorat für strategische Planung eingerichtet hat, wo solche Fragen gebündelt werden, denn diese ganze Phase der Erweiterung der Universität ist bislang eigentlich recht planlos verlaufen. Und das führte eben auch zu Fehlplanungen. Damit kommen wir wieder auf die Infrastruktur zu sprechen: Was das Gebäude in Guarulhos betrifft, gab es überhaupt keine Ausschreibung. Soweit ich das beurteilen kann – weil es ja noch im Rohbau ist –, ist das ein sehr pragmatischer Bau, aber architektonisch letztlich völlig belanglos, das spiegelt sich allein in der Tatsache wider, dass kein Architekt ihn entworfen hat, sondern ein Bauingenieur. Ein Fehler beim Umbau unseres Campus ist beispielsweise, dass das Gebäude eigentlich schon wieder zu klein ist. Für die neueren Planungen hingegen kann man feststellen, dass der Campus im Gebiet Leste, wenn es denn dazu kommt, auch mit einer Ausschreibung für Architekten eingerichtet wird. Dadurch wird dann doch ein Mindestmaß an Planung und Planungssicherheit gewährleistet, damit solche Sachen nicht wieder passieren.

VOGEL   Ist denn der Transport zum Campus gewährleistet?

BAUMGARTEN   Das Problem des Transports betrifft letztlich alle Campus der Unifesp. Die öffentlichen Verkehrsmittel sind äußerst spärlich, es gibt inzwischen viereinhalb bis fünf Metrolinien, aber es verkehrt kein Massentransportmittel zwischen der Innenstadt São Paulo und unserem Campus. Es existieren kleinere und größere Busse, aber damit sind die Wege immer sehr schwierig und auch sehr langwierig. Die Distanz zum Zentrum beträgt mindestens 45 bis 50 oder sogar 60 Kilometer; das sind bei unseren Verkehrsverhältnissen, wenn es schnell geht, 45 Minuten, wenn es lange dauert, eineinhalb bis zwei Stunden. Das ist natürlich ein Problem, da ja die meisten Kurse für die *undergraduate studies* am Abend oder in der Nacht stattfinden, also von 19.30 Uhr bis 22.30 Uhr. Es ist äußerst problematisch für die Leute, da hinzukommen, weil es die Hauptverkehrszeit ist. Und Zurückkommen heißt dann auch, dass sie erst nach Mitternacht wieder zu Hause sind.

VOGEL   Kommen wir noch einmal auf die Planungen für die Erweiterung zurück. Die periphere Lage im direkten Umfeld einer Favela lässt, von außen betrachtet, widersprüchliche Deutungen zu: Man könnte sie einerseits als einen Anspruch auf Inklusion sogenannter bildungsferner Gesellschaftsgruppen verstehen, letztlich durchaus kompatibel mit dem Programm des ehemaligen Präsidenten Lula da Silva. Andererseits könnte man eine solche räumliche Positionierung der Universität auch als Mittel zur Aufwertung bestimmter Stadtteile verstehen. Oder spielen ganz handfeste ökonomische Gründe eine Rolle? Weil Gebäude und Baugrund hier schlichtweg günstiger sind als im Zentrum?

BAUMGARTEN   Sowohl als auch. Die ersten Verhandlungen waren nicht öffentlich und wurden auch nicht veröffentlicht. Deshalb ist es schwer zu beurteilen, was der ursprüngliche Grund war. Ich glaube, es ist noch einmal wichtig, zu betonen, dass die Universität auch unter Druck stand, den Titel als Universität nicht zu verlieren. Die Frage war: Werden wir eine Volluniversität und müssen damit auch andere Fächer anbieten oder bleiben wir einfach eine medizinische Fakultät? Die Universität hat sich dann aber mit einer absoluten Mehrheit dafür entschieden, eine Volluniversität zu werden. Wobei auch interessant ist, dass der Plan der Volluniversität eigentlich auf den letzten Rektor vor der Diktatur zurückgeht, auf Marcos Lindenberg – hier muss erwähnt werden, dass die medizinische Fakultät 1933 eine private Gründung war und vor allem aus finanziellen Gründen 1956 verstaatlicht und in das föderale System eingegliedert wurde –, der das ursprünglich geplant hatte, aber von der Militärdiktatur entlassen wurde. Insofern ist es nicht verwunderlich, dass die Entwicklung zur Volluniversität erst nach der Militärdiktatur in Angriff genommen wurde. Die erste Erweiterung fand schließlich Ende der 1990er Jahre unter der Regierung von Fernando Cardoso statt. Dieser Prozess hat dann noch einen Schub bekommen durch die Finanzspritzen, die der Bildungsbereich unter der Regierung Lula erhielt, und das auch ganz klar mit dem sozialen Auftrag der Inklusion. Das heißt, es gab dann die Idee, in die Peripherie zu gehen und in der Peripherie, genau was du sagtest, den sogenannten bildungsferneren Schichten diesen Weg zu ermöglichen.

Tatsächlich ist es aber etwas komplexer. Die Idee der Inklusion der unteren sozialen Schichten in der Peripherie ist sozusagen die offizielle Lesart. Wenn man sich aber die realen politischen Gründe anschaut, dann handelt es sich eher um eine machtpolitische Pragmatik, die sich aus der Tatsache ergibt, dass die Stadt São Paulo (1993–2001, 2005–2009) und der Bundesstaat São Paulo (1995–2016) vom Partido da Social Democracia Brasileira (PSDB) regiert wurden, der bis zum Impeachmentverfahren 2016 auf der Bundesebene die wesentliche Oppositionspartei darstellte, oder von verbündeten Parteien. Und dementsprechend gilt: Wenn etwa ein vom Partido dos Trabalhadores (PT) angeregtes Projekt vorgeschlagen wird, wird es schwer auf Kommunal- oder Landesebene umzusetzen sein. In der damaligen Zeit, also zwischen 2002 und 2008/2009, waren die meisten der peripheren Stadtteile aber vom PT regiert, dementsprechend war es leichter, dort zu verhandeln. Die andere Sache, die sich aus der Frage der Inklusion ergibt, sind die Abend- oder Nachtkurse. Sie dienen dazu, dass diejenigen, die tagsüber arbeiten, nach der Arbeit auch noch studieren können. Jetzt ist das Ganze doch stärker Ideologie oder Populismus, als dass es dann wirklich der Inklusion dient. Ich glaube schon, dass das Projekt der Inklusion dient – und deshalb habe ich es auch immer unterstützt. Also neue Fakultäten zu eröffnen, die Anzahl der öffentlichen Universitäten zu erweitern, die als Einzige Forschung betreiben, im Unterschied zu den achtzig Prozent Privatuniversitäten, die eher Massenuniversitäten sind. Insofern dient das auf jeden Fall der Inklusion, nur der Ort führt zu einer gewissen Missorientierung.

Natürlich ist das für die Gemeinde und das Viertel ein wichtiger symbolischer Akt gewesen, es führt aber nicht automatisch dazu, dass mehr Leute aus der Region auch wirklich dort hingehen. Es gibt für die Bundesuniversitäten eine zentrale Zulassungsstelle, bei der man sich für das Studium bewerben muss. Das hat auch zu politischen Konflikten geführt, weil Abgeordnete des Nationalkongresses und auch Bürgermeister Druck machten auf die Universität und sagten: Wir müssten eine Quote haben für die Leute vor Ort; das geht aber natürlich nicht mit dem Anspruch der Universität zusammen, die wie alle staatlichen Universitäten ein Eingangsexamen hat, das nach Qualitätskriterien funktioniert – in den letzten Jahren im Rahmen des nationalen Examens *ENEM (Exame Nacional do Ensino Médio)*. Es gibt zwar eine Quotenregelung, aber die gilt nur für Afrobrasilianer und Nachkommen der indigenen Bevölkerung, es gibt keine Ortsquote; und es kommt als Zweites hinzu, dass die Lage des Campus nur denen hilft, die wirklich aus der Region kommen. Jetzt gibt es aber Favelas in ganz São Paulo, und wenn jemand aus einer anderen Ecke kommt, ist er doppelt benachteiligt und braucht doppelt so lange für die Anfahrt. Wenn man etwa aus Osasco kommt und in Guarulhos studiert, dann braucht man doppelt so lange, dort anzukommen, wie aus dem Zentrum, dann ist man eben drei Stunden unterwegs.

Eigentlich benachteiligt die periphere Lage die Studierenden, aber als Anfang der 2010er Jahre noch einmal die Überlegung aufkam, die gesamte Universität zentraler zu verorten, wurde das sowohl von dem damaligen konservativen Rektor abgelehnt, weil da politische Interessen dahinterstanden, als auch von linksextremen Studentengruppen, weil die darin eine elitäre Haltung der Dozenten gesehen haben, was aber, glaube ich, nicht für die Mehrheit der Dozenten gilt, zumal auch im Zentrum ärmere und bildungsferne Schichten leben.

VOGEL In europäischen Metropolen wird das Phänomen der Gentrifizierung viel diskutiert: Prestigebauten wie ein Universitätscampus sind dabei ein Element der Aufwertung von Stadtteilen. Hat sich Pimentas durch den Bau des Campus verändert?

BAUMGARTEN Ja, das sieht man auf jeden Fall. Wobei die Veränderung jetzt durch den Umbau des Campus unterbrochen wurde. Da müsste man jetzt erst einmal sehen, wie sich das hier weiterentwickelt. Es gab, was den Konsumsektor betrifft, zuvor ein kleines Einkaufszentrum, das dann vergrößert wurde, was sicher auf den Campus zurückzuführen ist. Die Straßen wurden asphaltiert und der Busbahnhof erweitert. Jetzt ist das keine Entwicklung hin zu einer Mittelschicht, es bleibt immer noch ein benachteiligtes Viertel, aber auf jeden Fall zeigt sich eine Wandlung. Es gab beispielsweise ein Projekt, *Minha Casa Minha Vida*, eine Art Sozialbauprogramm, das dort angesiedelt wurde, bei dem sicher ein bewusster Schritt war, das in die Nachbarschaft zur Universität zu setzen. Insofern ist eine Form der Urbanisierung erkennbar, die weggeht von diesen wilden Bauweisen. Es ist zwar keine Favela, aber die Bauten sind hier nicht normiert und kontrolliert. In der unmittelbaren Nachbarschaft des Campus wurde jetzt ein Kulturzentrum errichtet, das ist sicherlich eine Aufwertung, jedoch auch für die lokale Community sehr wichtig: Das Programm wird von dieser sehr gut angenommen. Denn man darf nicht vergessen, dass es in diesen Gebieten ansonsten gar nichts gibt.

VOGEL Wie haben die Bewohner_innen des Viertels anfangs auf den Bau des Campus reagiert und wie ist das Verhältnis zwischen Universität und Anwohner_innen jetzt?

BAUMGARTEN Es gibt immer wieder Konflikte. Man darf nicht vergessen, dass das Gebiet vom PCC kontrolliert wird und alles, was stattfindet, nicht immer ganz offiziell stattfindet. Der Campus in Diadema ist noch problematischer, da gibt es auch Überfälle. In Guarulhos geschieht das weniger häufig, aber es gibt zahlreiche soziale Konflikte, wie sie in der Peripherie von São Paulo und Rio de Janeiro und allen größeren Städten Brasiliens vorkommen, bis hin zu sogenannten *chacinas* – Massentötungen, in die vielfach die Polizei, vor allem die Polícia Militar, verwickelt ist.

VOGEL Was die Studierenden betrifft, hast du bereits die mühsamen Anreisebedingungen beschrieben. Wie gestaltet sich das für dich als Dozent? Welche Auswirkungen hat die periphere Lage auf deine Arbeit? Konkret: Findet deine Arbeit im Büro an der Uni oder zu Hause statt? Oder an einem ganz anderen Ort?

BAUMGARTEN   Ebendas ist das große Problem. Da kommt mehreres zusammen. Die räumliche Entfernung ist ein Problem, wäre aber keines, wenn es im Umfeld der Universität oder des Campus eine Infrastruktur geben würde, wo man sowohl Orte hätte wie andere Kulturinstitutionen, aber auch ganz abgesehen davon Restaurants, Cafés und Kneipen, wo man, wenn man Veranstaltungen ausrichtet, davor und danach auch hingehen kann. Das sind ganz einfache Dinge. Aber das Hauptproblem – nicht nur bei uns, sondern überall, vielleicht abgesehen von zwei oder drei Universitäten –, das ist das Fehlen einer wirklich guten Bibliothek. Das heißt, dort zu arbeiten, funktioniert wirklich nur, wenn ich meine eigenen Bücher mitbringe. Aber meine Bücher immer drei Stunden hin- und herzuschleppen, ist wenig sinnvoll. Üblicherweise haben also alle Dozentinnen und Dozenten ihre Privatbibliothek; das führt aber dazu, dass auf dem Campus nur das stattfindet, was dort unbedingt stattfinden muss. Nämlich die Lehre und die Verwaltung, wobei selbst Sitzungen ab und an in São Paulo stattfinden können. Der Campus ist also kein Ort, an dem man sich täglich trifft, sondern jeder versucht seine Termine so zu legen, dass man zwar alles mitmacht, aber vor allem auch versucht, den Zeitverlust durch die Bewegung von einem Ort zum anderen so gering wie möglich zu halten. Das führt letztlich dazu, dass unsere Veranstaltungen nicht gut besucht werden und wir Veranstaltungen in Kooperation mit anderen Institutionen im Zentrum ausrichten müssen.

VOGEL   Gibt es denn gar keine Bibliothek auf dem Campus?

BAUMGARTEN   Es gibt zwar eine Bibliothek, die für das Studium ausreichend ist, das ist aber keine Forschungsbibliothek. Man muss auch dazusagen, dass wir nicht viel auf alte Bestände zurückgreifen können und es für die Kunstgeschichte eine recht neue Bibliothek ist, den Studiengang gibt es erst seit 2008. Beim Aufbau der Bibliothek waren wir dann auch auf Schenkungen von anderen Bibliotheken angewiesen, etwa von der Humboldt-Universität in Berlin, den Universitäten in Bern, Hamburg und Zürich sowie vom Getty Institute. Das waren dann vielleicht 16.000 Bücher am Anfang. Allerdings haben wir auch Zugriff auf die meisten Zeitschriften, wobei hier aktuell aus Kostengründen – gerade aufgrund der Volatilität des Real – überlegt wird, dieses Angebot zu verringern. JSTOR funktioniert sowieso nur bedingt, das ist viel zu teuer.

VOGEL   Der Studiengang Kunstgeschichte an der Unifesp ist also noch sehr jung und überhaupt einer der ersten Studiengänge dieser Art in Brasilien. Du hast bereits erwähnt, dass das Studium als Nachtstudiengang konzipiert ist, wodurch das Problem der peripheren Lage potenziert wird. Kannst du etwas zur Gründung des Studiengangs sagen und über die Beweggründe, die Lehre auf den Abend zu verlegen? Wenn es sich bei der Kunstgeschichte um einen Studiengang handelt, der so angelegt ist, dass er von Studierenden neben ihrer Berufstätigkeit absolviert werden kann, heißt das dann letztlich auch, dass es um eine Form der Weiterbildung geht? Kunstgeschichte ist einerseits kein Fach, das gute Berufsperspektiven erwarten lässt, andererseits ist sie mittlerweile – wenn man an den Kunstmarkt und die Gegenwartskunst denkt – Teil der Kreativindustrie und noch viel allgemeiner als Geisteswissenschaft Teil des Paradigmenwechsels hin zu einer Gesellschaft der Wissensarbeit. Wo würdest du den Platz der Kunstgeschichte hier in Brasilien verorten? Worin habt ihr die Relevanz eines solchen Studiengangs gesehen, beziehungsweise: wie habt ihr dessen Notwendigkeit legitimiert?

BAUMGARTEN   Ganz wichtig ist: Kunstgeschichte als intellektuelles Betätigungsfeld gibt es natürlich auch in Brasilien seit 200 Jahren, was es aber eben nicht gab, ist die Institutionalisierung der Kunstgeschichte innerhalb der Universität. Es gab in den 1980er Jahren eine Entwicklung hin zur Einrichtung von Postgraduiertenstudiengängen, jedoch wurden diese innerhalb von Studiengängen wie Geschichte, Philosophie, der Künstlerausbildung oder der Kunsterziehungsausbildung an Akademien eingerichtet. Durch die Erfahrung mit den *graduate studies* haben wir gemerkt, dass die Studierenden zwar gut ausgebildet waren, was theoretische Ansätze in den Geistes-, Sozial- und Kulturwissenschaften betrifft, allerdings fehlten Grundtechniken unseres Faches. Sei es Bildbeschreibung, sei es Architekturbeschreibung – all das musste man dann für den Magister oder die Promotion nachholen. Das war einer der wichtigsten Gründe für die Einrichtung des Programms, ganz abgesehen von dem Gedanken, die Kunstgeschichte als autonome Wissenschaft ihren Platz finden zu lassen. Wir haben zwar beispielsweise seit über vierzig Jahren ein brasilianisches Komitee der Kunstgeschichte, wir haben also all diese anderen Institutionen, aber es fehlte vor allem an den Grundlagen des Studiengangs.

VOGEL   Kann man von einer spezifischen Situiertheit von kunstgeschichtlichem Wissen in Brasilien sprechen? Was unterscheidet die Kunstgeschichte an der Unifesp von europäischen und nordamerikanischen Studiengängen?

BAUMGARTEN　　Für die Gründung war wichtig, dass wir gesagt haben, wir können hier in Brasilien nicht einfach ein europäisches oder nordamerikanisches Modell kopieren, weil es einfach auf unsere Bedürfnisse nicht zutrifft. Für unser Projekt war ein sozialer und politischer Ansatz sehr wichtig, dahin gehend, dass Sehen kein rein neurophysiologischer Vorgang ist, sondern eine Kulturkompetenz darstellt. Das heißt: Ein kritisches Sehen muss auch erlernt werden, und das geht über das traditionelle Fach der Kunstgeschichte hinaus. Wobei sich das natürlich eigentlich vollkommen einfügt in Überlegungen von Wölfflin bis Warburg, um nur zwei der Gründungstheoretiker unseres Faches zu nennen. Das war ja tatsächlich ein Aspekt, der in der institutionellen Gründungsphase unseres Faches eine große Rolle gespielt hat. Der ist dann im Laufe der Zeit immer stärker verdrängt worden und erst in den 1970er Jahren im deutschsprachigen Raum mit der Politisierung der Kunstgeschichte wieder aufgetaucht, ist aber trotzdem immer eurozentriert geblieben.

Insofern spielt der Aspekt, dass das Erlernen eines „kritischen Sehens" mit zur Ausbildung gehört, insbesondere in einer multikulturellen Stadt wie São Paulo eine wesentliche Rolle. Es spielt auch eine Rolle, den sozialen und kulturellen Verhältnissen Rechnung zu tragen und dementsprechend theoretische und methodische Ansätze zu priorisieren, dass Kunstgeschichte kein elitärer Studiengang ist, sondern dass sie zu einem Kanon von geistes- und kulturwissenschaftlichen Fächern dazugehört, die wir für notwendig erachten. Auf der anderen Seite geht es also darum, das Fach in aktuelle internationale Tendenzen einzuschreiben. Insofern war es wichtig, dass wir gesagt haben, der Bachelorstudiengang hat drei Schwerpunkte: 1. westliche Kunstgeschichte, inbegriffen Nord- und Südamerika, 2. außereuropäische Kunst mit Asien, Afrika, Australien und Ozeanien, 3. trans- und interdisziplinäre Streuung, das heißt die Integration von Filmwissenschaft, Kunstsoziologie, Kunstanthropologie und Philosophie. Diese Bereiche spielen alle eine große Rolle und waren sehr wichtig für die Gründung. Das heißt also, dass die Kunstgeschichte nicht außerhalb der anderen Fächer der Geisteswissenschaften steht und dass sie mit ihnen in Kontakt treten kann.

Entsprechend kann man, was das soziale Profil betrifft, auch sagen, dass die Kunstgeschichte bei uns – und das gilt auch für die anderen Standorte in Brasilien – wirklich kein Elitestudiengang ist, sondern dass sich die Studierenden aus eher bildungsferneren Schichten rekrutieren. Natürlich sind hier auch Studierende aus der Mittelschicht dabei, aber das ist sicherlich ein ganz anderes Profil, als wir das aus Europa oder Nordamerika kennen. Gleichzeitig spiegelt sich auch die ethnische Zusammensetzung Brasiliens wider im Studiengang. Das gilt sowohl für die Studierenden als auch die Dozentinnen und Dozenten. Entsprechend sind die behandelten Themen und Diskussionen politischer ausgeprägt.

9. Mai 2016

VOGEL　　Seit unserem ersten Gespräch ist das Institut für Kunstgeschichte wieder in den ersten Campus in Pimentas zurückgezogen, der in den letzten drei Jahren umgebaut wurde. Um welche Art von Gebäude handelt es sich? Welche Idee liegt der Architektur zugrunde?

BAUMGARTEN　　Es gab nie ein wirklich architektonisches Projekt, sondern Bauingenieure haben darüber entschieden. Zumindest gab es, seit Soraya Soubhi Smaili Rektorin ist, eine Koordination mit dem Prorektorat für Planung unter dem Vize-Prorektor Pedro Arantes, der auch Dozent am Department für Kunstgeschichte ist und gleichzeitig ausgebildeter Architekt.

Die Grunddaten sind wie folgt: 20.000 Quadratmeter umfasst das gesamte Gebäude mit 38 Unterrichtsräumen, 14 sogenannten Laboratorien für Forschung und Studium und einer Bibliothek mit circa 100.000 Büchern, einem großen Hörsaal für ungefähr 150 Personen sowie einer Mensa; der Komplex ist ausgestattet mit einem Wiedergewinnungssystem für Regenwasser. Die Räume für die Dozentinnen und Dozenten werden erst nach den Umbauarbeiten und Renovierungsarbeiten des ersten Gebäudes fertiggestellt werden, was bis Ende 2016 oder Beginn 2017 geschehen soll. Im Provisorium hatten 21 Dozenten zusammen einen Raum mit sechs Schreibtischen. Wir hoffen, zumindest eine etwas bessere Situation zu bekommen – aber von einer Ausstattung ein Raum pro Dozent werden wir auch dann noch weit entfernt sein.

Es sollte nicht unerwähnt bleiben, dass Brasilien in den letzten Wochen und Monaten so etwas wie einen „weißen Staatsstreich" (port. „golpe branco") erlebt, der gegen die 2014 gewählte Präsidentin Dilma Rousseff gerichtet ist und von der rechtsgerichteten Opposition in Unterstützung der alten Oligarchien wie auch einer zentralisierten, ebenfalls rechtsgerichteten Medienlandschaft (*Globo*, *Veja*, *Folha*) betrieben wird. Die Aussichten für die bisher schon angespannte Situation für die Universitäten und die Wissenschaften haben sich damit deutlich weiter verschlechtert. So hat der Gouverneur des Bundesstaates São Paulo Geraldo Alckmin in einem durchgesickerten Gespräch die sehr gut funktionierende Landesstiftung Fapesp (Fundação de Amparo à Pesquisa do Estado de São Paulo) kritisiert, die zahlreiche internationale Kooperationen, unter anderem auch mit der

DFG, betreibt; er verstehe die Förderungspolitik nicht und es werde zu viel Grundlagenforschung betrieben. Zudem hat eine ausgezeichnete Neurowissenschaftlerin, Suzana Herculano-Houzel, erklärt, sie sehe keine Chance für ihre Arbeit in Brasilien und wechsele deshalb an die Vanderbilt University. Und schließlich ist als neuer Wissenschaftsminister des wahrscheinlich neuen Präsidenten Michel Temer ein Geistlicher im Gespräch, Marcos Pereira, Bischof der neo-charismatischen Kirche Igreja Universal do Reino de Deus, der teilweise den Kreationismus verteidigt.

Jens Baumgarten ist Professor für Kunstgeschichte an der Universidade Federal de Sao Paulo, Brasilien.

Das Rolex Learning Center von SANAA im Kontext neoliberaler Wissensökonomie

Abb. 1   SANAA Rolex Learning Center, EPFL, 2007–2010, Luftbild von Südwesten, 2009

1. Raumbilder des (Neo-)Kapitalismus

Lange vor dem *spatial turn* waren sich viele Soziologen darin einig, dass soziale Beziehungen nur räumlich denk- und darstellbar sind.[1] In Begriffen wie „Ober-", „Mittel-" und „Unterschicht", „sozialer Auf- und Abstieg", „politische Mitte", „Linke" und „Rechte" etc. spiegle sich eine dreidimensional gedachte Gesellschaftsordnung. Pierre Bourdieu war sogar der Ansicht, dass unsere Vorstellung des physischen Raumes nur eine Abstraktion des täglich gelebten sozialen Raumes darstelle[2] und die gesellschaftliche Über- und Unterordnung lediglich auf das topographische Oben und Unten projiziert würde. In seiner berühmten Untersuchung zum kabylischen Haus[3] stellte Bourdieu fest, dass der ins tägliche Verhalten, gleichsam in den Körper eingeschriebene soziale Raumbegriff zur analogen Herstellung physischer Räume führe: „[E]s ist der Habitus, der das Habitat macht."[4] Umgekehrt wirkt aber auch der architektonische Raum augenscheinlich auf den sozialen zurück und verleiht ihm Stabilität, und so kann man mit Markus Schroer die Bourdieu'sche Formel auch umdrehen: „Es ist das Habitat, das den Habitus macht."[5] Streng genommen könnte also ein gesellschaftlicher Umsturz nur gelingen, wenn man auch die Habitate schleift und durch neue ersetzt; eine Erkenntnis, der vor allem die Moderne sozialistischer Prägung gefolgt ist. Wenig wissenschaftlich, aber prägnant brachte Winston Churchill die Interdependenz von Architektur und Gesellschaft auf den Punkt: „First we shape our buildings, then they shape us."[6]

Gleichwohl sind archaische Gesellschaften wie die der in den 1960er Jahren von Bourdieu untersuchten Berber leicht mit architektonischen Analogien zu beschreiben (beziehungsweise deren Architekturen soziologisch zu interpretieren), weil diese in der Regel über eine festgefügte, gleichsam tektonische Gesellschaftsform verfügen, die zudem in ein streng zyklisches Zeitverständnis eingebettet ist. Blickt man auf die heutigen postfordistischen, globalisierten Gesellschaften neoliberaler Prägung, so bemühen die meisten Soziologen Metaphern aus der Natur und weniger aus dem Bauwesen, um deren dynamische Prozesse zu beschreiben: So ist von „Wachstum", „Strömen", „Flüssen", „Segregation", „flüssiger Moderne",[7] „Umwälzungen", (Spekulations-)„Blasen", „Erosionen", dem „survival of the fittest" oder, handgreiflicher, vom „Fressen und Gefressenwerden" oder „Raubtierkapitalismus" die Rede. Dies ist keineswegs neu, denn, wie Richard Sennett bemerkt,[8] hatte schon Karl Marx im „Kommunistischen Manifest" diagnostiziert, dass „[d]ie fortwährende Umwälzung der Produktion, die ununterbrochene Erschütterung aller gesellschaftlichen Zustände, die ewige Unsicherheit und Bewegung [...] die Bourgeoisepoche" auszeichne: „Alles Ständische und Stehende verdampft [...]."[9] Gegenüber dem „primitiven", in jeder Hinsicht instabilen Kapitalismus der ersten Hälfte des 19. Jahrhunderts folgte aber anschließend, so Sennett weiter, eine Phase der Konsolidierung, in der sich die Unternehmen laut Max Weber nach militärischem Vorbild zu effizienten, weniger krisenanfälligen Bürokratien entwickelten, welche die strenge Ordnung einer Pyramide oder die Stabilität eines „stahlharten Gehäuses"[10] besaßen. „In einer mit festgefügten Funktionen ausgestatteten Organisation erlebt[e] man die Zeit so, als steige man langsam die Treppen in einem Haus hinab oder hinunter, das man nicht selbst entworfen hat."[11] Analog dazu nahm auch der „Wohlfahrtsstaat [...] die Form einer bürokratischen Pyramide an".[12]

Bekanntlich stellten diese industriellen wie auch staatlichen Pyramiden die großen Feindbilder der 68er-Bewegung dar. Man sprach von Selbstverwirklichung statt blindem Gehorsam, Kreativität statt Pflichterfüllung, Flexibilität statt institutioneller Verkrustung,

---

1. Vgl. Simmel, Georg: Über räumliche Projektionen sozialer Formen [1903], in: Dünne, Jörg; Günzel, Stephan (Hg.): Raumtheorie. Grundlagentexte aus Philosophie und Kulturwissenschaften, Frankfurt am Main 2006, S. 304–315; Wiese, Leopold von: System der Allgemeinen Soziologie als Lehre von den sozialen Prozessen und den sozialen Gebilden der Menschen (Beziehungslehre), Berlin 1933; Sorokin, Pitirim: Social Mobility, New York, London 1959.

2. Vgl. Bourdieu, Pierre: Physischer, sozialer und angeeigneter physischer Raum, in: Wentz, Martin (Hg.): Stadt-Räume, Frankfurt am Main, New York 1991, S. 25–34, hier S. 28.

3. Vgl. Bourdieu, Pierre: Entwurf einer Theorie der Praxis auf der ethnologischen Grundlage der kabylischen Gesellschaft, Frankfurt am Main 1976 [frz. Orig. 1972].

4. Bourdieu: Physischer, sozialer und angeeigneter physischer Raum, S. 32.

5. Schroer, Markus: Räume, Orte, Grenzen. Auf dem Weg zu einer Soziologie des Raums, Frankfurt am Main 2006, S. 89.

6. Churchill, Winston: Rede vom 28.10.1943, zit. n. Wasserman, Barry; Sullivan, Patrick J.; Palermo, Gregory: The Ethics of Architecture, Washington 2000, S. 33. Das Zitat kursiert in verschiedenen Versionen, u. a.: „We shape our dwellings and afterwards our dwellings shape us", in: Humes, James C.: The Wit & Wisdom of Winston Churchill. A Treasury of More Than 1000 Quotations, New York 1994, S. 7.

7. Bauman, Zygmunt: Liquid Modernity. Cambridge 2000 [dt. Flüchtige Moderne, Frankfurt am Main 2003].

8. Vgl. Sennett, Richard: Die Kultur des neuen Kapitalismus, Berlin 2007, S. 19 [The Culture of the New Capitalism, New Haven, London 2006].

9. Marx, Karl; Engels, Friedrich: Manifest der kommunistischen Partei [1848], in: dies.: Werke, Bd. 4, Mai 1846–März 1848, Berlin 1959, S. 459–493, hier S. 465.

10. Weber, Max: Die protestantische Ethik und der Geist des Kapitalismus [1904/05], Gütersloh 1991, S. 188, zit. n. Sennett: Die Kultur des neuen Kapitalismus, S. 29.

11. Ebd.

12. Ebd., S. 31.

herrschaftsfreien Räumen statt steilen Hierarchien. Auf dieser Welle eines neomarxistischen bis popkulturell-künstlerischen Freiheits- und Emanzipationsdiskurses schwammen auch die jungen Neoliberalen der Chicago School of Economics mit,[13] die sich ebenso den Untergang des „stahlharten Gehäuses" zum Ziel gesetzt hatten, freilich um damit auch gleich den Wohlfahrtsstaat und jegliche Regulierungen des freien Marktes fortzuspülen. Als 1973 mit der Aufkündigung des Bretton-Woods-Abkommens und dem Beginn globaler Finanzspekulationen die Epoche der Investoren begann, die nach kurzfristigen Gewinnen lechzten und immer größere Geldmengen in immer kürzerer Zeit um den Globus jagten, waren bei den Unternehmen nun plötzlich jene Werte gefragt, die man bislang eher jungen, hippen Revoluzzern zugeschrieben hatte: Kreativität, Spontanität, Wandlungsfähigkeit – kurz, Firmen sollten den Sexappeal von Künstlern verströmen, welche die Kulturindustrie inzwischen in Popstars verwandelt hatte. Der Kapitalismus hatte die von Luc Boltanski und Ève Chiapello als „Künstlerkritik" an der fordistischen Arbeitsdisziplin[14] bezeichnete Gegenkultur der 68er-Generation erfolgreich inkorporiert. „Die Unternehmen", schreibt Sennett, „gerieten unter einen gewaltigen Druck, in den Augen der vorbeischlendernden Betrachter schön auszusehen. Und als schön galt eine Institution, wenn sie nach außen hin zeigen konnte, dass sie im Inneren wandlungsfähig und flexibel war, und sich als ‚dynamisches Unternehmen' präsentierte – auch wenn das einstmals stabile Unternehmen bestens funktioniert hatte. […] Stabilität erschien als Zeichen von Schwäche und zeigte dem Markt, dass die Firma nicht in der Lage war, innovativ auf Veränderungen zu reagieren, neue Betätigungsfelder zu finden oder in anderer Weise mit dem Wandel umzugehen."[15] Boltanski und Chiapello konnten anhand ihrer Analyse der Managementliteratur zeigen, wie sich der ehemals hierarchische Führungsstil von den 1960er zu den 1990er Jahren in Richtung flacher Netzwerke wandelte.[16] Firmen lösten sich zunehmend in Projekte auf, deren Umsetzung großteils ausgelagert wurde, sodass man sich teure Angestellte sparen konnte. Die Firmenorganisation glich nun nicht mehr einer Pyramide, sondern einer „Reihe von Inseln, die einem Festland vorgelagert sind – vielleicht die Bahamas im Verhältnis zu den USA: sehr viele verschiedene Arbeitsinseln, auf denen Menschen verschiedene Aufgaben in Bezug auf das Festland erfüllen".[17] Herausgeworfen aus dem „stahlharten Gehäuse" und aller Bindungen ledig, mutiert der einzelne Mensch auf diesen Inseln zu einem „unternehmerischen Selbst", das sich selbst reguliert, wie Ulrich Bröckling es nennt:[18] „Statt vorzuschreiben, was die Einzelnen zu tun oder zu lassen haben, schafft sie [die neoliberale Regierung des Selbst] einen Rahmen, der bestimmte Verhaltensweisen wahrscheinlicher macht als andere, und hält die Individuen im Übrigen dazu an, sich aktiv, eigenverantwortlich und flexibel selbst zu führen."[19] Das dazugehörige Raumbild ist das *Plug-in*-Büro, eine flexible Megastruktur oder auch nur ein informeller *Coworking Space*, in die beziehungsweise den sich der insulare *teleworker* oder *entreployee* („Arbeitskraftunternehmer")[20] kurzfristig einmietet, seinen Laptop ansteckt und sich von der kreativen Atmosphäre inspirieren lässt, die seine Bürokolleg_innen verströmen, mit denen er auch gleich transdisziplinäres Networking betreiben kann. „Ohne Kapital, Produktionsmittel und Absicherung in nennenswerter Höhe, nur ausgestattet mit Latte macchiato, Highspeed-Internet und dem festen Glauben an die eigene Freiheit, Individualität und Selbstverwirklichung verbinden sie [die *entreployees*] das Risiko von Unternehmer_innen mit der Prekarität von Arbeiter_innen", bringt es Iris Dzudzek auf den Punkt.[21] Der Dramatiker René Pollesch nennt *Coworking Spaces* daher süffisant *World Wide Web-Slums*: „Offline ist die lounge ein slum und online ist sie irgendein Job, der sich in einem notebook dreht."[22]

In architektonischer Hinsicht ist der *Coworking Space* allerdings relativ unspezifisch; alles zwischen Loft, aufgelassener Industriehalle, Großraumbüro und Altbauwohnung kann als *Plug-in*-Büro dienen. Es wäre auch verwunderlich, wenn ein so flexibles und dynamisches Projekt wie der Neoliberalismus (anstelle dessen man wohl eher von Neoliberalisierung[23] sprechen sollte) feste, stabile Raumtypologien produzieren würde, wie es bei den Häusern der Kabylen der Fall ist. Gleichwohl gibt es architektonische Beispiele, in denen die inselhafte Netzwerkexistenz des „unternehmerischen Selbst" ein räumliches Äquivalent erhält, das diese Lebensform bestätigt und damit auch mitproduziert. Dazu zählt das Rolex Learning Center (RLC) der École polytechnique fédérale de Lausanne (Abb. 1), das von 2007 bis 2010 nach Plänen des japanischen Architekturbüros SANAA (Kazuyo Sejima und Ryue Nishizawa)[24] errichtet und bereits von Andreas Rumpfhuber als Prototyp postfordistischer Raumbildung in Nachfolge der Bürolandschaften der 1960er Jahre[25] und an anderer Stelle von mir als Raumbild des Neoliberalismus beschrieben worden ist.[26] Im Folgenden soll versucht werden, diese Interpretationen stärker in der Unternehmensphilosophie des Bauherrn und der konkreten Architektur der Arbeitsplätze zu verankern, die das RLC seinen Studierenden bietet.

2. Die École polytechnique fédérale de Lausanne als „unternehmerische Universität"

Die École polytechnique fédérale de Lausanne (EPFL, deutsch: ETH Lausanne) entstand 1969 als Abspaltung von der Universität Lausanne[27] und bildet seither einen Zusammenschluss mit ihrer älteren Schwester, der etwa doppelt so großen ETH Zürich, wobei sie immer etwas in deren Schatten stand. „Fleissig und renommiert, aber etwas bieder", beschrieb die *Neue Zürcher Zeitung* das Image der Lausanner Hochschule.[28] Mit „amerikanischen Management-Methoden", vor allem mit groß angelegten Wirtschaftskooperationen, gelang es aber dem seit 2000 amtierenden EPFL-Präsidenten Patrick Aebischer, seine Hochschule „zu einer der erfolgreichsten Universitäten Europas"[29] zu machen. Die für solche Bewertungen meist zu Rate gezogenen Rankings sprechen da eine deutliche Sprache. Lag die EPFL 2011 noch auf Platz 48 des *Times Higher Education Rankings,* so landete sie 2016 auf Platz 31 (die ETH Zürich verbesserte sich im selben Zeitraum „nur" von Platz 15 auf Platz 9); eingeschränkt auf technische Universitäten belegte sie 2016 Platz 14 (die ETH Zürich Platz 8), während sie 2011 noch auf Platz 24 lag (die ETH Zürich auf Platz 7).[30] Im *Shanghai Ranking* verbesserte sich die EPFL im selben Zeitraum von etwa Platz 125 auf Platz 101 (die ETH von Platz 23 auf Platz 20).[31] Bei den technischen Universitäten dieses Rankings, bei dem die EPFL 2015 Platz 15 hält (und damit den besten Platz Kontinentaleuropas), hat sie ihre eidgenössische Konkurrentin, die an 36. Stelle rangiert, längst überholt. Lediglich bei den Nobelpreisträgern, von denen die ETHZ gleich 21 für sich reklamiert,[32] bleibt die EPFL weit abgeschlagen, kann sie hier doch noch keinen einzigen vorweisen. Aebischer hofft wohl immer noch, dass der erste Nobelpreisträger aus Lausanne nicht mehr allzu lange auf sich warten lässt, und kann sich bis dahin zumindest mit keinem schlechten Ersatz trösten: Als SANAA wenige Wochen nach Eröffnung des RLC den Pritzker-Preis zuerkannt bekam, war der Nobelpreisvergleich flugs bei der Hand: „Architekten des Rolex Learning Center erhalten ‚Nobelpreis' für Architektur", wurde das entsprechende Kapitel im Jahresbericht der Universität betitelt.[33] Insgesamt erwies sich die Errichtung des

---

13 Vgl. Boltanski, Luc; Chiapello, Ève: Der neue Geist des Kapitalismus, Konstanz 2003, bes. S. 213–260 [Le nouvel ésprit du capitalisme, Paris 1999].

14 Ebd., S. 215ff.

15 Sennett: Die Kultur des neuen Kapitalismus, S. 36f.

16 Vgl. Boltanski; Chiapello: Der neue Geist des Kapitalismus, S. 108–128, S. 188–204.

17 Sennett, Richard: Der neue Mensch: flexibel, mobil und orientierungslos?, in: Matejovski, Dirk (Hg.): Metropolen. Laboratorien der Moderne, Frankfurt am Main 2000, S. 105–117, hier S. 107.

18 Bröckling, Ulrich: Das unternehmerische Selbst. Soziologie einer Subjektivierungsform, Frankfurt am Main 2007.

19 Bröckling, Ulrich: „Nichts ist politisch, alles ist politisierbar" – Michel Foucault und das Problem der Regierung, in: Foucault, Michel: Kritik des Regierens. Schriften zur Politik. Ausgewählt und mit einem Nachwort von Ulrich Bröckling, Berlin 2010, S. 403–439, hier S. 426.

20 Pongratz, Hans J.; Voß, Günter G.: From Employee to ‚Entreployee': Towards a ‚Self-Entrepreneurial' work force?, in: Concepts and Transformation. International Journal of Action Research and Organizational Renewal, 8.3 (2003), S. 239–254, zit. n. Dzudzek, Iris: Coworking Space, in: Marquardt, Nadine; Schreiber, Verena (Hg.): Ortsregister. Ein Glossar zu Räumen der Gegenwart, Bielefeld 2012, S. 70–75, hier S. 71.

21 Ebd., S. 71f.

22 Pollesch, René: www-slums, Reinbek bei Hamburg 2009, S. 180, zit. n. ebd., S. 74.

23 Vgl. Jeinic, Ana; Wagner, Anselm: Introduction: in: dies. (Hg.): Is There (Anti-) Neoliberal Architecture? (architektur + analyse, 3), Berlin 2013, S. 6–11, hier S. 8.

24 SANAA ist die Abkürzung für „Sejima And Nishizawa And Associates". Das Büro wurde 1995 gegründet und ist für seine minimalistischen, oft geschosshoch verglasten und meist ganz in Weiß gehaltenen Gebäude bekannt. Zu den wichtigsten realisierten Projekten zählen neben dem Rolex Learning Center der Dior Flagship Store in Tokyo, der Zollverein-Kubus in Essen, der Glaspavillon des Toledo Museum of Art in Toledo/Ohio, das New Museum of Contemporary Art in New York, die Produktionshalle für die Firma Vitra in Weil am Rhein und der Louvre-Lens; vgl. überblicksmäßig: Galiano, Luis-Fernández (Hg.): SANAA. Sejima & Nishizawa 2007–2015 (Arquitectura Viva Monografías/Monographs, 171–172), Madrid 2015; SANAA – Kazuyo Sejima, Ryue Nishizawa 2004–2008. Topología Arquitectónica/Architectural Topology (= El Croquis 139, 2008).

25 Vgl. Rumpfhuber, Andreas: The Legacy of Office Landscaping. SANAA's Rolex Learning Centre, in: IDEA Journal 2011, S. 20–33.

26 Vgl. Wagner, Anselm: Kann Architektur neoliberal sein? In: Rolshoven, Johanna; Omahna, Manfred (Hg.): Reziproke Räume. Texte zu Kulturanthropologie und Architektur, Marburg 2013, S. 98–115, hier S. 110ff.

27 Zur Entstehungsgeschichte vgl. Della Casa, Francesco; Meiltz, Eugène: Rolex Learning Center, Lausanne 2010, S. 46ff.

28 Imhasly, Patrick: „Es wäre schön, wir hätten den Nobelpreis". Patrick Aebischer hat die ETH Lausanne zu einer der erfolgreichsten Universitäten Europas gemacht, in: Neue Zürcher Zeitung, 25.04.2010, online: http://www.nzz.ch/es-waere-einfach-schoen-wir-haetten-den-nobelpreis-1.5547586, zuletzt aufgerufen am 18.05.2016.

29 Ebd.

30 Vgl. https://www.timeshighereducation.co.uk/world-university-rankings/, zuletzt aufgerufen am 18.05.2016.

31 Vgl. http://www.shanghairanking.com/de/, zuletzt aufgerufen am 18.05.2016. Der ungefähre Wert kommt dadurch zustande, dass ab Platz 101 nur mehr Diagramme ohne genaue Zahlen vorliegen.

32 Vgl. https://www.ethz.ch/de/die-eth-zuerich/portraet/nobelpreistraeger.html, zuletzt aufgerufen am 18.05.2016. Della Casa, Francesco; Maino, Eric: „À la loupe. Rolex Learning Center: le génie d'une construction, in: L'Architecture d'aujourd'hui, 377 (2010), S. 37–76, hier S. 39, behaupten dagegen ohne Quellenangabe, die ETH Zürich beanspruche 24 Nobelpreisträger für sich.

33 Panorama 010. Jahresbericht der EPFL, Lausanne o. J., S. 39, online: https://documents.epfl.ch/groups/e/ep/epfl-unit/www/rapport/panorama2010_all.pdf, zuletzt aufgerufen am 18.05.2016.

Abb. 2 Campus der EPFL mit dem Genfer See im Hintergrund, Luftbild von Norden, 2009

Abb. 3 Website der EPFL, 2011, Screenshot

RLC als geschickter PR-Coup, um die EPFL ins nationale und internationale Rampenlicht zu rücken: „Das öffentlich-rechtliche Fernsehen sendete die Tagesschau von der Lobby des Gebäudes aus, das bereits ein Wahrzeichen der Schweiz geworden ist", heißt es weiter im Jahresbericht, und ein Jahr nach der Eröffnung wurde bereits der einmillionste Besucher gezählt.³⁴ „Das Rolex Learning Center", bilanzierte Hannes Mayer wenige Monate nach der Eröffnung, „rückt die EPFL ins Zentrum der Aufmerksamkeit und illustriert eindrücklich ihre Strategie vom Aufstieg zur Eliteinstitution."³⁵

Aufmerksamkeit ist bekanntlich eine grundlegende Kapitalform der gegenwärtigen Mediengesellschaft³⁶ und deshalb auch für alle Universitäten essenziell, denen im Wandel von der Industrie- zur Wissensgesellschaft eine Schlüsselrolle zukommt. Denn es sind die Universitäten, die jenen Rohstoff produzieren, der die Grundlage jeglichen Humankapitals bildet: Wissen. Wird Wissen beziehungsweise Bildung als Kapital einer Gesellschaft begriffen, dann folgt es derselben Logik, die Universität als „unternehmerische Universität" aufzufassen, die sich im Sinne der neoliberalen Ökonomisierung aller Lebensbereiche selbst ökonomisiert. Dieser Zusammenhang lässt sich am Bologna-Prozess, dem sich die europäischen Hochschulen seit eineinhalb Jahrzehnten unterwerfen, gut ablesen. Mit dem Ziel, einen europäischen Hochschulraum zu schaffen, der analog zum Wirtschaftsraum der EU gegenüber dem US-amerikanischen Hochschulraum konkurrenzfähig ist, hat sich eine tiefgreifende Ökonomisierung der Universitäten vollzogen. Diese Ökonomisierung verläuft, wie Peter Weingart gezeigt hat,³⁷ auf einer buchstäblichen und einer analogen Ebene: Einerseits handelt die Universität wirtschaftlich wie ein Privatunternehmen und nicht mehr mit einer kameralistischen Buchhaltung, versucht abseits der meist staatlichen Grundfinanzierung Drittmittel einzuwerben, die im Rahmen eigener Forschungen entwickelten Patente ökonomisch zu nutzen und mit der Ausgründung von Firmen sowie der Errichtung von Wissenschafts- und Technologieparks selbst als Unternehmerin am Markt aufzutreten (die EPFL ist hier ganz besonders erfolgreich). Andererseits gibt sie sich nach innen und außen das Bild einer Firma, mit einem unverwechselbaren Profil, einer *Corporate Identity* mit darauf abgestimmtem *Corporate Design* und eigener PR-Abteilung zur Produktion der Kapitalform Aufmerksamkeit, um am globalen Wissensmarkt mit anderen Universitäten in Konkurrenz treten zu können, was sich unter anderem in den diversen Rankings niederschlägt; sie verfolgt eine Unternehmensstrategie, die sich in quantifizierten Leistungs- und Zielvereinbarungen mit ihren Abteilungen und Instituten äußert und deren Fortschrittsgrad durch permanente Selbst- und Fremdevaluierungen überprüft wird; sie behandelt die Studierenden wie Kunden, die auch nach der Graduierung in Form von Alumni-Vereinen an die Universität gebunden werden in der Hoffnung, diese könnten später als Sponsoren gewonnen werden, und vieles mehr. Industrienahe beziehungsweise anwendungsorientierte Universitäten wie die EPFL tun sich bei diesem Prozess naheliegenderweise leichter als die mehr geisteswissenschaftlich orientierten.

Im Licht der genannten Kriterien stellt die EPFL sicherlich eine der „unternehmerischsten" Universitäten Europas dar. Was sie in unserem Zusammenhang besonders interessant macht, ist, dass der Architektur in ihrer Unternehmensstrategie eine so zentrale Rolle zukommt – vor allem seit Aebischers Amtsantritt.

3. Zur Entstehungsgeschichte des Rolex Learning Center

Der im Osten von Lausanne am Rand des Plateaus von Dorigny unweit des Genfer Sees gelegene Campus der EPFL (Abb. 2) war zwischen 1973 und 1982 nach Plänen von Jakob Zweifel in Form eines strukturalistischen Rasters mit von einer industriellen Ästhetik geprägten Gebäuden mit Aluminiumfassaden errichtet worden³⁸ – ein „stahlhartes Gehäuse" in ganz buchstäblichem Sinn.

Obwohl als Campusuniversität angelegt, fehlten lange Zeit Wohngebäude für die Studierenden. Die EPFL sah nicht nur aus wie eine Fabrik, sie funktionierte auch so: Wie Fabrikarbeiter reisten die Studierenden morgens von ihren Privatquartieren in Lausanne und Umgebung an, um den Campus am Abend wieder heimwärts zu verlassen. Unter dem Eindruck der Pariser Studentenunruhen vom Mai 1968 vermieden die Schweizer Behörden tunlichst, in Dorigny eine Studentenstadt und damit eine – in ihren Augen – gefährliche Brutstätte umstürzlerischer Ideen entstehen zu lassen.[39] Das erste Studentenheim am Campus wurde erst nach langwierigen Verhandlungen Mitte der 1990er Jahre errichtet; zu einem Zeitpunkt, als die 68er-Ideen bereits ihre neoliberale Verwandlung abgeschlossen hatten und eine neue Studentengeneration die Gesellschaft nicht mehr zu verändern, sondern angesichts verschärfter Wettbewerbsbedingungen möglichst rasch einen aussichtsreichen Platz in ihr zu ergattern trachtete. Mit Aebischers Amtsantritt begann sich dann der Campus komplett zu verändern: „It now resembles a veritable town where students and faculty can work, eat, sleep, shop, and enjoy themselves."[40] Man möchte ergänzen: rund um die Uhr. Dementsprechend zierte die Startseite der EPFL-Homepage bis 2011 der Slogan „Learn – Innovate – Live" (Abb. 3). Man könnte sagen, dass damit der angelsächsische Campusgedanke endlich realisiert worden war. Oder auch, dass damit ein Grundprinzip neoliberaler Arbeitsorganisation, nämlich die Aufhebung der räumlichen und zeitlichen Grenzen zwischen Arbeit und Freizeit zwecks Maximierung des Outputs („Innovate"), an einen jener ideengeschichtlichen Orte zurückgekehrt war, von dem sie ihren Ausgang genommen hatte. Denn ungeregelte Arbeitszeiten waren schon immer für das Studenten- wie das Künstlerleben typisch gewesen: zwischen Bummeln und Arbeiten rund um die Uhr war alles möglich.

Was der ehemaligen Lern*fabrik* EPFL noch fehlte, um eine echte Lern- und Innovations*firma* zu werden, in der es sich leben ließ, war ein zentraler repräsentativer Bau, der sowohl als Portal wie als Identifikationsobjekt im Sinne der für eine „unternehmerische Universität" notwendigen *Corporate Identity* dienen konnte. Aebischer erkannte in der notwendigen Zusammenlegung der verschiedenen Bibliotheken die Chance, einen solchen Repräsentationsbau zu schaffen, welcher der EPFL als architektonischer Ikone neue Aufmerksamkeit verschaffen sollte. Funktional sollte die neue Bibliothek nicht als traditionelle Bibliothek, sondern als multimediales Lernzentrum konzipiert werden, in dem die digitalen Medien gleichberechtigt neben dem Buch behandelt und neben den üblichen Bücherregalen und Lesetischen außerdem Cafés, ein Restaurant, eine Buchhandlung, Büros, ein Auditorium, ein Karrierezentrum, ein Sprachzentrum, ein pädagogisches Labor für Lerntechniken und eine Bankfiliale untergebracht werden sollten. Hannes Mayer weist zu Recht darauf hin, dass hier Rem Koolhaas' Konzept für die Public Library in Seattle von 1999 Pate gestanden hat:[41] „[A]t the moment when the electronic revolution seems about to melt all that is solid – to eliminate all necessity for concentration and physical embodiment – it seems absurd to imagine the ultimate library."[42] Koolhaas' Antwort auf diese digitale Verflüssigung bestand unter anderem darin, öffentliche wie private populäre Funktionen (Spielplätze und „Wohnzimmer"), die dem Konsum digitaler Medien näher stehen, den eigentlichen Leseräumen vorzulagern.

Durch Gewinnung des EPFL-Absolventen und Logitech-Gründers Daniel Borel als Sponsor (hier machte sich Alumni-Pflege bezahlt), der eine Million Schweizer Franken zur Verfügung stellte (nach damaligem Kurs etwa 700.000 Euro),[43] konnte 2004 für das Learning Center ein internationaler Architekturwettbewerb ausgeschrieben werden, an dem sich 180 Büros beteiligten. Zwölf kamen in die engere Wahl, deren Namen sich wie das *Who's Who* der internationalen Stararchitektur lesen: Abalos & Herreros, Xaveer De Geyter, Diller Scofidio + Renfro, Du Besset-Lyon, Zaha Hadid, Herzog & de Meuron, Mecanoo, Jean Nouvel, Valerio Olgiati, OMA/Rem Koolhaas, SANAA und Livio Vacchini & Eloisa Vacchini.[44] Spätestens zu diesem Zeitpunkt war der EPFL die internationale Aufmerksamkeit sicher. Anders als es sonst bei Wettbewerben üblich ist, wo meist nicht der visionärste,

---

34 Panorama 010. Jahresbericht der EPFL, Lausanne o. J., S. 40, online: https://documents.epfl.ch/groups/e/ep/epfl-unit/www/rapport/panorama2010_all.pdf, zuletzt aufgerufen am 18.05.2016.

35 Mayer, Hannes: Die Welt ein Kreis, die Welt eine Linie. Das Rolex Learning Center der EPFL von SANAA in Lausanne, in: archithese, 40.3 (2010), S. 80–85, hier S. 80.

36 Vgl. Franck, Georg: Ökonomie der Aufmerksamkeit. Ein Entwurf, München 1998. Es ist vielleicht kein Zufall, dass der Autor dieses Buches, dessen Titel rasch zu einem zeitdiagnostischen Schlüsselbegriff avancierte, Architekt ist.

37 Vgl. Weingart, Peter: Die „unternehmerische Universität", in: Gugerli, David u. a. (Hg.): Nach Feierabend. Zürcher Jahrbuch für Wissenschaftsgeschichte, 6 (2010), S. 55–72, online: http://www.medientheorie.com/doc/weingart_universitaet.pdf, zuletzt aufgerufen am 18.05.2016.

38 Vgl. Della Casa; Meiltz: Rolex Learning Center, S. 51.

39 Vgl. ebd., S. 57.

40 Ebd.

41 Mayer: Die Welt ein Kreis, die Welt eine Linie, S. 80.

42 Koolhaas, Rem; Mau, Bruce: S, M, L, XL, New York 1995, S. 606.

43 Vgl. Della Casa; Meiltz: Rolex Learning Center, S. 83.

44 Vgl. die Dokumentation dieser Projekte in: ebd., S. 89–99.

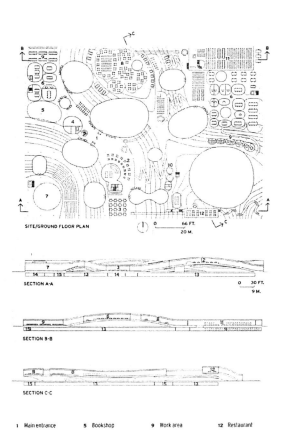

1 Main entrance	5 Bookshop	9 Work area	12 Restaurant	
2 Café	6 Offices	10 Ancient books collection	13 Parking	
3 Food court	7 Multipurpose hall	11 Research collection	14 Storage	
4 Bank	8 Library		15 Mechanical	

Abb. 4   SANAA: Rolex Learning Center, EPFL, 2007–2010, Grundriss, Ansichten und Schnitte

Abb. 5   SANAA: Rolex Learning Center, EPFL, 2007–2010, Blick zum zentralen Haupteingang von Norden

Abb. 6   SANAA: Rolex Learning Center, EPFL, 2007–2010, Areal beim Haupteingang Richtung Osten

Abb. 7   SANAA: Rolex Learning Center, EPFL, 2007–2010, Areal im Südwesten

Abb. 9   Richard Rogers/Renzo Piano: Centre Georges Pompidou, Paris, 1971–77

Abb. 8   SANAA: Rolex Learning Center, EPFL, 2007–2010, Areal im Südosten

90

sondern der technisch wie finanziell realistischste und funktionalste Entwurf prämiert wird, setzte sich SANAA mit seinem Vorschlag durch, ein Gebäude völlig neuen Typs zu erschaffen, das die Ausschreibungsbedingungen auf einzigartige Weise beantwortete.

4. Phänomen Rolex Learning Center

Abb. 10   SANAA: Rolex Learning Center, EPFL, 2007–2010, Wanduhr im Restaurant La Table de Vallotton

Die Besonderheit des sich auf einer Grundfläche von 162,5 mal 121,5 Meter[45] erstreckenden Gebäudes (Abb. 4) besteht in der Unterbringung aller Funktionen in einem einzigen, sich an mehreren Stellen wellenförmig aufbiegenden Geschoss, das im Inneren nahezu ohne Wände auskommt und rundum verglast ist. Die Anhebungen und dreizehn ovalen Lichthöfe erlauben es, von mehreren Seiten unter dem Gebäude hindurchzugehen und den Haupteingang in dessen Mitte zu platzieren (Abb. 5). Im Inneren wird man von einer in alle Richtungen flutenden, scheinbar grenzenlosen und nur von wenigen schlanken, beinahe unsichtbaren Stützen unterbrochenen Raumlandschaft überrascht, die sich ab und an zu sanften Hügeln erhebt (Abb. 6). Diese kann man entweder, ohne nur eine Stufe erklimmen zu müssen, besteigen oder, da sie durchgehend mit Spannteppich belegt sind, auf ihnen liegen. Es gibt aber auch Wege, die in Serpentinen hinaufführen (Abb. 7), oder kleine Zahnradbahnen für Behinderte. Diese alpine Architekturlandschaft *en miniature* lädt regelrecht zum Wandern, Flanieren und Dösen ein – Letzteres wird vor allem durch die bunten Sitzsäcke angeregt, die wie lose Findlinge im Raum verteilt sind (Abb. 8). Da alle Außenwände geschosshoch verglast sind, besteht eine maximale Einbindung der umgebenden Landschaft, vor allem des Genfer Sees im Süden. Man vergisst fast, dass diese künstliche Natur eigentlich einen Bibliotheksbau darstellt, also die Verkörperung von Kultur schlechthin, und eine Stätte des Wissens und des Lernens sein soll. Das, was den Innenraum einer Bibliothek meist bestimmt – Bücherregale und Lesetische –, ist hier kaum und erst nach längerem Suchen zu sehen. Die Architekturlandschaft vermittelt vielmehr das Gefühl von entspannter Freizeit und Wohnen. Arbeit und Muße, Leben und Lernen gehen ineinander über. Die Bildungsstätte tarnt sich als Freizeitpark.

Inhalt und Form treten auch in technischer Hinsicht auseinander. Von außen wirkt das RLC wie ein überdimensionales Sandwich mit Glasfüllung, das sich stellenweise aufbiegt. Durch die minimalistische Gestaltung und Farbgebung in Weiß und Hellgrau ahnt der Laie nichts vom enormen finanziellen und technischen Aufwand, der hier betrieben wurde. Eine so extrem flach gebogene Schalenkonstruktion dieser Größe (der längste Bogen misst 85 Meter bei nur 4,85 Metern Scheitelhöhe)[46] mit zahlreichen die Konstruktion destabilisierenden Öffnungen für die Lichthöfe war zuvor noch nie gebaut worden. Die ausführenden Ingenieure lösten das Problem mit einer Addition von Bogenkonstruktionen, deren Fußpunkte unterirdisch mit siebzig vorgespannten Stahlkabeln verbunden wurden.[47] Was wie eine Schale aussieht, besteht in Wahrheit aus zahlreichen Brücken. Für den Betonguss mussten 1400 Schaltische mit einer Fläche von je 2,5 mal 2,5 Metern hergestellt werden, die aufgrund der doppelten Krümmung jeweils eine andere parametrisch berechnete Form besaßen.[48] Auch das Dach, das nach außen der Decke gleicht, ist nicht, was es scheint, sondern besteht aus Holz und Stahl.[49] Es ging also nicht darum, die Konstruktion zu zeigen, sondern sie nach Möglichkeit zu verschleiern: Das Heterogene sollte homogen, das Schwierige mühelos wirken und – analog zur Tarnung der Bibliothek als Freizeitpark – Arbeit und Technik unsichtbar werden, um den vollkommenen Eindruck eines unangestrengten, sanft dahingleitenden Raumflusses zu erzeugen. Diesbezüglich stellt das RLC das Gegenstück zum zwischen 1971 und 1977 errichteten Centre Pompidou in Paris dar, das sich als Freizeiteinrichtung das Aussehen einer Fabrik gibt und seinen technischen und konstruktiven Aufwand überdimensional zur Schau stellt (Abb. 9).

---

45   Vgl. Bollinger, Klaus u. a.: Das ROLEX Learning Center der EPFL in Lausanne, in: Beton- und Stahlbetonbau, 105.4 (2010), S. 248–259, hier S. 248. In der Literatur finden sich zahlreiche davon grob abweichende Maßangaben; die oben angeführte Angabe stammt von den ausführenden Bauingenieuren und scheint deshalb einigermaßen glaubwürdig.

46   Ebd., S. 249.

47   Vgl. ebd., S. 249ff.; Della Casa; Maino: À la loupe, S. 43ff.

48   Vgl. Della Casa; Maino: À la loupe, S. 53.

49   Vgl. ebd., S. 55.

Abb. 11   SANAA, Rolex Learning Center, EPFL, 2007–2010, Korridor beim Karrierezentrum

Abb. 12   SANAA: Rolex Learning Center, EPFL, 2007–2010, Lesetische bei der Bibliothek

Die von SANAA vorgeschlagene Transformation der Bibliothek in eine Landschaft erforderte die Verdoppelung des Budgets: „The price of the building did not include any hills", bilanziert Aebischer, „so we sought sponsors to pay for the curvature, which cost about 50 million Swiss francs more."[50] Die Sponsoren wurden in Gestalt von Logitech, Bouygues Construction (die das RLC realisierte), Credit Suisse (die im RLC eine Filiale unterhält), Nestlé, Novartis, SICPA und natürlich der Genfer Luxusmarke Rolex gefunden, welche als Hauptsponsor die Namensgebung vornehmen und das Gebäude mit seinen wie Kultobjekte inszenierten Uhren ausstatten durfte (Abb. 10). Der Name des Learning Center mag naive Beobachter zu der Annahme verleiten, die Uhrenfirma habe die überwiegenden oder gar die gesamten Kosten des Bauwerks getragen; in Wahrheit verhält es sich dabei so wie in vielen Private-Public-Partnerships, in denen der private den öffentlichen Partner in den Schatten stellt, wobei in diesem Fall der alles überstrahlende Glanz des privaten Partners gewünscht sein dürfte, passt er doch zu dem Image einer „unternehmerischen" oder, um mit Aebischer zu sprechen, „proaktiven"[51] Universität.

Gleich nach seiner Eröffnung wurde das RLC von vielen Kritiker_innen als Meilenstein der Architektur des 21. Jahrhunderts gefeiert. Von einem „mesmerising [...] paradigm-shifting space",[52] „a space unlike any other",[53] „one of Europe's most ambitious new buildings for learning",[54] dem „einzigartig[en] neue[n] Herz des Campus"[55] und einem „einmalige[n] Erlebnis"[56] war die Rede. In den genannten Kritiken wird das neuartige Raumerlebnis, welches das RLC bietet, als ein quasi autonom-künstlerischer Eigenwert aufgefasst, der durch technische Innovationen (die in vielen Besprechungen breiten Raum einnehmen) ermöglicht wurde und den bedeutende Architektur immer schon geboten habe – ganz egal ob es sich dabei um gotische Kathedralen, barocke Treppenhäuser oder moderne Bahnhofshallen handelt. Die funktionalen, sozialen und politischen Implikationen dieser Räume werden dabei entweder nicht oder als etwas bloß Äußerliches in den Blick genommen. Diese zutiefst moderne Sichtweise, die prototypisch Sigfried Giedions bis heute einflussreiches Standardwerk *Raum, Zeit, Architektur* verkörpert,[57] beherrscht trotz aller postmodernen Kontextualisierungsbestrebungen immer noch das Gros der Architekturkritik, das sich darin wohl mit dem Selbstverständnis der meisten Architekt_innen deckt.

In einem Interview, das Frank Kaltenbach für die Zeitschrift *Detail* mit Kazuyo Sejima und Ryue Nazhizawa führte, wird den Themen Bibliothek und Lernzentrum keinerlei Aufmerksamkeit geschenkt, vielmehr geht es darin um die Vermeidung jeglicher Hierarchie, die ein Geschossbau per se zum Ausdruck bringe, die maximale Durchlässigkeit und den durchlaufenden landschaftsähnlichen Eindruck sowie die Verbindung zur Landschaft, welche das Gebäude vermitteln soll. Nur ganz am Schluss wird der neuen Raumfigur des RLC ein außerarchitektonischer Zweck unterstellt: „Wir wünschen uns, dass die Offenheit zu Kontakt und Austausch anregt und neue Aktivitäten stimuliert."[58]

Der Bauherr Patrick Aebischer wird da deutlicher; für ihn ist das RLC die kongeniale Formwerdung der Idee heutigen Wissensaustausches im Allgemeinen und der EPFL-Philosophie im Besonderen: Das RLC sei „bis ins kleinste Detail für einen optimalen Wissensfluss geplant"[59] und das Fehlen von Wänden symbolisiere die Aufhebung aller physischen und disziplinären Grenzen durch die neuen Informationstechnologien. Verschiedene Ideen, Informationen und Kulturen könnten sich so gegenseitig optimal befruchten. Aber nicht nur zwischen den Wissenskulturen, auch zwischen Arbeit und Freizeit würden im RLC die Grenzen eingeebnet. Kazuyo Sejima und Ryue Nashizawa „conceived their project based on a philosophy – conversant with our dream – by leveling the boundaries between the inside

Abb. 13 SANAA: Rolex Learning Center, EPFL, 2007–2010, Lernkoje

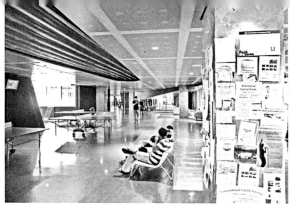

Abb. 14 Rem Koolhaas/OMA: McCormick Tribune Campus Center, Illinois Institute of Technology, Chicago, 1997–2003, Blick in den zentralen Korridor

and the outside, between students and visitors, between the time for reflection and the time for pleasure. They preferred doors of invitation to doors of separation, and privileged ramps down which visitors slide imperceptibly towards possible encounters, unexpected exchanges, and unforeseen events."⁶⁰ Die Architekten hätten keinen Wissenstempel, sondern einen „living space" gebaut, in dem man sich auch verlieren könne, „binding a community together with the art of living collectively".⁶¹ Aus diesen Äußerungen spricht nicht nur der heute bei Universitätsleitungen übliche, an den neoliberalen Werten der *Creative Industries* orientierte PR-Jargon, sondern auch der ernst zu nehmende Versuch, die Architektur des RLC als kongenialen Ausdruck und Ermöglichung dieser Werte zu sehen.

Tatsächlich finden sich die Nutzer_innen des RLC in räumliche Situationen versetzt, die vor allem fließend, instabil und ortlos sind. Ist man als Besucher_in dazu animiert, im RLC herumzuwandern wie in einem Park, wobei die sich ständig ändernden Aus- und Durchblicke eine abwechslungsreiche Szenerie bilden, in der die anderen Besucher_innen sofort zu Akteur_innen auf einer Bühne werden, wirken die Studierenden, die sich auf einem der Sitzpolster oder an einem der Tische niederlassen, mehr wie Kieselsteine in einem Bachbett, die das nächste Hochwasser wieder mit sich forttragen wird. Viele Sitzgelegenheiten befinden sich an den Rändern von Korridoren, in denen ständig Betrieb ist (Abb. 11), oder auf runden, flachen Inseln, welche in die ansteigenden Böden eingebaut wurden (Abb. 12). Man fühlt sich buchstäblich an jene inselförmige Existenz erinnert, mit der Richard Sennett die neoliberale Arbeit in den *Plug-in*-Büros beschreibt. Die meisten Tische sind rund, was einerseits zu den abgerundeten Grundrissen passt, andererseits die Kommunikation, das „living collectively", erleichtern soll, ein materialintensiveres Arbeiten wie an einem Schreibtisch aber erschwert. Tatsächlich starren die meisten Studierenden ohnehin nur auf ihren Laptop, ohne von ihrer Umgebung allzu viel Notiz zu nehmen. Effektive Gruppenarbeit ist nur in den eigens dafür vorgesehenen Glaskojen möglich (Abb. 13), die auch einen gewissen Schallschutz bieten, aber mehr die Anmutung von Schaukästen oder Terrarien besitzen („Don't feed the animals" hatte ein Spaßvogel im Oktober 2010 auf eine dieser Kojen geschrieben) und von allen Seiten kontrollierenden Blicken ausgesetzt sind. Soziale Kontrolle wird generell großgeschrieben; jede Widerständigkeit rutscht buchstäblich an dieser glatten, weißen Designwelt ab. Plakate für irgendwelche

---

50 Zit. n. Gregory, Rob: Rolex Learning Centre by SANAA, Lausanne, Switzerland, in: The Architectural Review, 227.1359 (Mai 2010), S. 42–49, hier S. 45.

51 Aebischer, Patrick: Preface, in: Della Casa; Meiltz: Rolex Learning Center, S. 28 f., hier S. 29.

52 Gregory: Rolex Learning Centre by SANAA, Lausanne, Switzerland, S. 45.

53 Della Casa; Meiltz: Rolex Learning Center, S. 37.

54 Lomholt, Isabelle: Rolex Learning Center Building, in: e-architect, 06.01.2010, http://www.e-architect.co.uk/switzerland/rolex-learning-center, zuletzt aufgerufen am 18.05.2016.

55 Kaltenbach, Frank: Rolex Learning Center in Lausanne, in: Detail, 50.5 (2010), S. 470–471, hier S. 470.

56 Redecke, Sebastian: Campus mit Teppichlandschaft, in: Bauwelt, 101.13 (2010), S. 14–23, hier S. 18.

57 Vgl. Giedion, Sigfried: Raum, Zeit, Architektur. Die Entstehung einer neuen Tradition, Ravensburg 1965, bes. S. 43 ff. [Space, Time and Architecture. The Growth of a New Tradition, Cambridge/MA 1941, seither zahlreiche Neuauflagen und Übersetzungen.] Giedions äußere Bezugspunkte sind neben der Technik die Wissenschaft und die bildende Kunst; soziologische Bedingungen wurden damals fast nur von marxistischen Kunsthistorikern analysiert und deshalb von Nicht-Marxisten konsequent ausgeklammert.

58 Kaltenbach: Rolex Learning Center in Lausanne, S. 472.

59 Aebischer, Patrick: Vorwort, in: Panorama 010. Jahresbericht der EPFL, Lausanne o. J., S. 4, online: https://documents.epfl.ch/groups/e/ep/epfl-unit/www/rapport/panorama2010_all.pdf, zuletzt aufgerufen am 18.05.2016.

60 Aebischer: Preface, S. 29.

61 Ebd.

Abb. 15   SANAA: Rolex Learning Center, EPFL, 2007–2010, Architekturzeichensaal in der nordwestlichen Ecke

Abb. 16   SANAA: Rolex Learning Center, EPFL, 2007–2010, Eingang zur Bibliothek

Studentenfeste oder gar solche Feste selbst wären undenkbar. Die Wohnatmosphäre ist vorgespiegelt, da es keine individuelle Aneignung dieser Räume geben kann. Nun bietet auch eine traditionelle Bibliothek keine Möglichkeit der Raumaneignung; bei einem multifunktionalen Studierzentrum könnte dies aber sehr wohl möglich sein; ein Beispiel wäre das McCormick Tribune Campus Center von Rem Koolhaas am Gelände des Illinois Institute of Technology in Chicago (Abb. 14), das dessen neues Herzstück bildet und mit der Atmosphäre eines Studentenheimes gefüllt ist.

Der einzige Ort, an dem sich in langen Reihen rechteckige Tische befinden und der so etwas wie einen Lesesaal im traditionellen Sinn bildet, ist interessanterweise den Studierenden der Architektur gewidmet (Abb. 15): Diese Disziplin braucht nicht nur große Tische für das Ausbreiten der Pläne, sondern scheint auch noch strukturell eine gewisse Statik zu besitzen (was auf den Gegenstand, aber kaum auf die Berufssituation zutrifft). Ansonsten vermitteln die Arbeitsplätze das permanente Gefühl des Provisorischen, eines Sich-nur-kurz-Niederlassens, um gleich wieder weiterzuflanieren. Dieser im Ursinn des Wortes prekäre (vorläufige, unsichere, widerrufliche) Zustand wird aber durch die landschaftliche Raumgestaltung als natürlich und durch die Perfektion des Designs als ästhetisch und damit wertvoll empfunden.

Ironischerweise enden der kommunikative Fluss und die Idee eines Gebäudes ohne Wände bei dessen zentralem Inhalt: der Bibliothek. Hier haben die Bibliothekare, wohl gegen den Willen der Architekten und dafür von den Architekturkritikern gescholten,[62] eine Barriere aus Pflanzkübeln errichtet, um den Zugang zu den Bücherregalen nur durch eine elektronische Kontrollschranke zu erlauben (Abb. 16). Das Raumkonzept, das eine emanzipatorische Idee der Moderne radikalisiert, gerät mit der traditionellen Typologie und Funktionsweise einer Bibliothek in Konflikt, und die scheinbare „Lösung" dieses Konflikts sagt viel über das widersprüchliche Verhältnis von Freiheit und Kontrolle, Flexibilität und Prekarität, *lifelong learning* und verschultem Bologna-Studium aus, das die gegenwärtige Wissensökonomie kennzeichnet und im Rolex Learning Center seine räumliche Entsprechung gefunden hat.

Anselm Wagner ist Professor für Architekturtheorie an der TU Graz.

Bildnachweis
Abb. 1, 2, 9   Wikimedia Commons
Abb. 3   http://rolexlearningcenter.epfl.ch/
Abb. 4   Architectural Record, 198.6 (2010), S. 159
Abb. 5–8, 10–16 Anselm Wagner

62   Vgl. Mayer: Die Welt ein Kreis, die Welt eine Linie, S. 85.

Bettina Vismann

Abb. 1   Schlüsselbund des Hausmeisters der TU Berlin

Eine Gebäudeunterhaltung

Im Foyer des Architekturgebäudes am Ernst-Reuter-Platz steht ein sechseckiger Pavillon. Die freistehende Loge war bis zu der baurechtlichen Revision des Brandschutzes Arbeitsplatz der Pförtner gewesen, der durch die Erneuerung der Brandmeldeanlage in einen eigens errichteten Raum verlegt wurde. Mit dem Umzug an die hintere Seite der Eingangshalle wurden die Pförtner zu Objektschützern, die neben der Überwachung eingehender Signale zusätzlich Empfangsaufgaben, den Publikumsverkehr betreffend, übernehmen. In dem durch eine Glasscheibe von dem Foyer getrennten Raum sitzt das Personal der Unternehmensgruppe Securitas. Es kümmert sich im Schichtdienst um die Sicherheit des Gebäudes und damit auch um die der Nutzer_innen.

Das Revier des Hausmeisters, der ein Büro hinter dem Hörsaal A 151 hat, umschließt neben dem Architekturgebäude fünf weitere Gebäude auf dem Nordcampus der Technischen Universität in Berlin. Am Schlüsselbund des Hausmeisters Herrn S. hängen etwa sechzig Schlüssel für die meisten Türen der Gebäude. Herr S. verfügt über die Schlüsselkompetenz in seinem Revier und sagt: „Die Schlüssel sind wie eine auf den Kopf gestellte Pyramide der Verantwortung, denn an dem Bund hängen dreißig oder vierzig Chefs." Herr S. hat das Vertrauen des Präsidenten und ist bevollmächtigt, in Übertragung der Verantwortung zu handeln, die Türen in den Gebäuden seines Reviers zu öffnen und wieder zu schließen.

Neben den Inspektionsgängen durch das Gebäude koordiniert er die Wartungs- und Reparaturarbeiten. Mit der hausmeisterlichen Betreuung der Gebäude ist Herr S. die Ansprechperson (Vermittler) für die Belange der Nutzer_innen und der Wartungsdienste (Reinigungsfirma, Monteure, Wachschutz), um technische und soziale Probleme aufzunehmen. „In Hektik und Stress kann man die Probleme nicht lösen, deswegen lieben wir Langeweile", erklärt der Hausmeister, der in seinem Büro hinter dem Hörsaal einen Modellbausatz zusammenklebt. Er wartet auf technische Pannen oder sozialen Tumult.

„Die Beschäftigten des Teams Außendienste leisten einen vielfältigen Support, damit Lehre und Forschung reibungslos arbeiten können."[1] „Außendienste" bezeichnet hier nicht nur die räumlich ausgelagerten, vor den Türen des Gebäudes stattfindenden Tätigkeiten wie Abfallbeseitigung, Schneedienst oder Schädlingsbekämpfung, für die das Team IV G verantwortlich ist, sondern vielmehr auch die ausgelagerten, *outgesourcten* Dienstleistungen der Reinigungs- und Wartungsarbeiten, die ebenfalls von der Abteilung betreut werden. Bei der Koordination und der Durchführung der Gebäudedienste hat der Hausmeister eine Schlüsselrolle.

Er vermittelt zwischen technischem Betrieb und dem Gebrauch der Nutzer_innen. Bei Wartungsarbeiten oder Reparaturen, etwa eines verstopften Abwasserrohrs, „kennen wir den Knick". Herr S. beklagt die vermehrte Beauftragung von Fremdfirmen für Reparaturaufgaben, denn die würden bei einem verstopften Fallrohr den gesamten Strang absuchen und viel Zeit benötigen, um die Stelle der Verstopfung zu finden. „Wir (die Hausmeister) kennen das Gebäude und können aus Erfahrung die Schwachstellen schneller finden." Herr S. ist nach vierzehn Dienstjahren mit dem Gebäude vertraut. Denn die Objektwartung verbindet die technischen Funktionen, den haustechnischen Betrieb, mit den sozialen Handlungen. Herr S. übersetzt die Handlungsfähigkeit des Objekts.

Er kennt auch die Professor_innen, die wissenschaftlichen Mitarbeiter_innen und viele der Studierenden, die das Gebäude hauptsächlich nutzen, und kann im Ablauf der Dienstaufsicht eine Abkürzung der verwaltungstechnischen Protokolle bewirken, etwa wenn ein Raum ohne Anmeldung benötigt wird, oder an Wochenenden auch Zutritt ohne Nachtarbeitsgenehmigung gewähren. Diese Gebäude- und Servicedienste werden aus ökonomischen Gründen zunehmend an Fremdfirmen vergeben, womit der Verhandlungsspielraum weisungsbefugt eingeengt ist. Ein Servicemitarbeiter, der im Objektschutz einer Dienstleistungsfirma arbeitet und Zutrittskontrollen durchführt, wird jemandem ohne Nachtarbeitsgenehmigung oder Dienstausweis nach 22 Uhr keinen Einlass gewähren.

Die Berufsbezeichnung „Objektschutz" legt eine Verbindung zu dem Gebäude und der Arbeit, dieses zu warten und zu schützen, nahe. Die Servicemitarbeiter sind durch ihre Anwesenheit, das Überwachen und Prüfen der technischen Anlagen (Brandschutz, Heizung) und die Übergabeprotokolle des Gebäudebetriebs mit der Architektur des Hauses verbunden. Sie vollziehen eine Handlung am Objekt, das dadurch haustechnisch und wartungsgebunden hergestellt wird. Die Wartungsprotokolle der Gebäude- und Infrastruktursysteme sind die Masken. Sie übersetzen den haustechnischen Betrieb in Tabellen und Sprache. Die Berichte nennen „eine Korrosion der Glasscheibe in Halle 4" oder stellen eine „Materialermüdung der Fensterdichtungen in Raum 501" fest. Es sind die Textbausteine, mit denen das Gebäude kommuniziert, um unterhalten zu werden.

---

1 http://www.facilities.tu-berlin.de/iv_g_aussendienste/menue/team_iv_g_aussendienste, zuletzt aufgerufen am 12.03.2016.

Die Texte über die materielle Beschaffenheit der gebrauchs- oder alterungsbedingten Ermüdungsprozesse der Werkstoffe, also das dingliche Wesen des Architekturgebäudes, werden insgeheim und kollektiv von den Schutzbeauftragten, dem Gebäudepersonal, geschrieben. Die Berichte einer solchen Bestandsaufnahme verwaltet das Team IV H – Haushalt und Controlling (Abteilung Gebäude- und Dienstemanagement). In seiner Zuständigkeit für Betrieb und Bewirtschaftung der Gebäude „betrachtet, analysiert und optimiert" es alle kostenrelevanten Vorgänge rund um die Liegenschaft.

In einem modularen *Computer Aided Facility Management*-System können Wartungsberichte oder Störmeldungen[2] erfasst werden, um darauf mit Arbeitsanweisungen, Ausschreibungen oder Verträgen zu reagieren. Und obwohl bei einem „Anlegen einer neuen Arbeitsanweisung" im Modul Flächenmanagement bei den „ausgewählten Gebäuden automatisch die Hausmeister […] aus der Datenbank bei den Kontakten auf der folgenden Seite des Dialogs eingetragen"[3] werden, wird ihr situatives Wissen, die Erfahrung mit dem Gebäude, bei einer Auftragsvergabe eher weniger beachtet.

Die auf den Kopf gestellte Pyramide, die in Form von Schlüsseln am Bund des Hausmeisters hängt, wird mit den Einträgen in die Baumstrukturen (des Standortbaums im Modul Flächenmanagement) des digitalen Portals, welches für „effektive Entscheidungswege und [ein] Einhalten der Vergaberichtlinien" sorgt, in klar definierte Verantwortungsbereiche geteilt und hierarchisiert. Die situative Schlüsselgewalt vor Ort wird in eine verwaltungstechnische Ordnung, eine Rangordnung der Zuständigkeiten und entsprechenden Entscheidungskompetenzen überführt.

Dabei changiert die „digitale Bündelung der Verwaltungsprozesse",[4] die das neue, integrierte *Resource System* des Campusmanagements verfolgt, um „die Prozesse transparent zu gestalten, klare Zuständigkeiten zu definieren, Kommunikationswege zu verkürzen sowie Rechtssicherheit und Wirtschaftlichkeit sicherzustellen",[5] zwischen Haben und Soll, zwischen digitaler Oberfläche und den physischen Bedingungen wie auch zwischen den Agitatoren und den Akteuren des dinglichen Gebrauchs der Gebäude. Ein digitales Portal als Werkzeug für den Erhalt des Gebrauchs gestaltet sich selber und benötigt so etwas wie Rückübersetzungen in einen situativen Gebrauch vor Ort.

Eine verwaltungstechnische Optimierung berücksichtigt die Einhaltung der veranschlagten Haushaltsmittel. Das Team IV überwacht „die Durchführung der Haushaltswirtschaft für das gesamte Budget".[6] Festangestelltes Hauspersonal, welches durch Kontinuität eine Verbindung zu dem Gebäude herstellt, stellt im Budgetplan der Haushaltsmittel die Fixkosten dar, die es gilt, anpassungsfähig, flexibel und austauschbar zu gestalten und die Gebäudedienste, die *facility services*, im Auftrag von spezialisierten Firmen durchführen zu lassen. Der Wartungsdienst ist nicht mehr an ein Gebäude gebunden, sogenannte fliegende Hausmeister agieren nicht im Auftrag der Liegenschaft, sie handeln im Auftrag des Unternehmens.

Es ist unternehmerisch erklärtes Ziel des *Facility Managements*,[7] Gebäude, Liegenschaften und betriebliche Abläufe ganzheitlich zu betrachten, die Prozesse zu koordinieren, Betriebs- und Bewirtschaftungskosten dabei dauerhaft zu senken sowie Fixkosten zu flexibilisieren und den Wert der Gebäude zu erhalten.

Bettina Vismann ist Architektin und Architekturtheoretikerin in Berlin.

Bildnachweis
Abb. 1   Bettina Vismann

2   https://www.haushalt.tu-berlin.de/fileadmin/abt3/IVH/CAFM_Newsletter/2016_01_05-cafm-newsletter.pdf, zuletzt aufgerufen am 02.04.2016.

3   Ebd., S. 4.

4   Neues Kompetenzzentrum für das Campusmanagement, TU intern, Nr. 2–3, Feb.–März 2016, S. 3 [https://www.pressestelle.tu-berlin.de/fileadmin/a70100710/TU_intern/pdf_Titelbilder/tui2016_02.pdf, zuletzt aufgerufen am 02.04.2016].

5   http://www.campusmanagement.tu-berlin.de/menue/enterprise_resource_management_erm, zuletzt aufgerufen am 02.04.2016.

6   Ebd.

7   http://www.gefma.de/definition.html, zuletzt aufgerufen am 12.03.2016.

Die Architektur des Geistes und die Ahnung des Campusromans

Atque inter silvas academi quaerere verum. (Horaz)

Keine Erkenntnis entsteht im luftleeren Raum; schwer zu sagen, wie und wann sich „Erkenntnis" überhaupt vollzieht. Geschieht sie im Prozess des Schreibens oder bei der Lektüre? Ist sie ein blitzhafter Moment, so unableitbar kontingent, wie es die Rede vom „Einfall" suggeriert? Fest steht jedoch: Wie der Mensch, der sich nur abhängig von dem Ort, an dem er sich befindet, entwickeln kann, ist auch das Wissen angewiesen auf eine Umgebung, die ihm zuträglich ist. Etwas davon hallt noch nach in den Begriffen, mit denen heute der Bereich der Bildung be- und umschrieben wird. Da ist nicht nur die architektonische Metapher vom Elfenbeinturm, mit der das Denken ob der ihm fehlenden gesellschaftlichen oder ökonomischen Nützlichkeit in Bedrängnis gebracht wird; oder die Rede vom „stillen Kämmerlein" und ihre Assoziation von Versenkung, Konzentration und einer dem Geist förderlichen Isolation. Das konzentrierte Sitzen – gleichsam überstilisiert in Auguste Rodins Skulptur *Der Denker* – ist ebenso ikonisch für die Tätigkeit des Nachdenkens wie das raubtierhafte Auf-und-ab-Gehen. Schon das Wort, das einem ganzen Betrieb seinen Namen gegeben hat, ist räumlich bestimmt. Wenn heute von „der Akademie" die Rede ist, dann ist kaum noch gegenwärtig, wie eng das Denken, Lehren und Lernen einmal an den Ort gebunden war, an dem es stattfand. Laut der Überlieferung durch Plutarch und andere war Akademos ein Heros der griechischen Mythologie. Er bewahrte, so wird berichtet, Athen vor der Zerstörung durch Kastor und Polydeukes, indem er ihr Versteck verriet. Die Stadt verehrte ihn fortan als Retter und Schirmherrn. Nach Akademos' Tod wurde das Land bepflanzt, kultiviert und zu einer nach seinem ursprünglichen Besitzer benannten kultischen Stätte: *akademeia*. Das Grundstück wurde um 387 v. d. Z. von Platon gekauft, der dort den ersten bekannten Gelehrtenkreis, den ersten „Philosophischen Garten" ins Leben rief und damit den Grundstein zu einer bald institutionalisierten Lehr- und Lerngemeinschaft legte, der platonischen Akademie. Darum, so der Satz von Horaz, suchet nach der Wahrheit in den Gärten des Akademos.[1]

Die Vorstellung eines grün bewachsenen Olivenhains, in dem man sich zwanglos trifft, um gemeinsam nach Wahrheit zu streben, je nach Wetterlage im Schatten oder in der Helligkeit eines nicht zu heißen Sonnenlichts, ist heute nur noch als kitschiges Gemälde vorstellbar. Und dennoch zeigt die Erinnerung an das idealisierte Vorbild, dass Wissen, Denken und Erkenntnis eine räumliche Dimension eigen ist. Unmittelbar einsichtig ist dies mit Blick auf die Naturwissenschaften, deren Forschung in der freien Landschaft begann, bevor sie auf Labore, massive Teleskope und millionenschwere Teilchenbeschleuniger ausgriff, allesamt architektonisch zwar variable, aber gleichermaßen funktional streng bestimmte Räume. Die Geisteswissenschaften, allen voran die Philosophie, kommen mit deutlich weniger aus, vollzieht sich ihre Praxis doch im Wesentlichen in einem Dreieck von Lesen, Schreiben und Darübersprechen. Bibliothek, Arbeitszimmer, Büro, Seminarraum und Hörsaal, so scheint es, bilden die zentralen Elemente des räumlichen Ensembles, in dem die Geisteswissenschaften sich vollziehen. Auffällig ist, dass diese Bedingungen unter den von ihnen Abhängigen kaum zur Sprache kommen. Dabei zeigt bereits eine kleine Phänomenologie nicht nur, wie sich die Räume des Denkens historisch verändert haben, wie sie abhängig sind von politischen und ökonomischen Verhältnissen, sondern auch wie stark das Wissen mit seiner Repräsentation, mit Bildern von Gelehrsamkeit und Belesenheit verbunden ist.

Das Arbeiten im eigens eingerichteten Studier- und Bibliothekszimmer stellt heute wohl nur noch für eine Handvoll Privatiers und erfolgreiche Autoren die Regel dar; wo es unter Universitätsangehörigen praktiziert wird, reflektiert es weniger die Verbundenheit mit einer bürgerlichen Bildungskultur als die Notwendigkeit, auch nach „Dienstschluss" für den Lebenslauf zu arbeiten. Zwischen den Ikea-Regalen im WG-Zimmer, zusammengekauften Retromöbeln aus dem lokalen Antiquariat einerseits und passgenau eingebauten Mahagoniregalen sowie der späte Noblesse ausstrahlenden Konfektionsware aus dem Manufactum-Katalog klafft weniger ein intellektueller als ein ökonomischer Abgrund. Für die Angestellten der Akademie gilt, was Siegfried Kracauer bereits 1929 konstatierte: „[D]ie Existenzunsicherheit [ist] gewachsen und die Aussicht auf Unabhängigkeit nahezu völlig verschwunden."[2] Für die meisten, deren Broterwerb unterhalb der Professorenebene das universitäre Lesen, Schreiben und Darübersprechen ist, sind karge Büros, die an von Arbeitsämtern kaum zu unterscheidende Fakultätshallen angegliedert sind, Lehrveranstaltungen in sterilen Seminarräumen und Billigflüge zu lieblosen Konferenzen der Alltag. Schnörkelloser, oft unverputzter Beton, kubische Bauweise und große Glasfronten sind für die Universitäten der Nachkriegszeit ebenso charakteristisch wie für modernistische,

---

1   Die Satiren und Briefe des Horaz/Sermones et epistulae. München 1953, S. 218f. Übersetzung leicht verändert.

2   Kracauer, Siegfried: Die Angestellten, Frankfurt am Main 1971, S. 13.

funktionalistische Architektur im Allgemeinen. Nicht selten führen massive Brandschutztüren, digitale Schließsysteme und dominante Stahl- und Metallkonstruktionen zu einer strukturellen Ähnlichkeit mit Gefängnissen und Fabriken. Erst vor dem Hintergrund von derartigen Bauten erlangt der historistische Ornamentalismus traditionsreicher Universitäten wie Oxford, Harvard, Marburg oder Tübingen – im Inneren kaum weniger reguliert als die Massenuniversitäten – die Aura eines im Verschwinden begriffenen Ideals von Forschung und Lehre. Im Vergleich wirken die klösterlichen Bauten Stanfords oder die Kronleuchter des Büchersaals der Universität Uppsala wie die „Narben überholter Produktionsweisen"[3]. Dass Max Horkheimer das von Ferdinand Kramer entworfene, sachliche und funktionalistische Interieur des Rektoratszimmers in Frankfurt durch „Gelsenkirchener Barock"-Möbel ersetzen ließ, mag dieser Sehnsucht nach dem Verschwindenden geschuldet gewesen sein.[4]

Wer sich und seine Umgebung aufmerksam beobachtet, weiß, wie sehr das Denken von seinem Ort abhängig ist, was vor allem dann auffällt, wenn die Konzentration unterbrochen wird. Der Lärm einer Baustelle, das Telefonat des Büronachbarn, unbequeme Stühle oder hektische Lesesäle – was für einen klugen Gedanken man auch immer hätte haben können oder welchem Argument man Schritt für Schritt folgen wollte, alles beginnt von vorn, wenn der ersehnte Reizschutz löchrig wird. Und obwohl dies allgemein bekannt sein dürfte und nicht wenige Geistesarbeiter diese Befindlichkeiten zur egozentrischen Marotte steigern – „Ohne Beethoven und Räucherstäbchen gelingt mir kein einziger Satz!" –, wird heute kaum noch die Frage gestellt, ob die zeitgenössischen Bildungsstätten in ihrer konkreten Gestalt, das heißt als Gebäude, in ihrem Verhältnis zur Umgebung, als sozialer Raum etc., dem Denken eigentlich zu- oder abträglich sind. Denn umgekehrt ist es durchaus verständlich, statt des kargen Büros oder des isolierten Studierzimmers beispielsweise einen Park oder ein lebendiges Café aufzusuchen; das Denken braucht sowohl die zeitweise Konzentration wie – so es sich nicht abschotten will – die Inspiration durch und Berührung mit einer ihm fremden Außenwelt. Dass beispielsweise die Generation der sogenannten „New York Intellectuals" – zu denen Figuren wie Irving Howe, Daniel Bell oder Irving Kristol zählen – eine dezidiert nicht fachsprachliche Prosa geschrieben hat, so die These Russell Jacobys, hatte auch damit zu tun, dass sie ihre „Ausbildung" nicht in der Universität, sondern in den Cafés und Künstlerwohnungen des New Yorker Village erhalten hatte.[5] Was also ist der (soziale) Raum des Denkens und die Architektur des Wissens? Welches Ideal von Forschung und Lehre hat sich in den historischen Bauformen der Universität niedergeschlagen?

Trotz einer geradezu endlosen Reihe von Studien zur Geschichte und Gegenwart der höheren Bildung wird man in der Forschung solche Fragen, geschweige denn Antworten, nur selten finden. Wo sich hierzulande der Universität in ihrer baulichen Gestalt und als sozialem Raum gewidmet wird, geschieht es zumeist in der „Fertigteilsprache" und den „Sprachplattenbauten"[6] der Universität selbst, seien es die Soziologie oder die Architekturtheorie, die das entsprechende Vokabular zur Verfügung stellen. Nicht, dass sich in solcherlei Studien keine wertvollen Materialien finden ließen.[7] Blass bleibt nur der Zusammenhang zwischen der Praxis und ihrer Umgebung. Die Erfahrung des geisteswissenschaftlichen Arbeitens unter modernen Bedingungen verschwindet hinter dem Faktographischen. Ein sensibles Gespür für diese Zusammenhänge, ja eine Fülle an lebensweltlichen Beobachtungen, findet sich stattdessen in der Literatur, und zwar vornehmlich der englischsprachigen der zweiten Hälfte des 20. Jahrhunderts, in der bereits seit Längerem zum Genre erklärten *campus novel*. Diese Romane als Wegweiser zu nehmen, bedeutet zunächst, sich vom europäischen Kontinent wegzubewegen. So, wie es sich beim Campus als Element urbaner Architektur um eine genuin amerikanische Erfindung handelt, ist auch das Genre, das ihn ins Zentrum rückt, angloamerikanischer Provenienz. Der Schauplatz ist in den meisten Fällen die Universität in den Vereinigten Staaten, deren europäische Vorgänger lediglich als Vergleichsfolie vorkommen. Die gesellschaftlichen und kulturhistorischen Gründe für dieses Alleinstellungsmerkmal liegen in einer transatlantischen Differenz, die zwar in den Bologna-Diskussionen als Schreckgespenst einer „Amerikanisierung" der deutschen Akademien beständig evoziert, jedoch selten verstanden wird. Anders gesagt: Die Unterschiede der europäischen und der amerikanischen Universität in Funktion, Charakter und Gestalt sind Teil der seit Hegel kanonischen Gegenüberstellung von Alter und Neuer Welt. Dass die fiktiven und literarisch inszenierten Colleges sowie die in ihnen platzierten Subjekte der Universitätsromane mehr über das Eigenleben der Akademie als sinnlich erfahrbarem, konkrete bauliche Gestalt gewinnendem Raum verraten als das Gros der wissenschaftlichen Forschung zur Universität, ist die erkenntnisleitende These der folgenden Reflexionen.

Dass es den Campusroman seit den 1950er Jahren als Genre überhaupt gibt und er in den folgenden Überlegungen als Material dient, verweist auf eine Eigenlogik des Gegenstandes, der auch dieser Text nicht entkommt: die Selbstbezüglichkeit des akademischen

Betriebs. Nicht nur, dass Lehrende und Forschende an den Universitäten mehrheitlich für eben jene Klientel schreiben, nicht nur, dass sie mehrheitlich die Texte jener Klientel lesen, nicht nur, dass sie sich bevorzugt mit jener Klientel umgeben, weil der akademischen Konkurrenz eine Schwerkraft eigen zu sein scheint, in der jeder Kontakt mit dem außeruniversitären Leben potentiell Nachteile für das inneruniversitäre hat, so er sich nicht – wie der Kontakt mit dem Kunst- und Kulturbetrieb – wiederum in symbolisches Kapital ummünzen lässt. Auch die literarische Primär- und Sekundärverarbeitung des Mikrokosmos der höheren Bildung liegt zumeist in den Händen professioneller Geistesarbeiter. „Why is the academic novel my favorite genre?", fragt dementsprechend die Literaturwissenschaftlerin Elaine Showalter in einem der Standardwerke zum Universitätsroman. Die im Modus des Vielleicht gehaltene Antwort ist so einleuchtend wie banal: „Maybe it's just narcissistic pleasure."[8] Die Tatsache, dass zahlreiche Autorinnen und Autoren von *campus novels* selbst Angestellte der Universität sind oder Erfahrungen im Lehrbetrieb haben, mag den Romanen zum Vorteil gereichen; immerhin trägt eine gewisse Kenntnis des Milieus durchaus zum Profil eines Kunstwerks bei. In den Vereinigten Staaten ist es zudem aufgrund der äußerst schweren Bedingungen, als Schriftsteller zu überleben, weitaus üblicher, an Colleges und Universitäten ein Auskommen zu finden. Kaum ein Campusroman kommt ohne die Figur eines unzufriedenen und sich permanent unterfordert fühlenden Schriftstellers aus, dessen Literaturseminare lediglich das Mittel zum Zweck der ökonomischen Absicherung darstellen. Hinreichend erklärt ist die Existenz des Genres und seine anhaltende, ganze Bücherregalmeter füllende Produktivität damit nicht. Wenn es stimmt, dass bestimmten Gegenständen dann gesteigerte künstlerische Aufmerksamkeit zukommt, wenn sie in der Wirklichkeit problematisch und fragwürdig werden, dann läge der Entstehung des Campusromans in den Vereinigten Staaten der Nachkriegszeit eine massive Veränderung der Bildungslandschaft zugrunde. Ein Grund für die Tatsache, dass es kaum deutsche Vertreter des Genres gibt, scheinen die Differenzen zwischen Universitätskulturen dies- und jenseits des Atlantiks selbst zu sein. Ein beschauliches College ist allemal fassbarer als eine Massenuniversität jüngerer Zeit. Darüber hinaus übernehmen die Hochschulen unterschiedliche gesellschaftliche Funktionen. In den Vereinigten Staaten treten College und Universität nach dem Schulabschluss und den gefürchteten SATs – eine in den USA heute selbsterklärende Abkürzung für den standardisierten Studierfähigkeitstest (hergeleitet von „Scholastic Assessment Test") – an die Stelle der Eltern und übernehmen für eine Zeit von drei bis fünf Jahren nicht nur eine Bildungs-, sondern auch eine Erziehungsaufgabe. Seminare, Vorlesungen, Unterbringung, Verpflegung, Krankenversicherung und vor allem das Sozialleben, das sich zwischen einer Unzahl an Clubs, Vereinigungen und den berühmt-berüchtigten *fraternities* und *sororities* abspielt – all das führen sowohl die in der Tradition der Kollegien gegründeten englischen Colleges wie auch die genuin amerikanischen Campusuniversitäten zusammen. Stärker noch als bei den Universitäten des europäischen Festlands handelt es sich bei diesen Institutionen tatsächlich um Gesellschaften im Kleinen, die sich der literarischen Darstellung geradezu aufdrängen. Diese zu dechiffrieren, ergibt wiederum nur dann einen Sinn, der über das Literaturwissenschaftliche oder Universitätssoziologische hinausreicht, wenn die Romane auf ebenjene Gesellschaft zurückbezogen werden.

Der Campus und das akademische Dorf

Was heute Universität genannt wird, ist ein vergleichsweise spätes Produkt der Verschmelzung mehrerer verwandter Einrichtungen, vor allem der antiken Gelehrtenzusammenschlüsse (Akademien), Kloster- und Kathedralschulen sowie der karitativ inspirierten Kollegien, in denen arme Scholaren und Magister Unterschlupf finden sollten. Die Geschichte der Universität im eigentlichen Sinne beginnt mit zunächst nur einzelnen Fakultäten – vornehmlich den drei „höheren" Fakultäten der Jurisprudenz, Theologie und Medizin – im frühen Mittelalter. Ihre Zusammenfassung in einer Institution ist aus der Defensive geboren, nämlich als

---

3   Adorno, Theodor W.: Funktionalismus heute, in: ders., Gesammelte Schriften, 10.1, Darmstadt 1998, S. 275–295, hier S. 378.

4   Vgl. Hansen, Astrid: Der Philosoph und der Architekt. Theodor W. Adornos und Ferdinand Kramers Auseinandersetzung über die Ästhetik des Bauens, in: Boll, Monika; Gross, Raphael (Hg.): Die Frankfurter Schule und Frankfurt. Eine Rückkehr nach Deutschland, Göttingen 2009, S. 194–200, hier S. 199.

5   Vgl. Jacoby, Russell: The Last Intellectuals. American Culture in the Age of Academe, New York 2000, S. 27–53.

6   Die Metaphern sind einem anderen Zusammenhang entnommen: vgl. Scharang, Michael: Die Plaudermaschine, in: Konkret, 09.10.2013, online: http://www.konkret-magazin.de/aktuelles/aus-aktuellem-anlass/aus-aktuellem-anlass-beitrag/items/die-plaudermaschine.html, zuletzt aufgerufen am 18.05.2016.

7   Als ein Beispiel aus der Sicht von Architekten und Architekturhistorikern sei genannt: Beuckers, Klaus Gereon (Hg.): Architektur für Forschung und Lehre. Universität als Bauaufgabe, Kiel 2010.

8   Showalter, Elaine: Faculty Towers. The Academic Novel and Its Discontents, Philadelphia 2005, S. 1.

Schutz- und Trutzbündnis von Magistern und Scholaren, um rechtliche und geistige Freiheit erringen und verteidigen zu können; *universitas* heißt schlicht „Gesamtheit im Sinne einer Genossenschaft, Gilde oder Zunft".⁹ Gesichert wurden diese Freiheiten durch kaiserliche Privilegien. Sowohl der Adel als auch die Kurie hatten an der Ausbildung von bisher frei flottierenden Scholaren ein großes Interesse. Dennoch hatte das korporatistische Element, das die frühen Universitäten auszeichnete und im Positiven wie Negativen bis heute fortlebt, einen durchaus demokratischen und *avant la lettre* modernen Charakter. In den universitären Körperschaften wurden die Enge und der Zwang des mittelalterlichen Ständewesens mindestens ein Stück weit aufgehoben. Als diese ersten europäischen Universitäten entstanden, waren sie – wie beispielsweise die Ende des 11. Jahrhunderts durch die katholische Kirche gegründete Universität Bologna – in bereits existierenden Häusern über die Stadt verteilt untergebracht. Mobilität, also die Möglichkeit, gegebenenfalls schnell umziehen oder fliehen zu können, hatte Priorität gegenüber der Repräsentation durch ein eigenes Gebäude. Funktional eindeutig bestimmte Orte wie Bibliotheken benötigten schlicht keinen eigenen Bautyp. Sie wurden in Klöstern, Schlössern, Kirchen oder größeren Häusern untergebracht, überall, wo sich Bücher lagern ließen.¹⁰ Für die Kollegien ist seit dem 14. Jahrhundert ein distinkte architektonische Form zu erkennen – so beispielsweise im Falle der zwischen 1427 und 1487 errichteten Divinity School in Oxford. Es war dieser zumeist gotische Stil, der bei den Neubauten der Universitäten ab dem 16. Jahrhundert übernommen wurde; die Gebäude für Lehre und Wohnen waren getrennt, allerdings durch einen Hof oder ein Atrium verbunden.¹¹ Da die Universitäten zu jener Zeit bereits unter der Kontrolle von Staat und Kirche standen, spiegeln sich in ihnen die funktionalen Erfordernisse einer Lehr- und Lerngemeinschaft sowie die Überlagerung von höfischem und kirchlichem Interesse an Repräsentation, von Universalität des Wissens und politischem Herrschaftsanspruch. Die bauliche Erscheinung der ersten Universitäten bewegt sich folglich zwischen imposanten Palästen wie in Coimbra, den gotisch-monastischen Colleges in Oxford und Cambridge und den schlicht in Klostergebäuden untergebrachten Universitäten wie in Heidelberg. Die Architekturgeschichte der Universitäten lässt sich fortan einerseits als Emanzipation vom religiös präformierten „Ideal von Konzentration und Regelhaftigkeit"¹² und dem Streben nach einer der selbst zugeschriebenen Modernität entsprechenden baulichen Darstellung deuten, während andererseits die architektonische Inszenierung von Wissenschaft sich immer wieder auf ebendieses Ideal bezog. Historistische Rückgriffe auf Ornamentformen des Mittelalters und der Frühen Neuzeit – oder schlicht die Verlegung in frei gewordene Schlossbauten oder Burgen – finden sich deswegen ebenso wie die selbstbewusste Adaption modernistischer Architektur, wobei der Standardbau für Universitäten und deren neuralgischen Punkt, die Bibliothek – insofern sie auf Erweiterbarkeit angelegt ist –, in der zweiten Hälfte des 20. Jahrhunderts der funktional effektiv zu organisierende Kubus wurde.¹³

Was die europäischen Universitäten über historische und geographische Grenzen hinweg bis auf wenige Ausnahmen verbindet, ist ihre Urbanität, also ihre Nähe zur Stadt und ihrer Öffentlichkeit. Mehr noch: Der Idee und der Geschichte nach bilden Universitäten und Städte eine nahezu unzertrennliche Einheit, die erst in den amerikanischen Campusuniversitäten aufgelöst wird. Auch Platons Olivenhain lag im Einzugsgebiet Athens und wäre ohne die attische Urbanität und die *agora* als Ort des Meinungsaustauschs kaum denkbar gewesen. Unter modernen Vorzeichen wird Akademos' Garten im Titel eines Buches evoziert, das oft als erster Campusroman gehandelt wird: Mary McCarthys *The Groves of Academe*.¹⁴ Veröffentlicht wurde das Buch 1951, und es steht wohl nicht unbeträchtlich mit den Lehrerfahrungen McCarthys an den Colleges Bard und Sarah Lawrence in Verbindung. Der Beginn des Genres koinzidierte mit einer Explosion und radikalen Neustrukturierung des Hochschulwesens. Die Studierendenzahlen waren infolge der G. I. Bill im Jahr 1944, mit der die Wiedereingliederung zurückgekehrter Soldaten erleichtert werden sollte, in die Höhe geschossen. Zugleich war die Universität Gegenstand kaltkriegerischer Paranoia und nicht wenige Lehrende – darunter viele Emigranten – mussten sich der Befragung nach ihren aktuellen und früheren politischen Aktivitäten aussetzen. Das Buch enthält eine hellsichtige Sezierung des akademischen Alltags, ohne dabei seine Charaktere empathielos zu behandeln, im Stil ähnlich McCarthys zwei Jahre zuvor erschienener, als Belletristik verkleideter Studie des linksintellektuellen New Yorker Milieus *The Oasis*. Überhaupt gibt es kaum einen Campusroman, der nicht komische und satirische Elemente enthält. Ob McCarthys *Groves of Academe*, Kingsley Amis' *Lucky Jim* (1954), die *Campus Trilogy* (1975–1988) von David Lodge oder jüngere Werke wie Jane Smileys *Moo* (1995), Jonathan Lethems *As She Climbed Across the Table* (1997) oder Richard Russos *Straight Man* (1997) – sie alle scheinen von der Intuition getragen, dass die Fallhöhe zwischen Prätention und Wirklichkeit im akademischen Betrieb besonders hoch ist. Die Dynamiken innerhalb einer der ältesten Institutionen der Geschichte, die sich seit dem 11. Jahrhundert mit der gleichermaßen noblen, repräsentativen und stetig an

Wichtigkeit gewinnenden Aufgabe der Generierung und Weitergabe von Wissen betraut sah, scheinen sich vor allem dort der literarischen Verarbeitung anzudienen, wo Ideal und Wirklichkeit auseinanderfallen, ja das eine durch das andere konterkariert wird. Romantische und sexuelle Beziehungen am Arbeitsplatz, Neid und Missgunst unter den Kollegen sind deswegen in vielen Büchern des Genres zu finden. Der Gegenstand der Geisteswissenschaften, also die Ideen, trägt zwar zum belletristischen Zierwerk bei, kommt als literarisches Objekt *sui generis* aber kaum vor. Darin unterscheidet sich der Universitätsroman beispielsweise von Werken wie Thomas Manns *Zauberberg* oder Robert Musils *Mann ohne Eigenschaften*, in denen die Figurenkonstellation den Zweck hat, unterschiedliche philosophische und politische Standpunkte verhandeln und lebendig machen zu können.

Schauplatz von *The Groves of Academe* ist die fiktive Universität Jocelyn, der Protagonist ein Literaturprofessor namens Henry Mulcahy. Der Plot nimmt vorweg, was real und literarisch das akademische Leben weit mehr bestimmt als das Reich der Ideen, zumal in Zeiten zunehmender Prekarisierung: der Zwang, weiterzukommen, und die Angst vor dem Abstieg. Mulcahys Anstellung wird überraschend gekündigt, woraufhin dieser das Gerücht in die Welt setzt, eine angebliche frühere Mitgliedschaft in der Kommunistischen Partei sei dafür verantwortlich. Noch bevor das Schlagwort von der *political correctness* überhaupt erfunden wurde, zeichnet McCarthy die innere Dynamik einer wertgeleiteten Institution minutiös nach, mit allen Intrigen, Bündnissen und Ränkespielen. Aus dem anfangs sympathisch gezeichneten Mulcahy wird im Verlauf des Romans ein manipulativer, paranoider Charakter, der zeitgenössischen Fällen akademischen Verfolgungs- und Größenwahns durchaus gleicht. Die Hochschule, an der er lehrt, ist nach für die amerikanische Universitätsgeschichte typischen Beispielen konzipiert. Ähnlich wie die realen Vorbilder Bard und Sarah Lawrence handelt es sich bei Jocelyn um ein progressives nichtstaatliches College, gegründet und finanziert durch private Mittel, mit hohen Studiengebühren, schweren Eignungsprüfungen und einem großzügigen Verhältnis von 1:7 zwischen Lehrenden und Studierenden beider Geschlechter; die Schwerpunkte der auf individuelle Bildung und Entfaltung ausgelegten Lehre liegen in Kunst, Literatur und Philosophie.[15] Sowohl das literarische Jocelyn als auch die historischen Colleges Bard und Sarah Lawrence tragen die Namen ihrer Stifter – beziehungsweise, wie im Falle von Sarah Lawrence, von deren Ehefrauen.

Wie so vieles in der Neuen Welt trug das Bildungssystem der USA zunächst die Züge Europas. Während die 1636 gegründete Universität Harvard, wie in der Folge auch Yale und Princeton, sich an den englischen Vorbildern Oxford und Cambridge – als Typus gern als „Oxbridge" paraphrasiert – orientierte, berief sich die Johns Hopkins University 1876 explizit auf das Humboldt'sche Ideal einer Forschungsuniversität. Zwar gab es seit dem 18. Jahrhundert öffentliche, also staatliche Universitäten, dennoch zeichnen sich die Institutionen höherer Bildung in Amerika eher durch eine Ferne von der politischen und Nähe zur ökonomisch-mäzenatischen Macht aus. Harvard und Yale imitierten die mittelalterlichen Kollegien als die urbanen Universitäten der europäischen Metropolen – nicht zufällig wurden die amerikanischen Hochschulen im 19. Jahrhundert durchweg als „Colleges" bezeichnet, worin das lateinische *colegium* anglisiert fortlebt. Das Erbe der Kollegien verlängerte sich auch in die bauliche Gestalt der amerikanischen Hochschulen. Lehre und Wohnen fanden zwar nicht an ein und demselben Ort statt, gehörten aber der Idee und der Organisation nach zusammen. Ebenso entlehnte man den englischen Kollegien die symmetrische Anordnung der einzelnen Gebäude entlang von Blickachsen. Die ältesten und noch heute prägendsten Häuser der Universitäten Yale und Harvard sind im englischen georgianischen Stil gebaut: flächige Ziegel- oder Backsteinwände mit ornamentalen Giebeln und Portalen sowie dem charakteristischen Sockel, der das Gebäude umläuft. Handelt es sich hierbei noch um eine verwandelnde Aufnahme vornehmlich englischer Stile, so ist das bis heute *pars pro toto* für die Universität überhaupt stehende Bauelement eine durch und durch amerikanische Erfindung: der Campus. Zu Beginn des vierten Kapitels von *The Groves of Academe* findet sich eine Beschreibung des pittoresken Jocelyn-College, die für die auch heute noch existierenden

9	Rückbrod, Konrad: Universität und Kollegium. Baugeschichte und Bautyp, Darmstadt 1977, S. 10. Vgl. zum Folgenden: ebd., S. 10ff.
10	Zur Geschichte der Bibliothek bedanke ich mich für mehr als wertvolle Hinweise bei Ulrich Johannes Schneider. Stellvertretend für eine ganze Reihe seiner zum Thema gehörigen Publikationen sei verwiesen auf: Schneider, Ulrich Johannes: Büchersammlungen als Herausforderungen der Wissensgeschichte, in: Brinker-von der Heyde, Claudia; Inder, Annekatrin; Vogel, Marie Isabelle; Wolf, Jürgen (Hg.): Frühneuzeitliche Bibliotheken als Zentren des europäischen Kulturtransfers, Stuttgart 2014, S. 263–272.
11	Vgl. Rückbrod: Universität und Kollegium, S. 133f.
12	Beuckers, Klaus Gereon: Vorwort, in: ders., Universität als Bauaufgabe, S. 7–13, hier S. 7.
13	Vgl. Koch, Hans-Albrecht: Die Universität. Geschichte einer europäischen Institution, Darmstadt 2008, S. 172.
14	McCarthy, Mary: The Groves of Academe. San Diego, New York, London 1989.
15	McCarthy: The Groves of Academe, S. 61.

liberal arts colleges als repräsentativ gelten kann: „[…] a group of long, thick-walled, mansarded, white-shuttered stone dwellings arranged around a cupolaed chapel with a planting of hemlocks, the remains of a small, old German Reformed denominational college that had imparted to the secluded ridge a Calvinistic sweetness of worship and election – something, perhaps the coeducational factor, perhaps the once-advertised freedom, had worked to give the college a peculiarly plebeian and subversive tone, like that of a big-city high school".[16]

Von ihrem Ende her gelesen überrascht die Beschreibung Mary McCarthys, die mit dem Leben in der Großstadt New York vertraut war. Denn was dem Vergleich mit der „big city" vorangeht, ist alles andere als urbanes Flair, städtischer Charme und die Hektik, die Mitte des 20. Jahrhunderts bereits ein etablierter Topos in der Beschäftigung mit der Stadt geworden war. Was McCarthy hier beschreibt, ist vielmehr ein Dorf – genauer gesagt, das *academical village*, als das der dritte Präsident der Vereinigten Staaten, Thomas Jefferson, zu Beginn des 19. Jahrhunderts die University of Virginia konzipierte, was er kurz vor seinem Tod als sein wichtigstes Vermächtnis betrachtete.[17] Das akademische Dorf war nicht unwesentlich ein Ausdruck von Jeffersons Abneigung gegenüber der Stadt und den mit Urbanität und Modernität assoziierten Nordstaaten. Die dem südlichen Teil des Landes angemessene Universität sollte stattdessen räumlich überschaubar sein, geordnet um den Campus als marktähnlichen Ort der Begegnung und der Kommunikation. Vor allem aber lebte das akademische Dorf in Jeffersons Vision von der Nähe zur Natur. Der Campus, so erklärte er in einem Brief, liege ruhig und gelassen in der Mitte zwischen Zivilisation und Wildnis.[18] Die Paraphrasierung der sich gen Westen geradezu unendlich erstreckenden Natur als „Wildnis" hat einen festen Platz im Gründungsnarrativ der Vereinigten Staaten, die als auf Naturbeherrschung gegründetes Gemeinwesen die Dialektik der Aufklärung geradezu im Sauseschritt noch einmal durchlaufen hatten. Um Wildnis im strengen Sinne handelt es sich freilich nicht; die Natur existiert vielmehr eingehegt, wie die Schierlingstannen von Jocelyn. Tatsächlich sind viele Universitäten in der Neuen Welt im wahrsten Sinne des Wortes Produkt der Landnahme, die sogenannten *land-grant universities*. Dabei handelt es sich um Universitäten, deren Gründung auf die Übertragung staatseigenen Landbesitzes zurückgeht – die entsprechenden Gesetze wurden in den Jahren 1862 und 1890 beschlossen –, allerdings unter der Maßgabe, durch Verkauf und Nutzung des Landes die laufenden Kosten der Hochschule zu tragen. Die erste nach diesem Format gegründete Institution war die Kansas State University. Weil das zweite Gesetz aus dem Jahr 1890 die weitere Bedingung enthielt, mit den Einnahmen afroamerikanischen Studierenden den uneingeschränkten Zugang zu gewähren oder eigene Hochschulen zu gründen, entstanden vor allem in den Südstaaten zahlreiche Universitäten; viele von ihnen zählen heute zu den *historically black colleges*. Auch die Vereinigten Staaten, die sich als Gemeinwesen durch eine äußerste Staatsferne in Angelegenheiten des Inneren auszeichnen, kamen nie ohne staatliche Eingriffe aus. Das liberale, privat finanzierte Jocelyn ist das Gegenstück jener vielen realen (oder wie in Janes Smileys *Moo* fiktiven) durch öffentliche Gelder gestützten Bildungseinrichtungen, die qua Landübergabe und verpflichtenden Subventionen zu großflächigen Agraruniversitäten wurden.

Der Verweis auf die Natur als elementarer Bestandteil der idealisierten Vorstellung des akademischen Dorfes, die in die Erfindung des Campus einging, ist alles andere als akzidentiell. Vielmehr spielt die Natur eine entscheidende Rolle in der Konstitution Amerikas und überträgt sich auch in den Bereich des Akademischen. Dies registriert Bernard Malamuds *A New Life*,[19] ein Roman, der zwar 1961 erschien, der Sache nach aber auf die 1950er Jahre zielt. Der Protagonist Seymour Levin wandelt bei seinem Umzug von New York in das westlich gelegene, auf den ersten Blick idyllische Cascadia, wo er (aufgrund einer Verwechslung) eine Stelle als Literaturdozent an einem kleinen College antreten soll, gleichsam auf den Spuren der ersten Siedler; die Bewegung nach Westen verspricht ein neues Leben und den Abschied von der Vergangenheit. Auch in Cascadia ist das College um einen Campus herum zentriert, auf dem Rasen vor dem Geisteswissenschaftlichen Institut steht ein „riesiger, dichtbelaubter Ahornbaum".[20] Anders als in der Großstadt hat auch die Natur in Cascadia noch eine gesellschaftliche Funktion: „Die Natur gibt einem hier so viel ästhetische Befriedigung, daß man gar keine andere mehr braucht",[21] erzählt ein Bewohner Seymour Levin. Darüber hinaus, und diesen Gedanken würde es lohnen für die Konstitution Amerikas als Gemeinwesen überhaupt zu verfolgen, ist die Natur gleichsam der Statthalter der Vergangenheit: „Die wahre Geschichte der Stadt war die Natur; in den Straßen und im Park gab es keinen Springbrunnen und keine Plastik zu Ehren irgendeines bedeutenden Menschen oder irgendeines Ereignisses aus der Vergangenheit."[22] Die Assoziation von Amerika mit einer im Vergleich zur Alten Welt eminenten Geschichtslosigkeit existiert seit Hegels berühmter Invektive, dass die Neue Welt aus der Geschichte herausfalle beziehungsweise noch gar nicht in sie eingetreten sei.[23] Dass die Vergangenheit dennoch nicht abwesend ist, bekommt Levin am eigenen Leibe zu spüren. Denn die partikulare Geschichte

Amerikas als wesentlich agrarisch geprägter Nation, deren Siedlungsdrang mit einem starken Pragmatismus einherging, schlägt sich in der Kultur des örtlichen Colleges selbst nieder. Die Ausbildung einer Agrargesellschaft, so wird Levin infomiert, sei „im Grunde eine Erziehung zu praktischer Arbeit".[24] Dementsprechend gebe es an der Universität keine Genies, keine intellektuelle Exzentrik, sondern der Unterricht solle lebensnah und praktisch orientiert sein. Levine soll seinen Bart rasieren, schleunigst heiraten und sich in seinen Seminaren statt auf James Joyce auf ein Lehrbuch konzentrieren, das schlicht *Die Grundlagen* heißt, und den Studierenden vor allem beibringen, „sich richtig auszudrücken";[25] in der Arbeitswelt, auf die die Fachinstitute vorbereiten sollen, sei dies zwingend notwendig.

Im Kleinen symbolisiert die Geschichte von Seymour Levin – seine Anpassung an die Mores der Kleinstadt, die Ersetzung von James Joyce durch ein pragmatisches Lehrbuch –, die spannungsvolle Dynamik der amerikanischen Universität zwischen humanistischer Bildung und einer auf die allgegenwärtige Konkurrenz vorbereitenden Berufsausbildung. Bill Readings hat diese inzwischen einseitig aufgelöste Dynamik als eine Entwicklung von der „idea of culture" zur „idea of excellence" beschrieben.[26] Lange bevor hierzulande über sinkende Haushalte, überfüllte Hörsäle und die Entwertung des Studiums im Allgemeinen geklagt wurde, fand sich die Bildungslandschaft der Vereinigten Staaten seit der studentischen Revolte in einer Art Dauerkrise. Die Explosion der Studierendenzahlen seit den 1950er Jahren, die radikale Kritik an den Hochschulen um 1968, kombiniert mit der ökonomischen Krise der 1970er Jahre und der daraus resultierenden Zuspitzung von Konkurrenz und Sachzwang, schlugen sich sowohl in der Gestalt der Universitäten als auch ihrer inneren Logik nieder. War der Campus früher als in sich geschlossenes System konzipiert, wurde die Möglichkeit der Erweiterung nun oberste Priorität. Es entstanden Massenuniversitäten, die hinsichtlich der Unterbringung, der administrativen Verwaltung und der Gewährleistung optimaler Lehrbedingungen vor großen Herausforderungen standen. Zunehmend wurde diese Erweiterung durch die Kooperation mit außeruniversitären Firmen gewährleistet – eine Geschichte, die in Jane Smileys *Moo* erzählt wird.[27] Die noch stärkere Abhängigkeit von privaten Spendern sorgte für einen rasanten Anstieg von nach ihren Financiers benannten *halls*, *libraries* und *chairs*. Das Bedürfnis nach Repräsentation schlug sich auch in prestigeträchtigen modernistischen Neubauten nieder wie der von Mies van der Rohe konzipierten Crown Hall des Illinois Institute of Technology in Chicago, einem von Glas und Stahlskelett getragenen, streng symmetrischen Flachbau, oder in den 1980er Jahren dem postmodernen, von Frank O. Gehry entworfenen Gebäudekomplex der Loyola Law School in Los Angeles, der gleichsam desorganisiert, collagenhaft aufgebaut ist. Sogar die Studierendenproteste hinterließen Spuren in der Architektur und ihrer Wahrnehmung; das in den späten 1960er Jahren erbaute, heute nach dem Historiker George L. Mosse benannte brutalistische Humanities Building der Universität in Madison, Wisconsin, wirkt auch deswegen wie eine zur Lehrstätte umfunktionierte Festung – so einer von vielen Mythen über das Gebäude –, weil es gegebenenfalls Ausschreitungen standhalten sollte.

Seit der massiven Internationalisierung und Ökonomisierung des Wissenschaftsbetriebs am Übergang in das postfordistische Zeitalter hat sich der akademische Raum jedoch über die jeweiligen Gebäude der Universität, über Mensa, Bibliothek und Hörsaal hinaus erweitert. Seit jener Zeit spricht man vom *global campus*. Wenn es stimmt, dass ein essentieller Bestandteil dessen, was Postfordismus genannt wird, die Tendenz zur sogenannten Wissensgesellschaft ist, dann ist der globale Campus deren natürlicher, entgrenzter Raum. Auch diese Entwicklung, einschließlich ihrer Auswirkungen auf den akademischen Alltag selbst, registrieren die Campusromane jener Zeit.

Starprofessoren, globaler Campus, akademischer Jetset

Es gibt wohl kaum einen Autor, in dessen Werken sich so viel von der Transformation der Geisteswissenschaften zwischen 1968 und dem Ende der 1980er Jahre wider-

---

16   McCarthy: The Groves of Academe, S. 63.

17   Vgl. zum Folgenden: Dicke, Klaus: Repräsentation und Integration, in: Bildung und Erziehung 65 (2012), S. 139–152, hier S. 144ff.

18   Vgl. Chapman, Perry: American Places. In Search of the Twenty-First Century Campus, Westport 2006, S. 5.

19   Malamud, Bernard: A New Life. A Novel, New York 2004. Hier zitiert nach: ders.: Ein neues Leben, München 1984.

20   Malamud: Ein neues Leben, S. 41.

21   Ebd., S. 23.

22   Ebd., S. 89.

23   Vgl. Hegel, G. W. F.: Vorlesungen über die Philosophie der Geschichte [1837], Werke, Bd. 12, Frankfurt am Main 1986, S. 105–132, v. a. S. 114.

24   Malamud: Ein neues Leben, S. 39.

25   Ebd., S. 51.

26   Vgl. Readings, Bill: The University in Ruins, Cambridge, London 1996.

27   Smiley, Jane: Moo, New York 2009.

spiegelt, wie David Lodge und seine Campustrilogie: *Changing Places* (1975), *Small World* (1984) und *Nice Work* (1988). Bücher wie Autor sind in gewisser Hinsicht paradigmatisch für das Genre. Wie viele andere nach ihm war Lodge selbst Teil der Universität, wobei seine schriftstellerischen Aktivitäten schon in seine Studienzeit zurückreichen. Bis 1987 war er Professor für Englische Literatur in Birmingham, mit zahlreichen Aufenthalten in den Vereinigten Staaten, die später in seine Romane eingingen. Dass Schriftsteller überhaupt an der Universität arbeiteten – wie die Protagonisten von Richard Russos *Straight Man*, die Figur des Timothy Monahan in Smileys *Moo* und reale Schriftsteller wie Lodge oder später David Foster Wallace –, war wie bereits erwähnt selbst eine Reaktion auf einen sich professionalisierenden Literaturmarkt, der immer seltener ein Leben als unabhängiger Schriftsteller erlaubte. Das reflektiert auch die Form vieler Campusromane, vor allem aus der Feder David Lodges. Nicht nur sind alle drei Bücher von satirischen Beobachtungen des akademischen Alltags durchsetzt. Mit Lodge begann auch die mal mehr, mal weniger elegante Amalgamierung von literarischer Inszenierung und Theorie – in allererster Linie der in Amerika zur sogenannten *French theory* verschweißten Strömungen französischer Provenienz. „America is crazy about deconstruction. Why is that?", lässt Lodge eine Protagonistin von *Small World* fragen. Die Antwort ihres Gesprächspartners verbindet charakteristisch Theoretisches mit einem satirischen Kommentar über den Zeitgeist der 1980er Jahre: „Well, I'm a bit of a deconstructionist myself. It's kind of exiting – the last intellectual thrill left. Like sawing through the branch you're sitting on."[28]

Vor allem jedoch reflektiert die Campustrilogie die Internationalisierung des Wissenschaftsbetriebs. Lodges erster akademischer Roman, *Changing Places. A Tale of Two Campuses*, beginnt mit einer inzwischen vielzitierten Szene: „High, high above the North Pole, on the first day of 1969, two professors of English Literature approached each other at a combined velocity of 1200 miles per hour."[29] Die Flugpassagiere sind der Engländer Philip Swallow und der Amerikaner Morris Zapp; bereits die Personenkonstellation bebildert den alle Bücher durchziehenden Topos der Differenz von Alter und Neuer Welt. Die beiden Protagonisten nehmen jeweils Gastprofessuren an der Universität des anderen wahr, sie lernen sich kennen, tauschen den Ort und schließlich auch die Ehefrauen. Swallow lehrt eigentlich an einem englischen College namens Rummidge, einer blassen Version der Universität Birmingham. Zapp wiederum arbeitet an der State University of Euphoria, die sich unschwer als überzeichnetes Berkeley erkennen lässt. Geradezu trinitarisch vereint wird die Gegenüberstellung einer amerikanischen Großuniversität und eines kleinen, klösterlichen Colleges durch eine architektonische, von Lodge als unbeabsichtigt eingeführte Gemeinsamkeit: Auf dem Campus beider Universitäten befindet sich eine Replik des schiefen Turms von Pisa. In Euphoria ist der Turm weiß und doppelt so groß wie in Pisa, in Rummidge in Originalgröße gebaut, aus rotem Backstein und senkrecht statt geneigt. In jeweils modifizierter Form lebt das alte Europa als Renaissance-Italien, das Land einer der ältesten Universitäten der Welt, in Rummidge und Euphoric State fort. Es ist eine durchaus schematische und von Klischees nicht ganz freie Gegenüberstellung. Rummidge wird als Industriestadt beschrieben, voller Schornsteine und Wäsche, die aus roten Backsteinhäusern gehängt wird, meistens dunkel und grau. Euphoric State wiederum liegt wie das reale Berkeley in einer malerischen Bucht, der Campus ruht wie ehedem Jeffersons Vision friedlich zwischen den Hügeln, zentriert um einen Glockenturm, um den sich die weißen Fakultätsgebäude im neoklassischen Stil gruppieren.

Was Lodges Campustrilogie allerdings berühmt machte und die Konstellation Rummidge–Euphoria erst zum Leben erweckt, sind die beiden Hauptfiguren. Wie im Roman selbst erklärt wird, sind sie charakteristisch für das jeweilige wissenschaftliche System, dem sie entstammen. Swallow ist in der Erscheinung David Lodge selbst nachgebildet,[30] ein in genuiner Liebe zur Literatur erfüllter, strenger Solitär, der die Klassiker studiert und damit allerdings – anders als der Autor – verhältnismäßig erfolglos bleibt. Sein allgemeines, gleichsam universales Interesse an Literatur verhindert zugleich, sich ein eigenes „Feld" zu sichern. Was ihn mit seinem Gegenüber verbindet, ist lediglich die Beschäftigung mit Jane Austen, sonst so gut wie nichts. Morris Zapp ist Vertreter einer Gattung, die in den 1970er Jahren erst entstand, der *academic celebrities*. Hervorragend bezahlt, leistet er sich ein großes Haus, zwei Autos, liebt Zigarren und Schnaps. Er ist selbstbewusst und eine Koryphäe der Jane-Austen-Forschung. Sein Lebensprojekt sind eine Reihe von Kommentaren zum Werk Austens, die schlicht alle möglichen Fragen beantworten: „The idea was to be utterly exhaustive, to examine the novels from every conceivable angle, historical, biographical, rhetorical, mythical, Freudian, Jungian, existentialist, Marxist, structuralist, Christian-allegorical, ethical, exponential, linguistic, phenomenological, archetypal, you name it; so that when each commentary was written there would be simply *nothing further to say* [...]."[31] Zapp behandelt die Universität wie eine Firma: Das Bewusstsein der permanenten Konkurrenz, der ständigen Verhandlung in noch den kleinsten Alltagssituationen hat er verinnerlicht; im zweiten Roman der Trilogie fehlt ihm nur noch eine prestigeträchtige Professur der UNESCO, um seinen Status zu zementieren. Sein grenzenloses Ego schlägt sich auch im Umgang mit seinen Mitmenschen nieder, vor allem den weiblichen (wie in vielen anderen Campusromanen wird in *Changing Places* eine im Grunde recht typische Geschichte einer gescheiterten Ehe erzählt).

Es gibt ein inzwischen hinlänglich bekanntes Vorbild für die Figur des Morris Zapp, das in Lodges Einleitung zur Trilogie schlicht als ein anonymer „Freund" vorgestellt wird, den er bei einem seiner realen Amerikaaufenthalte kennengelernt hatte.[32] Es handelt sich um den Literaturwissenschaftler Stanley Fish, der in den 1970er Jahren als einer der bestbezahlten Geisteswissenschaftler galt und nichts weniger als ein akademischer Star war. Sein hedonistischer, luxuriöser Lebensstil, der sich vom Bild des eigenbrötlerischen, weltfremden Wissenschaftlers radikal abhob, verschaffte ihm große Reportagen in Magazinen, die sich sonst Schauspielern und Musikern widmeten. Lodge kommentierte: „Stanley was a very glamorous figure to me. He had an Alfa Romeo. He had an unashamed love of pop culture at a time when most academics would indulge that covertly – it was thought to be slightly unprofessional. He loved pop music; he used to write his books while watching baseball on television; and he was completely unawed by European culture. He had these witticisms like ‚Travel narrows the mind.'"[33] Lodges Bemerkung verrät so viel über die Faszination des Autors über die akademische Berühmtheit wie über die intellektuellen und habituellen Phänomene, die im Universitätsbetrieb in den 1970er und 1980er Jahren virulent werden sollten. Tatsächlich wurde die Popkultur nach 1968 zum legitimen Forschungsgegenstand, einhergehend mit einer zunehmenden Willkür der Themenwahl und der politischen Aufwertung jedes drittklassigen Kinofilms. Noch heute ist zu beobachten, dass unter Akademikern, wenn die Themen des jeweiligen Forschungsfeldes abgearbeitet sind und sich alle Beteiligten umfassend positioniert haben, nur noch halbherzige Gespräche über die neuesten Serien übrig bleiben. Der von Fish überlieferte Satz, dass Reisen den Geist nicht erweitere, sondern verkleinere, hat wiederum einen doppelten Boden. Mit der Internationalisierung des Wissenschaftsbetriebs und eines steigenden Anteils privater Förderungen gehörte das Reisen von Konferenz zu Konferenz immer mehr zum Alltag der Professoren im oberen Bereich der Nahrungskette. Der Titel des zweiten Teils der Campustrilogie, *Small World*, ist dahingehend sprechend: Gestützt durch einen ökonomisch rationalisierten Flugbetrieb schrumpfte die Welt auf eine Reihe von Vortragssälen, in denen sich dieselben Leute treffen, um über dieselben Themen zu sprechen. Nicht zufällig spielt sich die ganze Handlung des Romans auf und zwischen Konferenzen ab. Die Konferenz wurde zum zentralen Ort des sogenannten Networkings, das auch heute noch jede Stiftung ihren Zöglingen anempfiehlt, wenn es nicht vorher schon verinnerlicht wurde. „Anybody who's a conference freak", kommentiert Morris Zapp gegenüber einem jungen Doktoranden, „is sure to be at the MLA."[34] Bei der *MLA*, der Jahrestagung der *Modern Language Association*, handelt es sich um eine Großkonferenz in jeder Hinsicht: vierstellige Besucherzahlen, gut sechshundert Vorträge und ein endloser Marathon von Vorstellungsgesprächen, die häufig entscheiden, ob die jungen Graduierten eine Zukunft in der Akademie haben werden oder nicht; eine Konferenz, die Zirkus und Markt zugleich ist.

Dass die Figur des Morris Zapp nach dem Bilde Stanley Fishs geformt ist, verweist auf eine weitere Entwicklung, die von der Universität als konkretem und sozialem Raum zur Binnendynamik der in ihr verhandelten Theorien führt. Bekanntermaßen ist einer der berühmtesten Beiträge Fishs der Schule machende Aufsatz *Is There a Text in This Class?*, der später zu einem Buch mit dem Untertitel *The Authority of Interpretive Communities* erweitert wurde.[35] Die grundlegende Annahme von Fishs Theorie findet sich bei Zapp wieder, von dem der auktoriale Erzähler berichtet: „In Morris Zapp's view, the root of all critical error was a naïve confusion of literature with life. Life was transparent, literature opaque. Life was an open, literature a closed system. Life was composed of things, literature of words."[36] Anders gesagt: Literatur als realistisches oder mimetisches Medium zu verstehen, als etwas, das Bezug zur Wirklichkeit hat, sei ein fundamentales Missverständnis. Darum, so die Schlussfolgerung Fishs, gebe es auch nicht *den* Text des Seminars, der sich „richtig" deuten und abschließend entschlüsseln ließe. Stattdessen entstünden Texte immer wieder neu, je nach den institutionellen Normen

---

28 Lodge, David: The Campus Trilogy, London 2011, S. 343 [Small World].

29 Ebd., S. 5 [Changing Places].

30 Vgl. ebd., S. xi [Introduction].

31 Ebd., S. 36 [Changing Places].

32 Vgl. ebd., S. xi [Introduction].

33 Zit. nach Showalter: Faculty Towers, S. 65.

34 Lodge: Campus Trilogy, S. 539 [Small World].

35 Fish, Stanley: Is There a Text in This Class? The Authority of Interpretive Communities, Cambridge, London 1980.

36 Lodge: Campus Trilogy, S. 39 [Changing Places].

der „interpretive community", die gerade herrschen.[37] Während Fish auf der Deutungsebene radikal nominalistisch und relativistisch argumentiert, so Samuel Weber in einer hellsichtigen Kritik, handelt es sich bei dem Verweis auf die Institution, die erst die Regeln der Deutung festlegt, um eine nachgerade universalistische, transzendentale Begründung.[38] Anders gesagt, was Fish in *Is There a Text in This Class?* theoretisch wendet und legitimiert, ist der Status der universitären Interpretationsgemeinschaft einerseits und die Einhegung des Konfliktes verschiedener Deutungen innerhalb ebenjener Institution als Bedingung der Möglichkeit andererseits. Fishs Theorie, wenngleich heute weitgehend von neuen Trends verdrängt, ist die zentrale Legitimationsideologie des Pluralismus, der vor den Seminarräumen und Konferenzsälen endet und dessen Anrufung und Zelebrierung längst zum universitären Alltagsgeschäft gehört. Wenn in David Lodges Campustrilogie Marxisten, Dekonstruktivisten, Hermeneutiker, Semiotiker und Anhänger der Psychoanalyse einander beggnen, sich vermittels des akademischen „Streits" der Inkompatibilität ihrer theoretischen Annahmen versichern und am Ende vor allem dadurch in Opposition geraten, dass dem einen die Anstellung gewährt wird, die der andere ersehnte, oder dass dem einen im Romantischen gelingt, was ein anderer begehrt – dann spiegelt sich darin die seit den 1980er Jahren zunehmende Selbstbezüglichkeit und negative Autonomisierung der Universität, samt der damit einhergehenden habituellen Zurichtung ihrer Angehörigen. Um eine negative Autonomisierung handelt es sich deshalb, weil sie nicht mehr der Unabhängigkeit gilt, die den universellen Bildungsauftrag erst ermöglichen sollte, sondern einer nicht zuletzt ökonomisch bedingten Abschottung. Gerade in den *humanities* waren die enorme Auffächerung einzelner Forschungsfelder, die Pluralisierung des Lehrangebots und der ständige Hinweis, diese oder jene Theorie sei *cutting edge*, ein Reflex auf die Konkurrenz der Disziplinen untereinander und den Rechtfertigungsdruck, unter den die Universität vonseiten konservativer Kommentatoren geraten war (einschlägig darin war die 1987 erschienene Streitschrift von Allan Bloom *The Closing of the American Mind*[39]). Deswegen ist auch den universitären Charakteren das Wechseln der Funktionen, das Umschalten zwischen dem Reich der Ideen und dem Reich der Politik heute in Fleisch und Blut übergegangen. Die Universität erzieht vielleicht mehr als jede andere Institution zum Rollenspiel: Eigenbrötler, akademischer Maverick, Karrierist, seriöser Wissenschaftler, obrigkeitshöriger Vasall, all dies lässt sich in unterschiedlichen Situationen ausspielen. Nicht zufällig kehrt in Richard Russos *Straight Man* immer dann, wenn der Protagonist sich eines dieser Rollenwechsel bewusst wird, die Formulierung wieder: „… but I can play that role."[40] Freilich handelt es sich bei dieser Problematik nicht um ein angloamerikanisches Alleinstellungsmerkmal, sondern sie bestimmt auch die Universitäten des Landes, aus dem Humboldts humanistisches Bildungsideal einst exportiert wurde.

Wissensfabriken und modernisierte Tradition

Gebäude sprechen nicht nur dann zu uns, wenn wir sie als schön empfinden und darin mehr über uns verraten als über das Objekt unseres ästhetischen Urteils.[41] Zuweilen entspinnt sich auch ein Gespräch zwischen den Gebäuden selbst. In Leipzig gibt es auf engstem Raum eine bauliche Konstellation, in der sich zwei historische Gestalten des Bildungswesens verdichten. In der Beethovenstraße, im äußersten Teil des Musikerviertels und gut anderthalb Kilometer vom Stadtkern entfernt, stehen sich zwei Häuser gegenüber. Auf der einen Seite der massive, Ende des 19. Jahrhunderts im Stil der Neorenaissance erbaute Prachtbau der wiederum 1543 gegründeten Bibliotheca Albertina, auf der anderen Seite das 2002 eröffnete Geisteswissenschaftliche Zentrum, eine moderne, kubisch gehaltene Konstruktion aus Beton, rötlich schimmernden Ziegeln, Glas und Stahl. Leipzig ist auch der Schauplatz eines Romans, der zwar nicht – wie Dietrich Schwanitz' Bestseller *Der Campus* (1995)[42] – die Eigenheiten des amerikanischen Universitätsromans kopiert, dafür aber umso klarer Aspekte des zeitgenössischen Wissenschaftsbetriebs aufnimmt und zuspitzt. Die Geschichte von Rüdiger Stolzenburg, dem Protagonisten von Christoph Heins *Weiskerns Nachlass* (2011),[43] gewinnt ihre Dynamik gewissermaßen zwischen den Idealen, die sich in der prunkvollen Albertina einerseits und dem Geisteswissenschaftlichen Zentrum andererseits objektivieren.

Auf den breiten Stufen, die zu den drei Eingangstüren der Bibliotheca Albertina hinaufführen, findet man unter der Woche zumeist rauchende, plauschende oder zuweilen auch lesende Studierende. Das Hauptgebäude der Leipziger Universitätsbibliothek befindet sich am Rande des Zentrums, fußläufig gut fünfzehn Minuten vom Augustusplatz, wo seit mehreren Jahren der Neubau des Universitätsgebäudes vonstattengeht; bereits 2012 wurde das neue Hörsaalgebäude Augusteum eröffnet, 2016 soll auch das umstrittene Paulinum eingeweiht werden. Gegründet wurde die Bibliothek während der Reformationszeit. Die Tatsache, dass die Bestände einst in verschiedenen Klostergebäuden untergebracht waren, verdeutlicht die bereits erwähnte historische Nähe der Universitäten zur Kirche. Nachdem im 19. Jahrhundert die Zahl der wissenschaftlichen Publikationen explodierte und die Räume schlichtweg nicht mehr ausreichten, zog die Bibliothek 1891 in das von Arwed Rossbach entworfene Gebäude; gut 110 Meter lang ist die Fassade, über dem Eingang prangt eine lateinische Inschrift, Statuen-Nischen säumen das Portal, ein marmorner Treppenaufgang führt in die Lesesäle. Diese wiederum sind eigentlich ein Produkt des 19. Jahrhunderts, als Bibliotheken überhaupt erst zu Orten der Lektüre wurden und sich ihr Funktionsbereich über die feuer- und wassersichere Lagerung von Büchern hinaus erweiterte. Als das Lesepublikum in die Bibliotheken drängte, wurden eine bessere Beleuchtung, Klimatisierung, Tische und ein professionalisiertes Verleihsystem nötig. Zur Lektüre wurden die Lesesäle allerdings immer weniger genutzt, sondern recht eigentlich zum Schreiben – von Hausarbeiten, Artikeln und Dissertationen.[44] Freilich ist das Gebäude in Leipzig, vor dem sich heute Studierende treffen, einen dünnen Kaffee trinken und sich um ihre Hausarbeiten und Dissertationen drücken, trotz seiner klassischen Erscheinung ein Neubau. Nachdem die Albertina im Zweiten Weltkrieg schwer beschädigt wurde, dauerte es bis in die 1990er Jahre, bis die Bibliothek mit den Planungsmitteln des Wiederaufbaus und unter Berücksichtigung moderner Anforderungen neu errichtet wurde. Es entstanden neue Lesesäle, die Notwendigkeit der Erweiterung der Buchbestände wurde bedacht, erstmals gab es klimatisierte Magazine. Die Fassade sowie die repräsentativen Innenräume sollten gleichwohl die Glorie des 19. Jahrhunderts behalten.

Nur wenige Sekunden Fußweg entfernt auf der anderen Seite der Beethovenstraße befindet sich das Geisteswissenschaftliche Zentrum (GWZ). Die Platzierung in der Nähe der Universitätsbibliothek entsprach dem Wunsch, soziale Zentren der über die ganze Innenstadt verteilten Universität zu schaffen – aus urbaner Zerstreuung sollte wenigstens teilweise akademische Konzentration werden. Da das GWZ nicht nur die Büros der geisteswissenschaftlichen Fakultäten, sondern auch Seminar- und Vorlesungsräume beherbergt, handelt es sich tatsächlich um einen Magneten für die Studierenden, deren Zahlen jedes Jahr steigen. So sozial attraktiv die Gegend um das GWZ und die Albertina für die Studierenden auch sein mag, so praktisch die kurzen Wege zwischen Seminar und Bibliothek auch sein mögen: Gerade mit Blick auf den prunkvollen Neorenaissancebau zeigt das GWZ, wie sich der Begriff von Lehre und Forschung über die Jahrhunderte hinweg verändert hat und wie sehr sich die Tendenz zu Wissensverwaltung statt Erkenntnisgewinn auch baulich manifestiert. Freilich handelt es sich hier nicht um eine freie Entscheidung, auch nicht um einen unbewussten Reflex. Die Errichtung öffentlicher Gebäude aus öffentlichen Mitteln ist vielmehr fast bis ins letzte Detail hinein verwaltet, also durch die Bauordnungen vorgeschrieben. Die Größe der Büros für Hilfskräfte, wissenschaftliche Mitarbeiter oder Professoren ist ebenso fest geregelt wie die Breite eines Gangs, der Abstand der Türen und die Verteilung von Toiletten. All das gilt auch für das GWZ, das in seiner Gestalt die Umgebung gleichsam ignoriert. Das Gebäude wird an der Frontseite rechts und links durch zwei Stahlkonstruktionen gesäumt, deren Funktion nicht zu erkennen ist. Tritt man durch die massiven, sich elektronisch öffnenden Türen in das Atrium, beschleicht einen unweigerlich das Gefühl, die Idee des Panoptikums habe sich mit dem Stil zeitgenössischer Gefängnisse verbunden und sich architektonisch objektiviert. Von den metallenen Geländern hängen die üblichen Transparente der Fachschaftsräte mit den üblichen Slogans links motivierter Bildungskritik; in der Mitte führen eine Treppe und ein Fahrstuhl in die Höhe. Über vier Etagen gruppieren sich fünf sogenannte Häuser, in denen jeweils die einzelnen Fakultäten untergebracht sind. Kaum jemand, der sich noch nicht in dem komplizierten Arrangement um das Atrium herum verlaufen hätte. Die spärlich mit Bänken oder Stühlen bestückten verschlungenen Gänge dienen lediglich der Bewegung von A nach B, wenig lädt zum Kontakt mit Kollegen oder Studierenden ein. Die meisten Büros sind so karg wie das Leben von Rüdiger Stolzenburg. Zu den Prüfungszeiten sitzen die Studierenden in den Gängen neben lieblosen, zugehängten Mitteilungstafeln und warten auf ihren Termin. Ein Teil der Büros hat die Fenster direkt in das Atrium hinein, andere sind gänzlich fensterlos oder blicken durch große Fronten in leere Gänge, die Außenseiten wiederum sind derart von Glas dominiert, dass das Arbeiten an einem Sommertag zur Qual wird, während die Angestellten wie exotische Tiere ausgestellt an ihren Schreibtischen sitzen. Glasfronten und Fensterplätze, so Christoph Mäckler, sind das Signum der in den letzten

37 Vgl. Fish: Is There a Text in This Class?, S. xii.

38 Vgl. Weber, Samuel: Institution and Interpretation. Expanded Edition, Stanford 2001, S. 43.

39 Vgl. Bloom, Allen: The Closing of the American Mind, New York 1987.

40 Vgl. Russo, Richard: Straight Man, London 1998, S. 30 und passim.

41 Vgl. de Botton, Alain: Glück und Architektur, Frankfurt am Main 2012, S. 199.

42 Vgl. Schwanitz, Dietrich: Der Campus, München 1996.

43 Hein, Christoph: Weiskerns Nachlass, Berlin 2011.

44 Vgl. ausführlich: Schneider, Ulrich Johannes: Die Geburt des Lesesaals, in: Felfe, Robert; Wagner, Kirsten (Hg.): Museum, Bibliothek, Stadtraum. Räumliche Wissensordnungen 1600–1900, Berlin 2010, S. 153–171.

dreißig Jahren entstandenen Architektur.⁴⁵ Angepriesen werden sie als bauliche Metaphern für Offenheit und Transparenz. Seit die großflächigen Glasfronten, die 1921 bei dem von Ludwig Mies van der Rohe geplanten und nicht gebauten Hochhaus in der Berliner Friedrichstraße noch ein Novum waren, zum Standard geworden sind, sind die Architekten von der schwierigen Aufgabe, ein Fenster so zu platzieren, dass es die Fassade auflockert und strukturiert zugleich, dispensiert. Das Fenster hat eine doppelte Funktion: Von außen ist es ästhetisches Bauteil, im Inneren des Hauses jedoch wichtiger „Regulator für Licht, Luft, Sonne und den neugierigen Blick".⁴⁶ Überdimensioniert sind in einem Gebäude wie dem GWZ die Fensterflügel, die sich bei ungünstiger Einrichtung weit über den Schreibtisch erstrecken. Das Fenster ist kein Ort, an den man geht, um sich dort aufzuhalten, sondern man wird zur Aussicht gezwungen, wie man zugleich unter Beobachtung steht.

Vielleicht steht Rüdiger Stolzenburg an einem solchen Fenster und „schaut in den gleichmäßig grauen Himmel, in einen Himmel von einem so unterschiedslosen, einförmigen Grau, als habe ein Maler eine Leinwand grundiert oder ein Anstreicher eine riesige Wandfläche getüncht".⁴⁷ Gerade erst hat er wieder eine Absage zur Finanzierung seines Forschungsprojekts erhalten, der Edition des Nachlasses eines obskuren Mozart-Zeitgenossen mit Namen Weiskern. „Er ist nicht Aufsehen erregend genug, mein Weiskern, sie wollen nur Leuchttürme fördern. Sie verteilen Geld, wenn etwas angeblich nützlich ist oder wenn es sie schmückt. Das nennt man heute Exzellenzforschung."⁴⁸ Seit fünfzehn Jahren arbeitet der Kulturwissenschaftler auf einer immer wieder befristeten halben Stelle, die Chance auf eine Professur oder auf eine Verbeamtung ist längst verpasst. Mit dem Gelehrten des 19. Jahrhunderts verbindet Stolzenburg nur noch der Zeitbezug seines Interesses. Er ist ohne bildungsbürgerliche Grandeur, sondern gleicht eher einem rückgratlosen Sonderling, beliebt, wenn überhaupt, wegen seiner Harmlosigkeit. Er verachtet seine Studierenden, das Finanzamt sitzt ihm im Nacken und sein Liebesleben ist glücklos; das für Stolzenburgs Charakter paradigmatische Ereignis ist ein Überfall durch eine Gruppe kleiner Mädchen. Gerahmt ist der Roman von einer Szene, in der Stolzenburg im Flugzeug sitzt, „auf einem banalen Flug zu einem banalen, schlecht honorierten Vortrag"⁴⁹ – ein schwacher Nachhall des glamourösen akademischen Jetsets, den David Lodges *Small World* thematisiert. Dem universitären Alltag, den Heins trockener Indikativstil protokolliert, geht die soziale Lebendigkeit, die die amerikanischen Campusromane bei allen Skandalen und Intrigen durchströmt, in jeder Hinsicht ab. Stolzenburgs Leben ist solitär, deprimierend und grau. Obwohl der Gegenstand des Romans ein Akademiker ist, bleibt die Universität als sozialer Raum fast vollständig abwesend. Die wenigen Figuren des Romans treiben wie Monaden nebeneinanderher und vermögen es nicht, untereinander ein Netz zu spannen, aus dem so etwas wie eine zwischenmenschliche Dynamik hervorgehen könnte. „Es ist nicht sehr angenehm, ein alter Mann zu werden und nichts erreicht zu haben",⁵⁰ sagt Stolzenburg zu Beginn des Buches, und jedes Ereignis in der folgenden Handlung wirkt wie eine zynische Bestätigung, dass dies genau so bleiben wird.

In der Zusammenschau handelt es sich um eine durchaus widersprüchliche Konstellation. In seiner absichtsvollen Farblosigkeit symbolisiert *Weiskerns Nachlass* die verwaltete Welt des Wissens, die sich auch in Gebäuden wie dem Geisteswissenschaftlichen Zentrum materialisiert. Was vor diesem Hintergrund den Status eines vergangenen Ideals annimmt, wird architektonisch hingegen durch die Albertina symbolisiert. Nur ist diese nicht nur ebenso strengen Regularien unterworfen, sondern im Inneren eine durch und durch zeitgenössische Veranstaltung, weswegen die schlichte Nostalgie einer vermeintlich goldenen Vergangenheit in die Irre führen würde. Die materiale Ausstattung der Bibliothek ist hochmodern, vom *Helpdesk* und dem äußerst benutzerfreundlichen offenen Magazin bis hin zur Digitalisierungs- und Aufbewahrungstechnik. Zudem schafft das jüngst neu eröffnete Café im Westflügel der Bibliothek eine angenehme Form von urbaner Öffentlichkeit, die den verwalteten Hallen des GWZ vollkommen abgeht. Und die Ausstellungen, die seit 2009 in einem eigenen Raum im Erdgeschoss der Albertina stattfinden, tragen mehr zur Erinnerung an die Geschichte des Denkens, der Bücher und der Gelehrsamkeit bei als die Praxis im Haus gegenüber. Das Zentrum der Geisteswissenschaft ließe sich ebenso als Arbeitsamt oder Versicherungsanstalt benutzen; kaum etwas an ihm weist auf eine spezifische, der Universität zugehörige Funktionalität hin. Eine Formsprache jenseits der Transparenzmetapher Glas ist nicht zu erkennen. „Von nahezu jedem Gebäude verlangen wir", schreibt Alain de Botton, „dass es nicht bloß eine bestimmte Leistung erbringt, sondern durch sein Äußeres auch eine vorgegebene Stimmung verstärkt: die der Religiosität oder der Gelehrsamkeit, der Rustikalität oder der Moderne, der Welt des Handels oder der Häuslichkeit."⁵¹ Ohne Zweifel erbringen Gebäude wie das Geisteswissenschaftliche Zentrum eine bestimmte Funktion, aber eine Stimmung verstärken sie kaum, am wenigsten die der Gelehrsamkeit oder der intellektuellen Sozialität, die in den Gärten des Akademos idealisierend symbolisiert ist. Das freilich ist nicht in erster Linie Planern oder Innenausstattern anzulasten, sondern verweist auf einen „sozialen Antagonismus, über den die stärkste Architektur keine Macht hat: daß die gleiche Gesellschaft, welche die menschlichen Produktivkräfte ins Unvorstellbare entwickelte, sie fesselt an die ihnen auferlegten Produktionsverhältnisse, und die Menschen, die in Wahrheit die Produktivkräfte sind, nach dem Maß der Verhältnisse deformiert".[52]

Robert Zwarg lebt und arbeitet in Leipzig.

45		Vgl. zum Folgenden: Mäckler, Christoph: Der Fensterplatz, Merkur, 11 (2007), S. 1056.
46		Ebd.
47		Hein: Weiskerns Nachlass, S. 104.
48		Ebd.
49		Ebd., S. 9.
50		Ebd., S. 19.
51		de Botton: Glück und Architektur, S. 60.
52		Adorno: Funktionalismus heute, S. 389f.

Editorische Bemerkungen zur zweiten Ausgabe

Morten Paul, Felix Vogel

Architekturen

Das *Handbuch für Architektur* (1880–1943) gibt 1905 den für Studierende in Hörsälen zu berechnenden Platz an. Als Mittelsatz reiche eine Breite von 70 x 85 cm Tiefe aus. „Etwas größere Abmessungen, bis 0,80 x 1,00 m, wird man zu wählen haben, wenn in Vorlesungen, wie bei denjenigen über Kunstwissenschaft, Astronomie, Anatomie, Architektur usw., öfter Kupferwerke, Atlanten, Mikroskope usw. herumgereicht werden; etwas kleinere, von etwa 0,55 x 0,75 m, wenn die Zuhörerzahl in einem Hörsaal sehr groß wird und über 100 hinausgeht."[1] Arbeitsplätze in Lesesälen werden mit einer Größe von 1,67 bis 1,86 qm beziffert, wobei dies nur für „Volksbibliotheken" ausreiche, nicht aber für „Lesesäle, in denen wissenschaftliche Studien betrieben werden".[2] Hier müsse man mit Maßen zwischen 2,64 qm (Universiätsbibliothek Graz) und 4,60 qm (British Museum) kalkulieren. Wenngleich neben zentimetergenauen Abmessungen auch infrastrukturelle Notwendigkeiten (von der Beleuchtung bis zum Klosett) erwähnt werden, verrät das *Handbuch* kaum, was in diesen Räumen genau gearbeitet wird und weshalb wissenschaftliche Forschung und Lehre auf exakt solche Gebäude angewiesen sind. Zumindest implizit erscheint die Universität in ihrer Funktion als Disziplinierungsanstalt. Gerade weil die Architektur in erster Linie an funktionalen Kriterien orientiert scheint, kann sie (hintergründig) eine disziplinierende Funktion erfüllen. Ihre Disziplinierungsfunktion hat die Universität auch hundert Jahre später nicht eingebüßt. Diese hat unter neuen Vorzeichen, im Zuge der neoliberalen Umstrukturierung der Universität, wie sie sich nicht zuletzt in der Universitätsarchitektur ausdrückt, eine Veränderung erfahren.[3] Die Beiträge in diesem Heft verfolgen diese Veränderung anhand von Auseinandersetzungen mit der architektonischen Dimension der Universität seit 1945 nach.

Räumlich manifestiert sich das neue (Selbst-)Verständnis der Universität in zwei scheinbar gegenläufigen Tendenzen: der Schwächung der Einheit räumlicher Strukturen und der Schaffung von Prestigebauten. Die zunehmende Verteilung und Auslagerung der universitären Lehre *(E-Learning)* führt zu einer räumlichen Diffusion. An die Stelle des Hörsaals tritt der Computer, der prinzipiell in jedem Raum und zu jeder Zeit zur Verfügung stehen kann.[4] Die disziplinierende und kontrollierende Asymmetrie zwischen Lehrenden und Studierenden bleibt erhalten, wird aber nicht mehr durch eine innenräumliche Ordnung wie die im *Handbuch der*

Architektur beschriebene strukturiert, sondern durch das Design der digitalen Umgebungen/Plattformen, die im Zweifelsfall noch den ‚störenden' Zwischenruf verunmöglichen. Aus dieser Tendenz zur Auflösung einer durch Bauten hergestellten räumlichen Einheit folgt jedoch nicht, dass die Bauaufgabe Universität der Vergangenheit angehört. Im Gegenteil zeigt sich, dass in den letzten zwanzig Jahren eine Vielzahl von Prestigebauten in genau diesem Sektor entstanden ist: Besonders in den oft spektakulären Bibliotheksneubauten drückt sich das veränderte Verständnis der gesellschaftlichen Funktion der Universität aus:[5] Neben Museen und Opernhäusern dürfen daher Universitätsgebäude im Portfolio von globalen Stararchitekt_innen wie Norman Foster, Zaha Hadid, Herzog & de Meuron oder Daniel Libeskind nicht fehlen. Die repräsentative Funktion von Architektur verweist heute tendenziell weniger, wie noch in den Campusanlagen der Reformuniversität,[6] auf den Staat und dessen Idee von Bildung, viel eher wird Architektur im Zuge der Korporatisierung zum Wettbewerbsfaktor zwischen den Universitäten. In Deutschland wurden mit den Geldern der Exzellenzinitiative vielerorts Gebäude errichtet oder Prachtbauten vergangener Architekturepochen (zumeist unter Aussparung der Nachkriegsmoderne) erworben, die fast ausschließlich der Forschung Raum bieten. Zwar gehören derartige Einrichtungen – Kollegienhäuser, *Centers for Advanced Studies* etc. – schon länger zur Standardausstattung renommierter Universitäten, jedoch scheinen sie für die Selbstdarstellung der Universität an Bedeutung zu gewinnen. Ein Imagefilm der Universität Konstanz über das zum Exzellenzcluster gehörende Kulturwissenschaftliche Kolleg zeigt dies exemplarisch, gerade weil es sich um herrschaftliche Architektur vergangener Jahrhunderte handelt.[7] Unterlegt von nicht ausgewiesener Klaviermusik werden nicht nur Statements von zufriedenen Fellows eingespielt („Manuskripte fertig schreiben", „Ruhe", „Austausch mit anderen Disziplinen" etc.), sondern auch die Architektur der beiden für das Kolleg erworbenen Gebäude – die Namen sind sprechend: Bischofsvilla und Schloss Seeburg – in Szene gesetzt. Die erste Einstellung

1 Handbuch der Architektur, Teil 4: Entwerfen, Anlange und Einrichtung der Gebäude, 6. Halbband: Gebäude für Erziehung, Wissenschaft und Kunst, Heft 2, a: Hochschulen, zugehörige und verwandte wissenschaftliche Institute, Stuttgart 1905, S. 5.

2 Handbuch der Architektur, Teil 4, 6. Halbband, Heft 4: Gebäude für Sammlungen und Ausstellungen, Stuttgart 1906, S. 141.

3 → Entwurfskollektiv: Stühlerücken im Hörsaal. Zur Gestaltung offener Räume für offene Fragen, S. 60–71.

4 → Rumpfhuber, Andreas: Remote Control Space, S. 18–27.

5 → Wagner, Anselm: Das Rolex Learning Center von SANAA im Kontext neoliberaler Wissensökonomie,, S. 82–92.

6 → Hülsmann, Ines: Denken, Planen, Bauen. Zur Entstehungsgeschichte der Universität Bielefeld, S. 28–51.

7 Über das Kulturwissenschaftliche Kolleg Konstanz, https://www.youtube.com/watch?v=T61JeeOEuX4, zuletzt aufgerufen am 15.06.2016.

Abb. 1   Garten Schloss Seeburg, Kulturwissenschaftliches Kolleg, Universität Konstanz, 2015

Abb. 2   Bischofsvilla, Kulturwissenschaftliches Kolleg, Universität Konstanz, 2015

Abb. 3   Blick aus der Bischofsvilla, Kulturwissenschaftliches Kolleg, Universität Konstanz, 2015

Abb. 4   Rudolf Schlögl über das Kulturwissenschaftliche Kolleg, Universität Konstanz, 2015

inszeniert den Blick von der Bischofsvilla am Seerhein durch Bäume hindurch auf das gegenüberliegende Stadtufer. Der Kontrast zum Campus der Universität Konstanz könnte nicht größer sein; er kommt in dem Imagefilm gar nicht erst vor. Stellen wir uns daher einen Gegenschnitt vor: Hier herrschaftliche Architektur, wie sie in Traditionsuniversitäten anzutreffen ist, idyllisch am Wasser und dennoch nahe dem Stadtzentrum gelegen, dort die funktionalistische Campus-Megastructure der 1970er Jahre auf einem Hügel außerhalb der Stadt. Hier die Dachterrasse für „informelle Gespräche", dort die überfüllte Mensa, die sich Studierende und Dozierende teilen. Der Historiker Rudolf Schlögl berichtet zu Beginn des Films, wie er für seine Vision des Kulturwissenschaftlichen Kollegs als einem „Ort der Muse" ausgelacht worden sei. Mehr amüsiert als erschrocken gibt er unter der Hand zu verstehen, dass der normale Universitätsbetrieb – und damit auch: die normale Universitätsarchitektur – eine solche Funktion nicht leistet. Dass gerade der Campus der Universität Konstanz infolge der Bildungsexpansion der 1960er und 1970er Jahre eine spezifische Version des Reformanspruchs der Universität ausdrückte, gerät wortwörtlich aus dem Blick. Das Bildregime im Genre „Imagefilm" – selbst genuines Produkt eines veränderten Konsumkapitalismus – verweist auf die Schwierigkeit, geisteswissenschaftliche Arbeit, wie sie sich Schlögl als einen Musenkuss vorstellt, darzustellen. Die Gebäude werden zum Stand-in.

Das genannte Beispiel zeigt, dass die Arbeit der Geisteswissenschaften sowohl auf der Ebene der Praktiken wie auf der Ebene ihrer Diskursivierung mit Räumen verknüpft ist. Diese Verknüpfung ist nicht akzidentiell: Wie „Aufschreibesysteme" an der Produktion von Wissen teilhaben, indem sie dieses medial ermöglichen, sind die notwendigen Verräumlichungen der Aufschreibesysteme, also Campusareale, Vorlesungssäle, Bibliotheken, Archive, Büros und deren Einrichtung und Möbel[8], Rechenzentren und Serverräume, Stiftungshäuser und Akademien, Cafés, das Hotelzimmer und die heimische Couch, daran beteiligt, zu ordnen, zu beschränken, zu ermöglichen und hervorzubringen, was Wissen ist. Verändern sich diese Räume, verändert sich auch das Wissen – und vice versa: Vom Klosterskriptorium zur Gelehrtenstube, von der Bibliothèque Nationale zum Homeoffice mit Datenbankzugang (und dessen Einschränkung), vom Café zum Club, vom Parkplatz zum ICE, von der Mensa zum Sternerestaurant entsprechen diesen Räumen geisteswissenschaftlicher Arbeit Ordnungen und Poetiken des Wissens. Als Modelle des Denkens, als Weisen der Strukturierung und als Imaginäres tauchen sie, oft unter der Hand, in den in ihnen produzierten Texten erneut auf. Architekturen können dann als Parerga verstanden werden, als Rahmen, die selbst als Teil dessen, was sie rahmen, gerade in ihrem Verschwinden in den Hintergrund ihre

---

8   → Marx, Karl: Der Fetischcharakter der Ware und sein Geheimnis, S. 72–73.

9   Vgl. Derrida, Jacques: Die Wahrheit in der Malerei, Wien 1992, S. 31–176.

Produktivität entfalten.⁹ Umgekehrt führen Veränderungen in der Episteme, in den Poetiken und Politiken des Wissens wie in ihren Selbsterzählungen,¹⁰ auch zur Veränderung der Arbeitsräume und Infrastrukturen. Verantwortlich dafür sind oft ganz handfeste Gründe, die auch außerhalb der Wissenschaft liegen, dabei jedoch über deren gesellschaftlichen Stellenwert – auch hinsichtlich des unterschiedlichen Geltungsanspruchs etwa von Geistes- und Naturwissenschaften – Aufschluss geben: Ressourcenverteilung und Platzbedarf, Nutzungsrechte und Eigentümerschaft, öffentliche Aufgabe und privates Interesse.¹¹ Räume und Räumlichkeiten sind also nie schlicht als Gebäude gegeben, sie werden selbst durch Praktiken und Narrative immer wieder aufs Neue hergestellt. Sie sind zugleich Ansatzpunkt einer Analyse der räumlichen Dimension geisteswissenschaftlicher Arbeit wie deren Effekt und als solche immer auch veränderbar. Kurzum: Schaut man sich die Architektur der Universität an, lässt sich etwas über die politische Ökonomie der Universität aussagen.

Unserer

Unsere Ausgangsthese ist, dass die spezifische Verräumlichung der Geisteswissenschaften Auswirkungen auf die Subjekte hat, die in ihnen arbeiten. In welcher Weise Subjektivierung und Verräumlichung zusammenwirken und wie sich beide unter der zunehmenden Überdetermination durch kognitive Arbeit innerhalb kapitalistischer Vergesellschaftung verändern, ist Thema der Ausgabe. Während die Universität durch das Primat kognitiver Tätigkeiten (Wissensarbeit) bestimmt ist, kommt diesen im Postfordismus sowohl ökonomisch als auch und insbesondere ideologisch eine veränderte Stellung zu. Dabei ist gerade nicht von einer Homogenisierung der Arbeitsprozesse auszugehen. Es ist vielmehr auf die Unterschiedlichkeit sogenannter immaterieller Arbeit abzuheben, zu fragen, welche Arbeiten gesellschaftlich aufgewertet und sichtbar gemacht, welche unsichtbar gemacht und abgewertet werden.¹² Aufgrund der diskursiven Betonung ihres immateriellen Status ist die Aufmerksamkeit für ihre materielle – und das heißt auch: räumliche – Dimension aufschlussreich. Diese Räume beziehungsweise Verräumlichungen (re-)produzieren Hierarchien und Ausschlüsse oft subtil, manchmal ganz direkt – wenn etwa der Eingang in die Universitätsbibliothek mittels elektronischer Schleusen kontrolliert wird. Von diesen Strukturen, und das heißt auch von ihrer Analyse, hängen auch die Möglichkeiten und Formen des Widerstands beziehungsweise deren Effektivität ab.

Während es bis vor wenigen Jahren noch ein gern gemachter, wenn auch immer schon borniertere Witz war, Studierenden der Philosophie eine Zukunft als sehr belesene Taxifahrer_innen vorherzusagen, scheint sich derzeit das Blatt zu wenden – zumindest im Golden State. Vor Kurzem lüftete der Romanist Hans Ulrich

Gumbrecht in einem Vortrag das Geheimnis der guten Berufsaussichten von Absolvent_innen eines geisteswissenschaftlichen Studiums an der Stanford University. Es heißt Google. Die Fähigkeit, welche die Absolvent_innen laut Gumbrecht für Google attraktiv macht, ist jedoch nicht ihr kritisches Vermögen, sondern ihre ausgeprägte, an den historischen Gegenständen entwickelte Imagination. Sind Googles Angestellte damit der Idealtypus heutiger Geisteswissenschaftler_innen? Heben sie die Idee – das heißt: die Fiktion – von kritischen, auf keine unmittelbare Verwertung zielenden Wissenschaftler_innen in einer verwirklichten unternehmerischen Utopie auf, deren Ressourcen für die Verwirklichung der ‚Freiheit des Denkens' noch die der elitärsten Universitäten blamieren? Der ebenfalls in Stanford lehrende Literaturwissenschaftler Franco Moretti, als einer der Gründer des Stanford Literary Lab ein wichtiger Protagonist der *Digital Humanities*, beleuchtet das Verhältnis zwischen (Elite-)Universität und Silicon Valley jedenfalls noch einmal von einer anderen Seite: „Die Umgebung hat unsere Arbeit nicht einfacher gemacht: Denn gute Programmierer gehen hier zu Google oder Apple, die wollen keinen Job an der Uni. Wir haben nur Literaturwissenschaftsstudenten und einen Juniorprofessor, die programmieren können."[13]

Zunächst ist daher vielleicht ein genauerer Blick auf die Funktion der Universität notwendig, um näher zu bestimmen, welche Subjekttypen in dieser Institution hervorgebracht werden, und anschließend das damit korrespondierende Modell der Arbeit zu ermitteln.

Gerade im Bemühen, die Unterschiede zwischen verschiedenen Formen der sogenannten Wissensarbeit nicht einzuebnen, ist nach der genauen Stellung der Universität in diesem Prozess zu fragen. Wir vermuten, dass es die historisch vorgelagerte Funktion – die des ideologischen Staatsapparats – ist, welche die Universität zum Modell eines solchen Umbaus prädestiniert. Als ideologischer Staatsapparat hatte die Universität besonders in ihrer nicht zufällig nach der napoleonischen Eroberung Preußens entwickelten Form als Humboldt-Universität eine zentrale Rolle bei der Erneuerung und Selbsterzählung des Staatswesens eines modernen Nationalstaats beansprucht. Auf diese besondere Rolle stützt sich noch die studentische Revolte um 1968.[14] Der aktuelle Umbau kann sich deswegen

10	→	Zwarg, Robert: Die Architektur des Geistes und die Ahnung des Campusromans, S. 98–111.
11	→	Baumgarten, Jens: Die Lage der Universität in São Paulo, S. 74–80.
12	→	Martin, Reinhold: Craft Beer und Craft Architecture, S. 16–17.
13		Haeming, Anne: Literatur als Big Data. „Gute Programmierer wollen keinen Job an der Uni", Spiegel online, 06.06.2016, http://www.spiegel.de/kultur/literatur/franco-moretti-als-ob-ich-die-literatur-an-barbaren-verrate-a-1096078.html, zuletzt aufgerufen am 15.06.2016.
14	→	Ockman, Joan: Die amerikanische Schule des Brutalismus, S. 52–59.

selbst auf gewisse Forderungen beziehen, die von den Studierenden damals mit Vehemenz formuliert wurden.[15] Diese Forderungen hatten ihr staatsplanerisches Vorspiel in der Bildungsexpansion und den Universitätsreformen, der massiven Ausweitung universitärer Bildung. Die Ausweitung war an ein Versprechen geknüpft: Aufstieg durch Bildung. In eine gebaute Form gebracht wurde dieses Versprechen in Gestalt funktionalistischer Großprojekte, die sich explizit gegen den Traditionalismus der alten Universität wandten. Noch beim Gipfel von Lissabon 2000 formulierten die Mitgliedsstaaten der Europäischen Union die Überzeugung, dass Bildung der Motor für das ausgegebene Ziel sei, Europa zum wettbewerbsfähigsten Wirtschaftsraum der Welt zu machen.[16] Die Universität wird dabei vermehrt ‚direkt produktiv'. Im Rahmen von privatwirtschaftlich geförderter Drittmittelforschung ist sie an der Wertschöpfung genauso beteiligt wie in der Anrufung der Studierenden durch die Bereitstellung von Training, Coaching, berufsqualifizierenden Maßnahmen etc., als unternehmerisches Selbst schon während des Studiums tätig zu werden. Vom Erreichen dieses Ziels sollten die Bevölkerungen der Mitgliedsstaaten profitieren: Der verschränkte Dreischritt Wohlstand durch Wachstum, Wachstum durch Bildung und Aufstieg durch Bildung gehört spätestens seit den 1970er Jahren zu allen Versionen sozialer Marktwirtschaft. Die studentischen Proteste gegen die Bologna-Reform richten sich nicht gegen dieses Versprechen, sondern gegen seine marktförmige Ausführung. Mit der Finanz- und Staatsschuldenkrise 2007/2008, der Griechenlandkrise 2015 und der sogenannten Flüchtlingskrise 2015/2016 – im Kern: mit einer auch politisch gewollten Normalisierung der Krise – ist das Bildungsversprechen auch in der Europäischen Union enttäuscht. In diesem Sinne gehören die gewalttätigen Auseinandersetzungen in den Banlieues in Paris 2009, die Riots 2011 in England, die Platzbesetzungen in Athen 2011, die Aufstände in Stockholm und nicht zuletzt die aktuellen Auseinandersetzungen in Frankreich gegen die autoritäre Durchsetzung der Arbeitsmarktreform im Rahmen von *Nuit debout* in diesen Zyklus der Kämpfe hinein und markieren seine zweite Phase, deren Bilanz die Produktion eines neuen Massensubjekts ist: prekarisierte junge Erwachsene. Dieses Subjekt ist in vielfacher Hinsicht der Idealtyp einer finanzialisierten Gesellschaft als Ganzes, wenn auch seine Befriedung offenkundig noch nicht abschließend gelungen ist – und vielleicht auch nicht sein kann. Wenn die Humboldt-Universität die Subjektfigur von der Verwaltung von Wissensbeständen auf die Produktion von Neuheit (Kreativität; oder mit Gumbrecht formuliert: „Imagination") umstellt, so muss dieser Aspekt unter entsicherten Bedingungen im selbstverantwortlichen, unternehmerischen Subjekt erhalten bleiben.[17] Hält unsere Ausgangsthese – dass die spezifische Verräumlichung der Geisteswissenschaften Auswirkungen auf alle Subjekte hat, die in ihnen lernen, arbeiten, soziale Kontakte pflegen und auch leben, und dass sie ihre Subjektivierung in entscheidender Weise bestimmt – der Überprüfung stand, ist deren Zentralität kaum hoch genug zu veranschlagen.

Wen umfasst das „wir", von dem im Ausgabentitel „Architekturen unserer Arbeit" die Rede ist? Meint es, wie der Titel der Zeitschrift – „Grundlagenforschung für eine linke Praxis in den Geisteswissenschaften" – zu implizieren scheint, diejenigen, die mit der Praxis der Geisteswissenschaften befasst sind: Geisteswissenschaftler_innen? Diese Annahme wird durch die Thematisierung der Architekturen der Geisteswissenschaften in mindestens zweifacher Hinsicht fragwürdig. Als Erstes ist zu fragen, ob ausschließlich Geisteswissenschaftler_innen an der Praxis der Geisteswissenschaften beteiligt sind. Diese Frage ist zu verneinen. Viel eher ist die geisteswissenschaftliche Arbeit durch eine Heteronomie gekennzeichnet, die gerade auch in einer räumlichen Trennung sichtbar wird. Wenn der Literaturwissenschaftler Albrecht Koschorke davon ausgeht, dass für eine geisteswissenschaftliche Doktorarbeit „eigentlich (nichts als) Ruhe"[18] nötig ist, klingt das anachronistisch, mag aber nichtsdestoweniger eine sympathische Volte gegen die Proliferation von Graduiertenkollegs, Verlängerungsanträgen und Tagungsbänden enthalten. Seine Annahme partizipiert jedoch an einer Unsichtbarmachung derjenigen Arbeiter_innen (von Reinigungskräften bis Verwaltungsangestellten), die notwendig sind, die Autonomie des Geistes überhaupt herzustellen.[19] Damit steht jedoch nicht allein die Autonomie in Frage. Sie erscheint in ihrer klassen- und geschlechtsspezifischen Bedingtheit fragwürdig.

Zweitens ist zu fragen, ob überhaupt von *den* Geisteswissenschaftler_innen gesprochen werden kann. Zwar nimmt der Diskurs um das Wissen eine grundsätzliche Gleichheit zwischen den an ihm Partizipierenden an: Die Annahme, dass es keine in einem Außerhalb der Wissenschaft begründete Privilegierung bestimmter Positionen (etwa durch Gott oder staatliche Autorität) gibt, ist notwendig für

15 Vgl. zur Umsetzung der auf die Proteste von 1968 folgenden Hochschulreformen und den teilweise den Forderungen entgegengesetzten Effekten: Bunia, Remigius: Der Sonderweg des Ordinariats, in: Frankfurter Allgemeine Zeitung, 24.05.206, http://www.faz.net/aktuell/feuilleton/forschung-und-lehre/hochschulreform-der-sonderweg-des-ordinariats-14236528.html, zuletzt aufgerufen am 15.06.2016.

16 Vgl. Kruse, Wilfried: Lissabon 2000. Wachstums- und Bildungsoptimismus, in: Denk-doch-Mal.de, http://denk-doch-mal.de/wp/wilfried-kruse-bildung-in-europa-gestern-zu-wenig-heute-zu-viel/, zuletzt aufgerufen am 15.06.2016.

17 Vgl. ganz grundsätzlich zu Subjektivierungsformen im Postfordismus, unter anderem mit direktem Bezug auf die Verschuldung zur Finanzierung universitärer Bildung: Bröckling, Ulrich: Das unternehmerische Selbst. Soziologie einer Subjektivierungsform, Frankfurt am Main 2007; Lazzarato, Maurizio: Die Fabrik des verschuldeten Menschen. Essay über das neoliberale Leben. Berlin 2012. Und im engeren Sinne zur Bildung: Caffentzis, George; Federici, Silvia: Anmerkungen zur edu-factory und zum kognitiven Kapitalismus, Mai 2007, http://eipcp.net/transversal/0809/caffentzisfederici/de, zuletzt aufgerufen am 15.06.2016.

18 Koschorke, Albrecht: Wissenschaftsbetrieb als Wissenschaftsvernichtung, in: Kimmich, Dorothee; Thumfarth, Alexander (Hg.): Universität ohne Zukunft?, Frankfurt am Main 2004, S. 142–157, hier S. 155.

19 → Vismann, Bettina: Eine Gebäudeunterhaltung, S. 94–96.

die Wissenschaftlichkeit moderner Wissenschaft selbst. Sie erlaubt und befördert jedoch die Perpetuierung realer Ungleichheiten und Privilegien, in die sich wiederum die gesellschaftlich wirkmächtigen Mechanismen von Sexismus, Rassismus und Klassismus einschreiben. Gilt Koschorkes Satz auch für die alleinerziehende Doktorandin, für die sich die Frage in den allermeisten Fällen dramatischer stellt als für den Doktoranden? Nur wenn man ihn ergänzt: Ihre „Ruhe" muss produziert werden – wer wissen will, von wem, ist erneut bei der Frage angelangt, ob nur „Geisteswissenschaftler_innen" an der Wissensproduktion der Geisteswissenschaften beteiligt sind. Diese Asymmetrien zeigen sich nicht zuletzt auch in den bereits erwähnten architektonischen Arrangements. Umgekehrt wirkt die Architektur disziplinierend und kontrollierend auf Subjekte ein. Nach dem „wir" zu fragen, heißt demnach auch, nach den Räumen zu fragen, zu denen „wir" Zugang haben, die dieses „wir" herstellen und die „wir" durch unsere Arbeit produzieren und reproduzieren.

Arbeit

Die Universität oder allgemeiner der höhere Bildungssektor ist nicht ein Beispiel der gesellschaftlichen Transformation im Zuge der Finanzialisierung unter anderen. Insbesondere in den industrialisierten Nationen mit sozialstaatlicher Absicherung ist ihm ein Modellcharakter zu konstatieren: Dabei bilden die Auftragsvergaben zur baulichen Gestaltung der Universitäten einen frühen Ort der Aushandlung unterschiedlicher Vorstellungen des Verhältnisses von Universität und Gesellschaft. Ideologisch verbrämt drückt sich der Umbau im euphemistischen Begriff der Wissensgesellschaft aus. Er findet seine architektonische Entsprechung in der Ausbreitung universitärer Raumtypen oder mindestens der Entlehnung ihrer Bezeichnungen durch die Unternehmen des digitalen Kapitalismus: Google, Apple und Co. haben keinen Besprechungsraum, sondern ein Lab(-oratory), kein Hauptquartier, sondern einen Campus. Der Begriff „Wissensgesellschaft" besagt allerdings im Kern nicht mehr, als dass im Zuge der zunehmenden Automatisierung eine Verschiebung des Ortes menschlicher Arbeit stattgefunden hat, von der industriellen Fertigung von Massenkonsumartikeln (mit den korrespondierenden, auch räumlichen, Organisationsformen der Produktion: Fabrikarbeit, Taylorismus und Fordismus) zur Produktion von sogenannten immateriellen Gütern und Dienstleistungen und dem damit einhergehenden dominanten Status von ‚Information'. Dabei rückt zumindest der Tendenz nach die menschliche Arbeitskraft aus dem Zentrum der Güterproduktion an deren Rand. Sie verändert ihre Form und ihren Ort. Karl Marx beschrieb diese Entwicklungstendenz in den *Grundrissen der Kritik der politischen Ökonomie* 1858, indem er davon sprach, dass die Arbeiter_innen zu „Wächter[n] und Regulator[en]"[20] des Produktionsprozesses werden. In diesem Zusammenhang ist es uns wichtig, vier Aspekte festzuhalten, die zu einer Schärfung des Begriffs von Wissensarbeit beitragen, gerade weil dann die Zentralität der Analyse ihrer Verräumlichung gegenüber dem Ideologem der Ortlosigkeit des Digitalen in den Vordergrund tritt. *Erstens*: Die Automatisierung selbst zieht Arbeit nach sich, die es ohne sie nicht gäbe. Automatisierung selbst ist kosten- und arbeitsintensiv. Nicht zuletzt geht sie auch mit einer massiven Ausweitung der Maschinenpflege einher.[21] Diese oft gering qualifizierte und gering entlohnte Arbeit reduziert menschliche Arbeitskraft zum Anhängsel der Maschinen im Dienste der Kapitalakkumulation, wie es Karl Marx und Friedrich Engels bereits für die Phase der ersten industriellen Revolution beschrieben haben. Es ist dabei allerdings nicht primär die manuelle Arbeitskraft, sondern es sind die kognitiven Fähigkeiten, die, in kleinste Arbeitsschritte zerlegt, in automatisierte Prozesse eingespannt werden (ein Beispiel hierfür ist die Überprüfung durch meist outgesourcte Angestellte, ob Inhalte einer Website Gewalt darstellen: ja/nein). Zudem findet diese Veränderung des Status der Arbeit in den westlichen Industrienationen in einer Situation massiver globaler Arbeitsteilung statt. Das liegt *zweitens* daran, dass menschliche Arbeit innerhalb des Systems der Weltmarktkonkurrenz im entwickelten Kapitalismus einerseits unter Umständen günstiger ist als deren Automatisierung und dass andererseits aufgrund des kapitalistischen Akkumulationszwangs die menschliche Arbeitskraft nicht vollständig aus dem Produktionsprozess verdrängt werden kann. Das bedeutet *drittens*, dass die sogenannte Wissensgesellschaft selbst ein Produkt einer Transformation der kapitalistischen Produktionsweise ist, die deren Form maßgeblich prägt. Sie ist keinesfalls, wie derzeit etwa öffentlichkeitswirksam der englische Journalist Paul Mason vorschlägt,[22] bereits im Kern postkapitalistisch. Dieser dritte Punkt ist deshalb zentral, weil er uns *viertens* darauf verweist, dass Wissen selbst kein neutraler, stabiler Gegenstand ist, sondern ein umkämpftes Feld von Gesellschaftsorganisation, in das die Formen dieser Organisation in all ihren Widersprüchen selbst eingeschrieben sind. Ein Umstand, den die Geisteswissenschaften auch deshalb analysieren könnten, weil er sie als konfliktuelle Praxis prägt.

Der hier schematisch beschriebene Prozess, der Ausgangspunkt für die Rede von der Wissensarbeit ist, schlägt sich auch in Umwälzungen in der Architektur nieder, wenn etwa leer stehende Fabrikgebäude von Museen, der Kreativindustrie und mittlerweile auch von Universitäten umgenutzt werden. Die Architektur

---

20 Marx, Karl: Grundrisse der Kritik der politischen Ökonomie, in: MEW, Bd. 42, Berlin 1974, S. 19–875, hier S. 601.

21 Irani, Lilly: Justice for „Data-Janitors", in: Public Books, 15.01.2015, http://www.publicbooks.org/nonfiction/justice-for-data-janitors, zuletzt aufgerufen am 15.06.2016.

22 Mason, Paul: Postkapitalismus. Grundrisse einer kommenden politischen Ökonomie, Frankfurt am Main 2016.

Abb. 5 Andrew Norman Wilson, Workers Leaving the Googleplex, 2011

bleibt bestehen, nur die vormalige Funktion (industrielle oder handwerkliche Produktion) wird durch eine andere (Wissensproduktion) abgelöst, genauer gesagt wird erstere ausgelagert (in andere Weltgegenden und/oder ins ‚Private' der Selbstunternehmer_innen verschoben) und damit quasi unsichtbar gemacht. Die Nutzung postindustrieller Architekturen als Orte der Wissensarbeit partizipiert damit – gerade durch das vermeintliche Nacheinander unterschiedlicher Arbeitsformen im selben Raum – an der Behauptung der Hegemonie kognitiver und der Obsoleszenz manueller Tätigkeiten.[23]

Mit Google, dem Giganten des digitalen Kapitalismus, lässt sich jetzt konkretisieren, was es mit der Wissensarbeit auf sich hat. Es zeigt sich noch einmal, wie diese nur auf der Grundlage anderer, unsichtbar gemachter Tätigkeiten möglich ist. Andrew Norman Wilsons Videoessay *Workers Leaving the Googleplex* von 2011 nimmt seinen Ausgangspunkt in einer einfachen Beobachtung: Es zeichnet den Raumbezug des Arbeitens im Googleplex aus, dass die Mitarbeiter_innen sich unabhängig über den sogenannten Campus bewegen, weil Arbeit und Freizeit individuell und flexibel festgelegt werden können. Google stellt seinen Arbeitnehmer_innen für diese Auflösung der strengen Arbeitszeit, eines der zentralen Merkmale des postfordistischen Arbeitsregimes, zahlreiche infrastrukturelle Hilfsmittel zur Verfügung, etwa freie Fahrräder oder einen Shuttleservice nach San Francisco. Dieses Verhältnis der Mitarbeiter_innen zu ihrem Arbeitsplatz ist dabei integraler Bestandteil der Unternehmensphilosophie. Wilson, zu diesem Zeitpunkt freier Mitarbeiter bei Google, bemerkt jedoch, dass eine Gruppe von Arbeiter_innen den Campus gemeinsam pünktlich um 14 Uhr verlässt. Es ist diese Beobachtung, die ihn an jene Sequenz des ersten bewegten Films denken lässt, die seine eigene Arbeit nicht nur dem Titel nach inspiriert: *La Sortie de l'Usine Lumière à Lyon* von den Brüdern Lumière von 1895. Im Splitscreen treten das starre und geordnete Fabrikregime, wie es bereits 1895 in der Fabrik für Fotomaterialien der Lumières etabliert war, und die scheinbar fluide, freie und kreative Arbeitsweise des digitalen Kapitalismus, für die Google stellvertretend steht, nebeneinander. Dass es sich bei dieser Konzernrealität aus der Sicht von

Abb. 6 Auguste und Louis Lumière: La Sortie de l'Usine Lumière à Lyon, 1895

Google um einen den Markenkern beschädigenden Widerspruch handelt, legt der Umgang des Unternehmens mit diesem Phänomen nah. Als Wilson versucht, mit den Arbeiter_innen nach ihrem Arbeitsschluss Kontakt aufzunehmen, wird ihm gekündigt. Die Arbeiter_innen, die die Fabrik verlassen, untergraben durch ihre schlichte Anwesenheit und die Verräumlichung ihrer Arbeit Googles Selbstbild: Es zeigt sich, dass ihre menschliche Arbeitskraft nicht nur nötig ist, um die Automatisierung zu ermöglichen. Ihre Unsichtbarmachung soll Automatisierung auch da simulieren, wo sie (noch) gar nicht existiert: „[W]orkers are not only complementing automation; they are employed to simulate it."[24] Pikant ist dabei, dass gerade die Arbeit dieser Arbeiter_innen, die im Unternehmen „ScanOps" genannt werden, die Grundlage eines der Projekte ist, mit denen Google seinen Anspruch auf eine Neuordnung des Wissens der Welt unter dem Paradigma von dessen freier Verfügbarkeit am prononciertesten ausdrückt: „In 2010 Google estimated that 130 million different books exist in the world and announced that by that end of the decade it would have digitized them all. The labor of the workers referred to as *ScanOps* consists in simply scanning books by hand, page by page. This group of workers lacks all the privileges of the former groups such as free meals, gyms, bikes, shuttle services, free talks and cultural programs. They are not allowed to move freely around the Google area."[25]

Das Beispiel Google zeigt – und das ist zu bedenken, wenn die Rede von *Digital Humanities* ist – die weiterhin notwendige Abhängigkeit der Wissensarbeit von manueller Arbeit beziehungsweise die grundsätzliche Fragwürdigkeit dieser Unterscheidung unter Bedingungen des kapitalistischen Akkumulationszwangs: Insofern die Herstellung massenindustrieller Güter ebenso wie die Programmierung

23 → Deamer, Peggy: Arbeit(-sräume) in der Architektur, S. 4–15.

24 Irani, Lilly: Justice for „Data-Janitors", http://www.publicbooks.org/nonfiction/justice-for-data-janitors.

25 Altenried, Moritz: Unveröffentlichtes Manuskript, 2012.

eines Algorithmus auf der Basis von spezifischen sozialen Verhältnissen, nämlich dem Lohnarbeitsverhältnis, stattfindet, verdinglicht sich in ihnen auch dieses Verhältnis. Denn die automatische Nähmaschine und der Algorithmus sind selbst verdinglichtes soziales Wissen.[26] Dass diese grundsätzliche Doppelbestimmung unter Kapitalbedingungen keinen Ausdruck finden darf, zeigt sich auch in der Architektur. Während die Räumlichkeiten des Googleplex durch zahlreiche Fotografien bekannt und zum Prototyp der zeitgenössischen Bürolandschaft geworden sind, kennen wir die Gebäude, in denen die Bücher gescannt werden, lediglich von außen: Wenn Bertolt Brechts Satz gilt, dass uns die Fotografie einer Fabrik fast nichts über sie verrät, weil „die eigentliche Realität […] in die Funktionale gerutscht [ist]",[27] dann verrät uns die Existenz oder Nichtexistenz einer solchen Fotografie vielleicht doch etwas.

Die Frage nach der Arbeit stellt sich demnach erneut. Und zwar, wie die bisherigen Ausführungen gezeigt haben, nicht nur in Bezug auf die Arbeit der Wissenschaftler_innen und ihre gesellschaftliche Anschlussfähigkeit, sondern auch hinsichtlich reproduktiver Arbeit, die diese Tätigkeiten sicherstellen und ermöglichen. Das betrifft also wieder das „wir" des Ausgabentitels. Deutlich zeigt sich dies erneut im Blick auf die Architektur. An der beständigen (Wieder-)Herstellung universitärer Räume sind eine ganze Reihe von Personen maßgeblich beteiligt, die weder Studierende sind noch als Wissenschaftler_innen arbeiten und die unter anderem mittels der diskursiven Marginalisierung der räumlichen Bedingungen der Geisteswissenschaften unsichtbar gemacht werden: Investor_innen, Architekt_innen, Ingenieur_innen und Bauarbeiter_innen, vor allem aber auch Reinigungskräfte, Sicherheitsdienst und das Personal des Hausservice. Impliziert ist eine hierarchische Zweiteilung von Arbeiter_innen in *skilled* und *deskilled* beziehungsweise *unskilled*. Die einen sind für die eigentliche Aufgabe der Universität (ganz idealistisch: Forschung und Lehre) zuständig, die anderen stellen sicher, dass diese möglichst reibungslos ausgeführt werden kann. Als weitere Komponente ist die Verwaltung zu nennen, die in den letzten Jahrzehnten eine massive Ausdehnung erfahren hat. In diesem Teilbereich überlagern sich unterschiedliche Modi der Arbeit: von der Hilfskraft, die als Sekretär_in arbeitet, über ausgebildete (und unbefristet angestellte) Verwaltungsmitarbeiter_innen und in diesen Bereich gewechselte Wissenschaftler_innen bis hin zu Wissenschaftsmanager_innen sowie der Zunahme von ‚Verwaltungstätigkeiten' in den Arbeitsbereichen der Wissenschaftler_innen selbst: Projektleitung, Mitarbeiterführung, Evaluation und Selbstevaluation, Aufsichtsräte etc.[28] Diese verschiedenen Abstufungen zeigen sich insbesondere in und anhand der Architektur. Dass die Reproduktion dieser als *skilled* und *un-* beziehungsweise *deskilled* klassifizierten Arbeitskräfte selbst teilweise in der Universität stattfindet und ihren gemeinsamen Rahmen in einer allgemeinen Tendenz zur Entsicherung findet, wirft uns auf den schlechten Witz von der Philosophin als Taxifahrerin und seinen Wahrheitskern zurück. Was beiden Bereichen dabei gemein ist, ist eine zunehmende Tendenz zur Proletarisierung und Entsicherung (Outsourcing und Zeitarbeit, Wissenschaftszeitvertragsgesetz und Lehraufträge sind die jeweils sinnfälligsten Stichworte).

Vor dem Hintergrund dieses Befundes hat das vorliegende Heft einen deutlich engeren architekturhistorischen Fokus, als wir uns ursprünglich vorgestellt hatten. Das zeigt nicht zuletzt unsere eigene Schwerfälligkeit, aus disziplinären Grenzen auszubrechen. Die Hemmungen, sich selbst, die eigene Arbeit und die eigenen Praktiken zum Gegenstand zu machen, scheinen uns symptomatisch. Damit ist von uns keiner Privilegierung der individuellen Erfahrung als solcher das Wort geredet, sondern die Fokussierung auf die eigene Situiertheit gemeint. Dabei ist bereits das von uns gewählte Medium (wissenschaftliche) Zeitschrift charakteristisch für eine solche Begrenztheit und die Reproduktion von disziplinären Praktiken, Konventionen und Ausschlüssen – nicht zuletzt weil die Arbeit an ihr unter den uns gegebenen Bedingungen eigene Zwänge mit sich bringt.[29] Wir dachten, dass gerade das Thema Architektur als zugleich basales wie spezifisches Element einen Ausgangspunkt bieten würde, von dem aus über die allgemeine Frage der Arbeit der Geisteswissenschaftler_innen nachgedacht werden kann. Dabei haben wir uns nicht genug Gedanken darüber gemacht, wie wir selbst zu einer solchen Wissensproduktion beitragen könnten. Den Druck und die Erfordernisse, denen akademisches Arbeiten selbst schon zum Karrierestart unterliegt, haben wir zu wenig in Betracht gezogen. Gewünscht hätten wir uns Beiträge, die sich mit dem Phänomen des Pendelns auseinandersetzen, jedoch nicht im Sinne einer romantisierenden Verklärung, die das Bahn-Comfort-Abteil des ICE zum Ort des akademischen Austauschs stilisiert und es mit der Rolle der Kaffeehäuser und Salons des 18. Jahrhunderts vergleicht[30] respektive zum Überholmanöver in Analogie zur eigenen philosophischen Frontstellung ansetzt.[31] Orte der Geisteswissenschaft außerhalb der Universität kommen so gut wie nicht vor, obwohl durchaus

26 Terranova, Tiziana: Red Stack Attack. Algorithmen, Kapital und die Automatisierung des Gemeinsamen, in: Avanessian, Armen; Mackay, Robin (Hg.): #Akzeleration#2, Berlin 2014, S. 125–144, hier S. 129.

27 Brecht, Bertolt: Der Dreigroschenprozeß, in: ders.: Werke, hg. von Werner Hecht u. a., Bd. 21: Schriften 1, Frankfurt am Main 1992, S. 448–514, hier S. 469.

28 Eine zukünftige Ausgabe der *Grundlagenforschung* wird sich mit der Verwaltung befassen, wir beschränken uns hier auf diese kurze Erwähnung.

29 Paul, Morten; Vogel, Felix: Editorische Nachbemerkungen, in: Grundlagenforschung 1, S. 163–167, http://1.grundlagenforschung.org/GF1_Editorial.pdf, zuletzt aufgerufen am 15.06.2016.

30 Vgl. Hübl, Philipp: Ich denke, also fahr ich, in: Die Zeit, 16.01.2016, online: http://www.zeit.de/2016/01/ice-intellektuelle-pendler-akademiker-bahncomfort, zuletzt aufgerufen am 15.06.2016.

31 Vgl. Avanessian, Armen: Überschrift. Ethik des Wissens – Poetik der Existenz, Berlin 2014.

behauptet werden kann, dass mit der „künstlerischen Forschung" ein für die Gegenwart typisches Feld mit seinen ganz eigenen Räumen entstanden ist, das sich in einer Entgrenzung der Universität einerseits, dem Universitärwerden von Kunst- und Kulturräumen andererseits ausdrückt. Überhaupt fällt die Rolle des konkreten Arbeitsortes, seiner Ausstattung und der Menschen, die für dessen Unterhaltung zuständig sind, wortwörtlich unter den Tisch.[32] Mit den hier vorgelegten Beiträgen zur architektonischen Dimension der Universität nach 1945 lassen sich aber Orte und Weisen der gesellschaftlichen Auseinandersetzung um das Wissen genauer bestimmen.

Bildnachweis

Abb. 1–4	Stills aus: https://youtu.be/T61JeeOEuX4
Abb. 5	Still aus: https://vimeo.com/15852288
Abb. 6	Still aus: https://youtu.be/EXhtq01E6JI

32 Vgl. hierzu: Kaufmann, Therese: Materialität des Wissens, Februar 2012, http://eipcp.net/transversal/0112/kaufmann/de, zuletzt aufgerufen am 15.06.2016.

Impressum

Hamburg 2016

Redaktion
  Morten Paul, Felix Vogel

Diskussion
  Moritz Altenried, Anna-Maria Post,
  Philipp Schönthaler, Elias Wagner, Vera Wolff

Übersetzungen aus dem Englischen
  Svenja Bromberg

Korrektorat
  Katha Schulte, Nathalie Keigel

Gestaltung
  Ina Römling

Lithografie
  Heiko Neumeister

Druck
  Interpress; Budapest

herausgegeben durch
  Grundlagenforschung
  Postfach 30 21 23
  10752 Berlin
  grundlagenforschung.org
  redaktion@grundlagenforschung.org

erschienen im
  adocs Verlag
  Oliver Gemballa
  Annenstr. 16
  D-20359 Hamburg
  www.adocs.de

Die Deutsche Nationalbibliothek verzeichnet diese Publikation in der Deutschen Nationalbibliografie; detaillierte bibliografische Daten sind im Internet über http://dnb.dnb.de abrufbar.

ISSN: 2363-7234
ISBN: 978-3-943253-18-4